I0797029

Este libro está
al cuidado de

____

____

Elogios para
La saga Wingfeather

«Me encantan la aventura y la inventiva salvaje y, sobre todo, el corazón de los libros de Andrew. Es un poeta y un narrador magistral. Quiero leer cualquier cosa que escriba».

—Sally Lloyd-Jones, autora de libros infantiles superventas del *New York Times*

«Una experiencia que tu familia nunca olvidará. ¡No puedo recomendar estos libros lo suficiente!».

—Sarah Mackenzie, autora de *The Read-Aloud Family* [La familia que lee en voz alta] y fundadora y presentadora del pódcast *Read-Aloud Revival* [El avivamiento de la lectura en voz alta].

«La saga de Wingfeather es ingeniosa, imaginativa y llena de corazón. Muy recomendable para lectores de escuela intermedia que se hayan quedado sin novelas de Narnia y estén buscando su próxima gran serie».

—Anne Bogel, creadora del blog *Modern Mrs. Darcy* [La Sra. Darcy moderna] y presentadora del pódcast *What Should I Read Next?* [¿Qué debería leer ahora?]

«Una epopeya frenéticamente imaginativa y maravillosamente irreverente que brilla por su ingenio y sabiduría, y que incluye excelentes instrucciones sobre cómo enfrentarse a los Thwaps, los Colmillos y alguna que otra vaca colmillo».

—Allan Heinberg, guionista de *Wonder Woman* [La mujer maravilla], de DC, y creador de *Los Jóvenes Vengadores*, de Marvel Comics

«¡Inmensamente inteligente!».

—Phil Vischer, creador de VeggieTales

LA SAGA

WINGFEATHER

EL MONSTRUO EN LOS VALLES VERDES

ANDREW PETERSON

LA SAGA

WINGFEATHER

EL MONSTRUO EN LOS VALLES VERDES

LIBRO 3

ESPAÑOL®
BRENTWOOD, TENNESSEE

El monstruo en los Valles Verdes

B&H Publishing Group
Brentwood TN, 37027

Ilustraciones interior: Joe Surphin
Arte portada: Nicholas Kole
Diseño de portada: Brannon McAllister

Clasificación decimal Dewey: JF
Clasifíquese: HERMANOS Y HERMANAS—FICCIÓN \ AVENTURAS Y AVENTUREROS—FICCIÓN \ IDENITIDAD—FICCIÓN

ISBN: 978-1-4300-8362-7

Impreso en EE. UU.
1 2 3 4 5 * 28 27 26 25

Para Jamie, mi esposa,
la que mejor me conoce y aun así, me ama.

Contenido

La Isla Brillante de Anniera
El Aguacalle
Ban Hynh
Ban Rona
Valles Boscosos
Ban Yorna
Valles Verdes
Ban Rugan
Ban Soran
La Cordillera de la Muerte
Un mapa de los
VALLES VERDES
y la
ISLA BRILLANTE de ANNIERA
(Su exactitud podría describirse
como: «Bastante buena, supongo»).

1

Un silencio ardiente

No fue un sonido lo que despertó a Janner Igiby. Fue un silencio.

Algo andaba mal.

Se incorporó con esfuerzo y sintió dolor en el cuello, los hombros y los muslos. Cada vez que se movía, recordaba las garras y los dientes que le habían causado las heridas.

Esperaba ver al portador de aquellas garras y dientes dormido en la litera junto a él, pero su hermano ya no estaba. La luz del sol entraba por la portilla y se deslizaba de un lado a otro por el colchón vacío como un péndulo, acompasándose al balanceo del barco. La ropa de cama de la otra litera estaba amontonada en el suelo, lo cual era típico; Kalmar tampoco hacía nunca la cama en Glipwood. Lo que no era típico era su ausencia.

Durante semanas, Janner y Kalmar habían pasado el día tumbados en sus literas, Janner recuperándose de sus heridas y Kalmar haciéndole compañía. Cada vez que Janner se despertaba, encontraba a su peludo hermano en su litera, normalmente con un cuaderno de dibujo en el regazo. El *scrich-scrich* de la pluma de Kalmar cada mañana era tan reconfortante como el canto de los pájaros. A Janner le gustaba permanecer despierto unos minutos antes de abrir los ojos, escuchando la respiración de Kalmar, recordándose a sí mismo que la criatura que tenía a su lado era, de hecho, su hermano menor. Aún no se había acostumbrado a su aspecto, cubierto de pelo, ni al gruñido ronco al borde de su voz de once años. Pero su respiración era la misma, al igual que sus ojos. Si alguna vez Janner dudaba, solo tenía que mirar aquellos brillantes ojos azules para saber que bajo el pelaje lobuno había un niño pequeño.

Janner respiró hondo y apoyó los pies en el suelo. Las heridas le ardían. Tenía los muslos vendados e hizo una mueca de dolor al ver las manchas oscuras. Nia y Leeli tendrían que volver a cambiarle el vendaje, y eso significaba más dolor.

Janner se tomó un momento para reunir la energía necesaria para ponerse en pie, algo que rara vez había hecho solo desde que lo habían herido. Se estremeció ante el frío recuerdo: el choque del agua helada cuando se zambulló tras Kalmar; el ardor de las garras clavándose en sus muslos cuando el pequeño Colmillo Gris pataleó contra su abrazo; las garras rozándole la espalda y haciéndole jirones la camisa; y, lo peor de todo, los afilados dientes mordiéndole el hombro y el cuello: los dientes de su hermano.

La nave crujió y volvió a quedar en silencio. Desde el día en que zarparon de las Praderas de Hielo, el barco parecía un ser vivo. Gemía como un anciano que duerme; tosía cuando se izaban las velas; suspiraba cuando viraban con viento a favor. La tripulación gritaba y reía a cualquier hora del día, e incluso por la noche Janner se sentía acompañado por el golpeteo de las olas contra el casco y el murmullo de los marineros que hacían guardia.

Y luego, estaba el latido del corazón del barco: Podo Helmer. El abuelo de Janner, con su pata de palo, marchaba de proa a popa, de estribor a babor, con el constante *tap-clunk, tap-clunk* de sus pasos latiendo en lo más profundo de la noche, manteniendo vivo el barco y con él a todos sus pasajeros. La voz del anciano retumbaba y bramaba, una presencia tan constante que si Janner alguna vez se preguntaba dónde estaba Podo, no tenía más que escuchar un momento una orden ladrada, una carcajada o el golpe de su pata de madera sobre la cubierta.

Pero ahora, el corazón del barco había dejado de latir, y ese era el silencio que había despertado a Janner. Ni la extraña calma de las aguas, ni el silencio de la tripulación, ni siquiera la ausencia de Kalmar eran tan inquietantes como la absoluta quietud de Podo Helmer. Era como si el viejo hubiera desaparecido.

Entonces, como para confirmar la sensación de pavor de Janner, llegó a sus fosas nasales el inconfundible olor a humo. Janner se levantó, demasiado deprisa, y el dolor que sentía en las piernas, el cuello y la espalda lo mareó. Pero no le importó. Tenía que averiguar qué ocurría en cubierta, aunque solo fuera para asegurarse de que no estaba atrapado en una pesadilla.

Janner dio tres pasos hacia la escalera y la escotilla se abrió de golpe. La luz entró a raudales en la bodega.

—¡Janner! Muchacho, ¿qué haces fuera de la cama? En palabras de Mildresh Enwort: «¡Estás malherido por el ataque de tu hermano!». La forma redonda de Oskar N. Reteep llenaba la escotilla, bloqueando la luz del sol como un eclipse.

—Señor Reteep, ¿qué ocurre? ¿Adónde se ha ido todo el mundo? ¿Por qué huelo a humo? —Janner dio un paso adelante e hizo una mueca de dolor cuando otra punzada le subió por la pierna.

Oskar bajó las escaleras para ayudar a Janner.

—Tranquilo. Eso es, muchacho —tomó a Janner por el brazo y lo ayudó a avanzar.

Janner volvió a preguntar:

—¿Qué pasa?

Oskar se subió las gafas y se limpió la calva sudorosa.

—Todo va bien, muchacho. Todo va bien —Oskar, que solía pasarse todo el tiempo fumando en pipa en su escritorio de la oficina trasera de Libros y Rincones, que solo había leído sobre aventuras reales y que nunca había estado en un barco, estaba tan cerca de ser un marinero como nunca lo estaría. Andaba descalzo, sus pantalones estaban cortados a la altura de la espinilla y llevaba una camiseta sin mangas, que le permitía mostrar con orgullo su nuevo tatuaje. Y aunque no estaba más delgado ni menos blando, parecía más saludable.

—Si todo va bien, ¿por qué huelo a humo? ¿Han vuelto los Colmillos?

Los siete Colmillos que habían sometido en la nave cuando escaparon de Kimera se habían vuelto más alborotadores cada día. Habían aullado y arañado las paredes de la estiba hasta que quedó claro que no se detendrían hasta conseguir escapar. Los kimeranos querían ejecutarlos, pero Nia no lo permitió. A las semanas de viaje, Podo decidió dejarlos a la deriva en un pequeño esquife con una jarra de agua, asegurando a todos que era lo mismo que una ejecución, y que si el Hacedor quería que sobrevivieran, era él quien debía arreglarlo. Janner había pasado muchas noches en vela, imaginando que de algún modo los alcanzarían, se deslizarían a bordo y matarían a la tripulación mientras dormían.

Oskar agitó la mano mientras subían el primer escalón.

—No, no. Esos lobos hace tiempo que se fueron. Tu madre me envió para llevarte arriba —el rostro de Oskar se tornó serio—. Hay algo que tienes que ver.

Janner siempre había sido impaciente cuando se trataba de obtener respuestas. Con las piernas lastimadas, los ocho escalones hasta la cubierta serían un trayecto arduo, y no quería esperar tanto.

—¿Qué pasa? ¡Por favor, señor Reteep!

—No, muchacho. Esto hay que verlo, no oírlo. Ahora levántate y vamos.

Janner tomó el brazo de su viejo amigo y subió los escalones hacia la luz del sol. Cuando sus ojos se adaptaron, vio el mar abierto por primera vez desde que habían zarpado. Había visto el océano desde los acantilados de su hogar, extendiéndose eternamente hacia el este, y lo había visto cuando escaparon de las Praderas de Hielo, con los riscos helados a sus espaldas. Pero ahora, lo rodeaba. El efecto era vertiginoso. El Mar Oscuro de las Tinieblas era inmenso y terrible de contemplar; le aceleraba el pulso y le cortaba la respiración, y en un instante supo que le encantaba.

Pensó en el pequeño dibujo de su padre navegando solo el día de su duodécimo cumpleaños y en cómo había contemplado el cuadro durante horas y anhelado hacer lo mismo. El olor del mar, el sol sobre el agua y la conciencia del amor de su padre por la navegación se abalanzaron sobre Janner como una ola rebelde y le hicieron dar vueltas al corazón.

El regocijo se desvaneció cuando la brisa cambió de dirección y el penetrante olor a humo invadió de nuevo sus pensamientos. Apartó los ojos del océano y se dio cuenta de que todos en el barco estaban en cubierta, de pie junto a la barandilla de babor, mirando en silencio hacia el sur, a un cielo nublado. Entre la tripulación había una mujer alta y hermosa, con la mano izquierda en el hombro de una niña y la derecha en el de un pequeño Colmillo Gris. Junto a ellos estaba Podo, descamisado y fuerte, con lo que parecía un garrote en una mano.

—Vamos, muchacho —dijo Oskar, y Nia, Leeli, Kalmar y Podo se giraron para saludarlo.

Verlos juntos le infundió fuerzas a Janner. Se separó de Oskar y cojeó hasta los brazos de su madre. Le escocían las piernas, el cuello y la espalda, pero ya no le importaba. Había visto a cada miembro de su familia durante las semanas de su recuperación, pero nunca a todos a la vez. Sintió la mano de Podo sobre su cabeza, la mejilla de Leeli contra su hombro, los brazos de su madre envolviéndolo sin raspar sus heridas... y la mano de Kalmar sobre su antebrazo.

Entonces, sintió las garras de Kalmar y, aunque no quería, se estremeció; solo un poco, pero lo suficiente para romper el feliz hechizo de la bienvenida de su familia.

—Buenos días, hijo —dijo Nia, tomándole la cara entre las manos. Le sonrió, pero había dolor en sus ojos. Janner pudo ver que había derramado lágrimas recientemente. Leeli no dijo nada, pero tomó a Janner de la mano y miró hacia el horizonte gris.

—Mamá, ¿qué pasa? —preguntó Janner—. ¿Por qué nadie me dice qué está pasando?

Nia ayudó a Janner a subirse a la barandilla y señaló el horizonte.

—Mira.

Pero Janner no vio nada raro. Las aguas estaban inquietantemente tranquilas, como si el Mar Oscuro contuviera la respiración. Parecía como si su barco estuviera invadiendo el mar. Pero no había nada que mirar, ¿o sí? Todos en la nave miraban algo, pero Janner solo veía nubes; entonces recordó el olor a humo, y lo supo.

—Eso no son nubes, ¿verdad?

Podo se movió sobre su pata de palo y sacudió la cabeza.

—No, muchacho, no lo son.

—Es humo —dijo Janner.

Todos los mapas que Janner había estudiado alguna vez pasaron por su mente. Vio pasar volando continentes y países, con sus ríos, fronteras y bosques. Vio Skree y las islas Phoob y la gran extensión del Mar Oscuro de las Tinieblas, y luego vio en su imaginación que su nave se acercaba a los Valles Verdes por el este. Allí, justo al sur de donde Janner supuso que podrían estar, había una pequeña isla frente a la costa noroeste de Dang.

—Anniera —dijo Janner—. La Isla Luminosa.

—Sí, muchacho. Nueve largos años —dijo Podo—, y sigue ardiendo.

2

Un refugio en los Valles Verdes

Si Janner se había preguntado alguna vez si Anniera era un lugar real, ahora lo sabía.

No solo lo sabía por el horrible humo que ahogaba el cielo o por su aroma en el viento, sino por la mirada de su madre. Era como si la agitación del Mar Oscuro hubiera abandonado las aguas y las hubiera dejado en calma, solo para habitar en los ojos de Nia Wingfeather. Cuando Janner la miró, vio que la pena, la ira, el dolor y el miedo pasaban por su rostro como olas que chocan, agitando las profundas aguas del recuerdo. Más que nunca, Janner creía. Creía porque Anniera no era solo una historia para su madre; era un recuerdo. Ella había caminado por allí con el hombre al que amaba. Allí había dado a luz a sus hijos. Durante un tiempo, había vivido y respirado la leyenda de la Isla Luminosa.

Janner contempló el mar gris y el humo negro que se cernía sobre él y se afligió por su pérdida; también se afligió por la suya. Había perdido su hogar, igual que ella. Cuando pensó en la cabaña Igiby, vacía y oscura, y en el municipio de Glipwood, que ahora no era más que una aldea en ruinas al borde de los acantilados, sintió una punzada de nostalgia. ¿Cuánto más, pensó, debía de añorar su madre su reino, su ciudad, su pueblo… y su esposo?

Desde el día en que habían huido de Glipwood, habían estado huyendo, moviéndose de un lugar a otro. De la casa del árbol del tío Artham al Recodo Oriental del Blapp, de Dugtown a Kimera, y ahora a través del Mar Oscuro hacia los Valles Verdes, que se encontraban en algún lugar más allá del horizonte.

Janner estaba cansado de huir. Quería un lugar al que pudiera llamar suyo, un lugar donde los Colmillos no vagaran, donde los varados no quisieran cortarle el cuello y donde él y su familia pudieran estar por fin en paz. Quería descansar. Incluso había contemplado la idea de que tal vez los informes sobre la destrucción de Anniera habían sido erróneos. Tal vez encontrarían la forma de vivir en la tierra de sus sueños; tal vez él y su familia podrían incluso volver a vivir en el Castillo Rysen, donde había nacido. ¡Un castillo!

Las mejillas de Janner ardieron ante su insensatez. Solo tenía doce años, pero era lo bastante mayor para saber que la vida no solía ser como en los cuentos que leía. Aun así, hasta ese momento se había permitido la pequeña esperanza de que las blancas costas de Anniera pudieran estar esperándolo. Ahora, esa esperanza se consumía y se alejaba flotando con el humo en el horizonte.

—Mamá, ¿cómo es posible que aún esté ardiendo? —preguntó Leeli.

Los labios de Nia se endurecieron y sus ojos se llenaron de lágrimas. Como no hablaba, Podo respondió por ella.

—No lo sé, muchacha. Supongo que si estuvieras decidida a calcinarlo todo en la tierra, podrías tardar años.

—¿Nueve años? —preguntó Kalmar.

Nia se enjugó los ojos. Cuando habló, Janner oyó el temblor de la ira en su voz.

—Gnag tiene odio suficiente en su corazón para derretir los cimientos del castillo, hasta los huesos de la propia isla. No descansará hasta que Anniera se hunda en el mar.

—Pero ¿por qué? —preguntó Janner—. ¿Por qué la odia tanto? ¿Quién es?

—¿Quién sabe? Cuando el odio arde el tiempo suficiente, no necesita una razón. Arde por su propio calor y devora lo que sea, o a quien sea, que se le ponga por delante. Antes de la guerra, nos llegó el rumor de un mal en las montañas… pero Throg está *muy* lejos de Anniera. Nunca imaginamos que llegaría hasta nosotros —Nia cerró los ojos—. Cuando nos dimos cuenta de que los Colmillos iban tras Anniera, ya era demasiado tarde. Tu padre creía que el Estrecho de Symia nos protegería… o al menos nos daría tiempo para montar una defensa —sacudió la cabeza y miró a los niños—. La cuestión es que Gnag pareció surgir de la nada, como un relámpago. Quería a Anniera. Nos quería muertos.

—Pero no nos quiere muertos, mamá —dijo Leeli—. Solo escapamos porque nos quiere vivos.

Nia suspiró.

—Tienes razón. No le encuentro sentido, salvo que él sabe lo que yo sé desde que nacieron —se puso de rodillas, dando la espalda al cielo ahumado y mirando las caras de los niños—. Sabe que son especiales. Son más valiosos de lo que pueden imaginar. Parece que Gnag construyó su ejército de Colmillos a partir de personas —Kalmar apartó la mirada. Sus orejas de lobo se echaron hacia atrás como las de un perro asustado, y Nia tiró de él para acercarlo—. Pero cuando atacó Anniera, vi monstruos tan horribles que no puedo describirlos. Gnag ha descubierto viejos secretos. Secretos sobre las piedras y las canciones, secretos que creo que Esben… secretos de los que creo que su *padre* sabía algo.

Cada vez que Janner oía el nombre de Esben, se le revolvía el estómago. Aún le costaba creer que su padre hubiera sido rey. Pero toda aquella charla sobre poder, secretos y piedras era aterradora.

Era cierto que los tres niños podían hacer cosas que Janner no podía explicar. Cuando Leeli cantaba o tocaba, Janner había oído a los dragones marinos en su mente. Sus palabras habían zumbado en su cabeza como abejas en una colmena. A veces, la canción de Leeli conectaba a los hermanos aunque estuvieran a kilómetros de distancia, y Kalmar parecía ser capaz de ver —de *ver* realmente— lo que nadie más podía, sobre todo cuando Leeli cantaba.

Varias veces se había despertado algo dentro de ellos, algo que no podían explicar. Nia les había dicho que era un don del Creador, y que de ninguna manera podían —y no debían— controlar. Pero si ellos no podían controlarlo, ¿cómo podría hacerlo Gnag? ¿Y por qué quería hacerlo? ¿Cómo podía saber algo sobre ellos que resultaba misterioso incluso para su madre?

—Ojalá nos dejara en paz —dijo Leeli, apoyando la barbilla en la baranda y mirando al agua.

—Solo quiero que las cosas vuelvan a ser normales —dijo Kalmar—. Seremos normales en los Valles Verdes, ¿verdad?

Nia puso la mano sobre la cara peluda de Kalmar.

—Eso espero.

—¿Cómo sabemos que los Valles Verdes siguen siendo seguros? —preguntó Janner.

—Los vallerinos son fuertes y nunca les han gustado los forasteros. Si alguien ha mantenido a Gnag y a sus ejércitos fuera de su país —dijo Nia con una sonrisa— han sido mis parientes.

—¿Y cuando Gnag descubra que estamos allí? —preguntó Janner—. ¿Entonces qué?

—No lo sé. Pero cuanto más los busca Gnag, más convencida estoy de que les tiene miedo. *Miedo*, niños. Así que anímense. Después de la batalla en Kimera, tengo la sensación de que Gnag tal vez haya aprendido por fin a dejar en paz a las joyas de Anniera.

—Y si no ha acabado con ustedes —dijo Oskar—, buscará por todas partes menos delante de sus narices. Si yo fuera Gnag, imaginaría que los tres huyeron hacia el oeste, más allá de los bordes de los mapas, o hacia el sur, más allá de las Montañas Hundidas, lo más lejos posible de Dang. Pero aquí estamos, colándonos en su propio patio trasero.

—¿Los Valles Verdes son el patio trasero de Gnag el Sin Nombre? —preguntó Kalmar.

—La frontera sur de los Valles son las Cordilleras de la Muerte, donde dicen que Gnag se sienta entre los picos del Castillo Throg y planea la destrucción del mundo —dijo Oskar.

—Pero la cordillera es enorme —dijo Nia—. Y traicionera. No hay forma de atravesarla. Los únicos lo bastante locos como para vivir allí son los correcumbres.

—¡Correcumbres! ¡Pah! —dijo Oskar, intentando sonar como un marinero. Escupió, pero en lugar de caer al mar una buena gota densa y digna de un marinero, salió un chorro de saliva blanca que aterrizó en parte en el brazo de Podo.

—Sigue practicando, viejo amigo —dijo Podo, limpiándose—. Asegúrate de sacar las burbujas antes de escupir. Y recuerda, ayuda si resoplas. Mejora la consistencia. Fíjate.

Podo se echó hacia atrás y resopló tan largo y fuerte que toda la tripulación se dio cuenta. Observaron con admiración cómo Podo lanzaba una buena cantidad de saliva que recorrió una distancia asombrosa antes de caer en las olas. Los kimeranos asintieron y murmuraron su aprobación.

Podo se limpió la boca.

—Lo siento, muchacha. Hay que aprovechar los momentos de enseñanza, ¿sabes? Continúa.

—Como iba diciendo —dijo Nia con una mirada fulminante a Podo—, los correcumbres son los únicos que viven en las montañas.

—Pero los correcumbres sirven a Gnag el Sin Nombre, ¿no? —preguntó Leeli—. Al menos, Zouzab.

—Los correcumbres se sirven a sí mismos —dijo Nia—. La única razón por la que Zouzab estaba en Skree era porque Gnag lo capturó. O quizás lo sobornó con fruta.

—Sí que les gusta la fruta —dijo Oskar.

Janner pensó en Mobrik, el correcumbres de la Fábrica Tenedor. Si no hubiera sido por tres manzanas, Janner nunca habría podido sobornar al hombrecillo, y probablemente seguiría cubierto de hollín en la estación de corte con Sara Cobbler y los demás.

Pensar en Sara Cobbler hizo que su corazón diera un vuelco. Todos los días desde que había escapado de la fábrica, había pensado en sus ojos brillantes y valientes. Lo atormentaba el recuerdo de ella atrapada tras el rastrillo, en las garras del supervisor y Mobrik, mientras él se adentraba en la noche en el carruaje. Pero ¿qué podía hacer? Ahora estaba al otro lado del mundo. Aunque siguiera en Dugtown, no estaba seguro de poder ayudarla.

—¿Pero no podría Gnag simplemente rodear las montañas? —le preguntó Kalmar a Nia.

—Tampoco tienes que preocuparte por eso. El resto de los Valles está rodeado por un bosque profundo y retorcido. Lo llaman el Bosque Negro. Por lo que sabemos, nadie ha sobrevivido a él. Está repleto de árboles centenarios y en él viven cosas terribles. Los pastores que se acercaban lo suficiente para ver el linde del bosque siempre volvían con las historias más horribles. Historias sobre monstruos.

Leeli se estremeció.

—¿Qué clase de historias? —preguntó Janner.

—¿Qué clase de monstruos? —quiso saber Kalmar.

—Los vallerinos los llaman los *hendidos*. Cosas partidas y retorcidas. Los cuentos de hadas decían que Ouster Will era un hendido —Nia se estremeció—. La cuestión es que Gnag tampoco atravesará el Bosque Negro. Ni siquiera los Colmillos serían tan insensatos. Los Valles Verdes son el lugar más seguro que jamás encontraremos.

—Si es que queda algo de eso, muchacha —dijo Podo—. El Hacedor sabe que tienes razón: los vallerinos son un grupo fuerte y más que capaz de mantener a raya a los Colmillos. Pero han pasado nueve años. El mundo ha cambiado. Nadie pensó nunca que Anniera caería.

Podo miró al sur con hosquedad. Janner se preguntó si el anciano estaría atormentado por los recuerdos de Anniera, donde Wendolyn —la abuela de Janner— había sido asesinada por los Colmillos de Dang.

Uno de los tripulantes de Kimera gritó:

—¡Capitán! ¡Se acerca algo!

Todos los ojos se volvieron hacia el marinero de la cubierta de proa, que señaló el humeante cielo del sur.

—¡Que alguien me traiga el telescopio! —gruñó Podo, y en un instante un marinero le entregó un largo cilindro. Podo apoyó el codo en la barandilla y entrecerró los ojos contra el telescopio.

Un momento después, Janner vio una forma que se acercaba a ellos como una flecha que salía del humo.

—No teman, muchachos —dijo Podo—. Es el hombre pájaro.

3

Al timón del Enramere

Artham rodeó el mástil del barco una vez antes de aterrizar suavemente en la cubierta. Su transformación de Peet el calcetín en un ser poderoso y alado le daba a Janner la esperanza de que el mundo no solo estaba lleno de terribles sorpresas, sino también de otras maravillosas.

Las alas de Artham eran tan anchas como altas, con plumas oscuras y brillantes ojales rojos y blancos. Su torso y su pecho eran delgados y musculosos, como cualquier otro pecho y torso excepto por la piel rojiza, casi escamosa —como la cresta de un gallo, pensaba Janner— y las plumitas oscuras que le subían por los costados y se arremolinaban sobre sus hombros. El rostro de Artham era halconado y el cabello le salía disparado en varias direcciones de un modo que complementaba su larguirucho cuerpo. Cuando sus botas tocaron la cubierta, apenas se oyó otro ruido que el aleteo ventoso de sus alas y un crujido cuando las plegó.

Janner sonrió con orgullo cuando los ojos brillantes de Artham se posaron en él en primer lugar. Olvidó sus heridas y se paró más erguido.

—Janner. Me alegro de verte vivo —la voz de Artham era rica y refinada, la voz de un guardián del trono… nada que ver con su agudo farfullar de semanas atrás. Sonrió a Janner y asintió rápidamente, y luego se volvió hacia Podo con gesto serio—. Nos han descubierto. Tres barcos navegan directamente hacia nosotros desde el sur. Pensaba sobrevolar la isla y echar un vistazo, pero vi que se acercaban los barcos y di media vuelta. No tenemos mucho tiempo.

—¿Qué tipo de naves? —preguntó Podo.

—No estoy seguro.

—¿Colmillos?

—Probablemente. Había mucho movimiento en las cubiertas, pero no pude acercarme lo suficiente para saber si eran del tipo escurridizo.

Podo frunció el ceño.

—Hay pocas posibilidades de que sobrevivamos a una lucha contra tres naves.

—¿Qué podemos hacer? —preguntó Janner, sintiendo de inmediato que había hablado fuera de lugar.

—Lo único que se puede hacer. Seguir adelante y rogar que el Hacedor nos lleve sanos y salvos a nuestro puerto —Podo le guiñó un ojo a Janner, y luego dirigió toda su atención a la tripulación—. ¡Ustedes, arríen las velas y llévennos a los Valles! Si no hay viento suficiente, ¡remamos!

La tripulación se puso en marcha y el barco cobró vida.

—¡Janner, estás sangrando! —dijo Leeli.

Janner miró hacia abajo y vio un hililllo de sangre deslizándose por su espinilla izquierda. Mientras Nia y Leeli lo bajaban a la bodega, echó una mirada por encima del hombro a Kalmar y Artham, el lobezno y el hombre pájaro, deseando poder quedarse con ellos en cubierta.

Entonces, empezó a soplar el viento. La tripulación gritó al unísono, y Janner oyó a Podo por encima de todos, golpeando con su viejo garrote de hueso el palo mayor y bramando alabanzas al Hacedor y maldiciones a los Colmillos con el mismo aliento. El viento llenó las grandes velas y tensó el mástil, y como un gigante que se despierta, el barco gimió al avanzar.

El barco, según lo que Janner había escuchado, se llamaba *Enramere*. Era un navío relativamente nuevo, construido menos de diez años antes de la Gran Guerra, según los cálculos de Podo, por lo que tenía menos de veinte años, no los suficientes para tener muchas historias propias, pero sí para demostrar su navegabilidad. Primero se utilizó como barco pesquero, pero en los años posteriores a la Gran Guerra, los Colmillos volvieron a encargarle el transporte de tropas y suministros desde y hacia Dang. Gammon, el líder de la rebelión kimerana en las Praderas de Hielo, junto con una compañía de sus guerreros, se había apoderado del barco durante una incursión en las islas Phoob años atrás y lo había mantenido preparado desde entonces.

Janner sentía como si conociera íntimamente al *Enramere*, después de haber permanecido tanto tiempo en su bodega como un bebé en una cuna, escuchando su zumbido, sintiendo su cabeceo, observando cómo cambiaban los colores de la madera con el ángulo de la luz que entraba por el ojo de buey. Ahora, con los pasos de la tripulación golpeando sobre su cabeza y el viento empujándolo hacia el este, imaginó el placer del barco mientras cortaba las olas a gran velocidad. Había leído sobre capitanes de barco en libros como *El azote del mar* y *Ante el ancho oeste*, cómo ponían nombre a sus barcos y los trataban como a verdaderos amores. Pensó en el afecto de su padre por la navegación y se preguntó si su aguda impresión del talante y las maneras del *Enramere* se debía a la sangre de Esben que corría por sus venas. Esperaba que así fuera.

Cuando Nia tuvo la certeza de que las heridas de Janner estaban bien vendadas, le permitió subir a cubierta para ayudar en lo que pudiera. Janner no quería estorbar, así que se quedó de pie con la espalda apoyada en la puerta del camarote del capitán y esperó el momento oportuno para preguntar a alguien qué podía hacer. Momentos después de subir a la luz del sol de la tarde, se vio inmerso en la navegación y se olvidó por completo de sus heridas.

La tripulación trepaba por el mástil y tiraba de las gordas cuerdas y patinaba de un lado a otro sin motivo aparente, mientras Podo bramaba órdenes desde el timón con una mano en el timón y la otra agitando el garrote de hueso alrededor de su cabeza.

—Míralo —la cabeza peluda de Kalmar apareció junto al hombro de Janner—. Es triste pensar que este sea su último viaje.

El viento agitaba con furia el pelo blanco de Podo, y en los bordes de su boca se curvaba una sonrisa terrible y canosa, pero sus ojos eran brillantes y tranquilos, estanques de agua quieta que no se agitarían ni por todos los vientos de Kistamos. Podo Helmer estaba hecho para el mar y para el peligro y para el choque de voluntades, por lo cual el feroz amor que sentía por su familia reforzaba su fuerza incluso cuando el peligro aumentaba. Era algo digno de ver. Pero fuera cual fuese el resultado del día, tanto si los hundían los barcos como si se deslizaban sanos y salvos hasta el puerto de los Valles Verdes, aquel sería el último salto de Podo Helmer sobre las olas. Los dragones habían permitido a su viejo enemigo este último paso por sus aguas.

—Parece que tiene intención de hacerlo bien —dijo Janner.

Artham descendió en picada y se posó en la proa. Señaló hacia el sur y gritó:

—¡Se acercan!

Kalmar ayudó a Janner a cojear entre los fornidos kimeranos hasta la borda de babor. Janner divisó tres barcos en la humeante distancia. Estaban muy lejos, pero apuntaban hacia el este con rumbo a interceptar al *Enramere* antes de que llegara a los Valles Verdes. Janner no sabía mucho de navegación, pero se daba cuenta de que los otros barcos tenían la ventaja del viento.

Podo se acercó a la barandilla y entornó los ojos hacia el horizonte, emitiendo un sonido entre un gruñido y una carcajada. Agitó el puño en el aire, lanzó una ardiente maldición sobre las olas, dio media vuelta y regresó al timón.

—¡Vengan aquí, muchachos! —ladró.

Janner y Kalmar intercambiaron una mirada y corrieron hacia el timón.

Podo agarró las manos de Janner y las colocó en las empuñaduras.

—Sujeta aquí y aquí —Podo se arrodilló, puso su cara rasposa junto a la de Janner y señaló—. ¿Ves esa pequeña joroba a lo lejos?

Janner la veía. Una forma delgada y oscura en el horizonte oriental.

—Sí, señor.

—Hacia allí nos dirigimos. Son los Valles Verdes. Está más lejos de lo que parece. Ahora mantén el morro apuntando justo a la izquierda de ese punto y navegará directo hacia él. Kalmar, tu trabajo es hacerle compañía a Janner y buscarme si cambia el viento. ¿Está claro?

—Sí, señor —dijo Kalmar.

—Pero ¿adónde vas? —preguntó Janner, detestando lo asustado que sonaba.

—Olvidé mi pipa. Si este es mi último viaje, pretendo disfrutarlo.

Podo se alejó tarareando una alegre melodía mientras desaparecía en los aposentos del capitán, dejando a Janner sintiéndose muy pequeño al timón de un barco muy grande. El timón tiraba de un lado a otro con voluntad propia. Era más difícil de lo que esperaba mantenerlo firme. Sentía la lenta subida y bajada del mar bajo él, la emocionante tensión del viento y el agua, y la forma en que la vela, la quilla y el timón aprovechaban esa fuerza para conducir el *Enramere* a través de las olas.

Janner respiró hondo, entrecerró un ojo y orientó el barco como le había ordenado Podo. Era consciente de que la tripulación lo observaba, pero trató de centrar toda su atención en la joroba en la tierra e hizo todo lo posible por no mirar a ninguna otra parte.

Al cabo de un rato, se dio cuenta de que estaba sonriendo tanto que le dolían las mejillas. Por primera vez en su vida, estaba navegando.

4

Heridas frescas

Varios minutos después, Podo salió de su camarote con una pipa entre los dientes y, aunque Janner estaba encantado de gobernar el barco, se sintió aliviado de que Podo estuviera de vuelta. Pero el viejo marinero solo asintió a Janner y se dirigió a la proa para hablar con Artham. Los brazos de Janner se estaban cansando, pero ya sabía que echaría de menos la sensación del timón en sus manos.

Miró a su derecha y su sonrisa se desvaneció. Los barcos se acercaban. Estaban lo bastante cerca como para que Janner pudiera distinguir movimiento en sus cubiertas. Más de una vez, Kalmar tuvo que recordarle que mantuviera la vista en la tierra del horizonte porque el morro del *Enramere* se desviaba a babor o estribor.

—¿Los ves? —preguntó Janner.

—Sí —dijo Kalmar.

—¿Cuántos?

—Aún es difícil saberlo. Lo raro es que… —la voz de Kalmar se desvaneció. Sus orejas se agitaron y su rostro parecía preocupado.

—¿Qué pasa? —preguntó Janner.

—Puedo *olerlos* —Kalmar arrugó la nariz—. Muchos. Y no es solo que pueda olerlos. Puedo oler su número. Si quisiera, creo que podría contar cuántos hay, solo con olerlos.

—Deberías decírselo al abuelo —dijo Janner—. Seguro que él y el tío Artham querrían saber a cuántos nos enfrentamos. Y, ¿Kal? Lo siento.

—¿Por qué lo sientes?

—Tu nuevo sentido del olfato —dijo Janner con rostro serio—. Debe ser horrible. Lo siento mucho.

—¿Qué quieres decir? —quiso saber Kalmar.

—Los gases del abuelo deben de ser insoportables.

Estallaron en carcajadas.

—¡Ya lo sé! —dijo Kalmar—. ¡No quería decir nada, pero apenas puedo respirar! Y no es solo el abuelo… es todo el mundo —Kalmar bajó la voz—. ¡Especialmente Leeli!

Incluso mientras reía, a Janner le fascinaba la forma en que el viejo Kalmar parecía asomarse a través del Colmillo Gris, como si solo llevara un disfraz.

—Cuidado, te has desviado —dijo Kalmar, secándose los ojos con su antebrazo peludo.

El morro de la nave había vuelto a desviarse hacia el sur, y Janner tiró del timón hasta que la nave se enderezó. Podo lo miró desde el castillo de proa y señaló a la izquierda de la tierra en la distancia, luego volvió a clavar su pipa entre los dientes y reanudó su paseo.

Kalmar le dio una palmada en la espalda a Janner, justo en una de sus vendas. Janner siseó y se apartó de un tirón. Volvió el recuerdo frío y doloroso de las garras de Kalmar rasgando su piel, y Janner sintió un destello de irritación. Al principio, solo era irritación por la palmada de Kalmar, pero bajo ella yacía una semilla de ira, una herida más profunda que preocupaba a Janner. No quería enfadarse. Se alegraba de que Kalmar hubiera vuelto, y sabía que el Colmillo que se había agitado en el agua era solo una sombra de su hermano pequeño. Pero aun así. Habían sido esas mismas garras. Aquellos mismos dientes.

—Lo siento —dijo Kalmar. Ya no sonreía.

—No te preocupes. —Janner apretó el timón y se encogió de hombros—. Solo guarda esas garras —lo dijo en broma, pero le salió amargo.

Antes de que Janner pudiera disculparse, Kalmar se encogió y cruzó la cubierta. Janner quiso seguirlo, pero no podía abandonar el timón. Artham, sumido en una conversación con Podo al otro lado de la nave, vio marcharse a Kalmar. Dirigió a Janner una mirada interrogativa, y este respondió encogiéndose de hombros y suspirando con pesadez.

—¡Capitán Helmer! —gritó un marinero desde las jarcias—. ¡Capitán!

Janner torció el cuello para ver a un marinero kimerano agarrado a un cabo e inclinado precariamente desde el palo mayor, con una mira a la altura del ojo.

—¿Qué pasa, marinero? —respondió Podo sin apartar los ojos de los barcos que se acercaban.

—¡No son Colmillos! ¡Son hombres en cubierta! —la tripulación lanzó un grito de júbilo.

Janner vio a Kalmar al lado de Podo, hablándole y señalando las naves. Podo asintió y le dio una palmada en el hombro.

—Kalmar dice que hay más de cien marineros en esos barcos y que están cocinando carne de gallina con totatas y raíz de mantequilla. ¡Es una comida que comí muchas veces en los Valles Verdes, chicos! En esos barcos hay vallerinos, ¡y eso significa que tenemos escolta hasta Ban Rona!

La tripulación volvió a vitorear. Entonces, algo salpicó en el agua a poca distancia. Antes de que Janner tuviera tiempo de preguntarse qué era, divisó una conmoción en la cubierta de uno de los barcos distantes, y una diminuta mota se elevó en el aire, ganando tamaño a medida que se arqueaba hacia ellos. Una piedra del tamaño de la cabeza de Janner cayó a un tiro de flecha del *Enramere* y desapareció entre las olas con un poderoso chapoteo.

Podo ordenó a uno de los hombres que izara una bandera de rendición, pero no sirvió de nada. Más piedras salpicaron el agua, todavía a bastante distancia del barco, pero cada vez más cerca.

¿Por qué atacaban? Seguro que los barcos ya sabían que no eran Colmillos. Quizás no importaba. Tal vez los vallerinos se habían vuelto como los varados, tan retorcidos que no solo despreciaban a los Colmillos, sino a todo el mundo. Había sido chocante darse cuenta de que los hombres y las mujeres podían ser tan traicioneros como los Colmillos, dispuestos a degollarte o a atarte y arrojarte al poderoso río Blapp. Y dado que la gente normal era capaz de tratar a otros con amabilidad (a diferencia de los Colmillos, según Janner entendía), el de ellos parecía un mal mayor. ¿Pero los vallerinos? Janner solo había oído hablar bien de ellos: gente revoltosa, claro, pero no malvada. Al menos, no como los varados.

Un estruendo ensordecedor sacudió el *Enramere* cuando una de las rocas catapultadas encontró por fin su objetivo. Se estrelló contra la cubierta de estribor, astilló la barandilla y rebotó en el mar. Nadie resultó herido, pero Janner se estremeció al pensar qué pasaría si una de aquellas piedras golpeara a alguien.

Se dio cuenta de que el barco se había desviado de nuevo, así que tiró del timón para enderezarlo, preguntándose qué hacía al timón cuando estaban siendo atacados. Era demasiado joven y pequeño para timonear un barco durante una batalla.

Como en respuesta, una mano fuerte y familiar le apretó la nuca.

—Buena dirección, Janner —dijo Artham—. Pero es hora de bajar. Las cosas se están poniendo feas aquí arriba.

Otra piedra se estrelló contra el *Enramere* y, sin pensar en la navegación ni en sus heridas, Janner se apresuró a bajar a la cubierta principal tras Kalmar, esquivando a los frenéticos tripulantes kimeranos y rogando no encontrarse en la trayectoria de la siguiente piedra. Al bajar los escalones que conducían a la bodega, oyó otro choque y sintió la vibración en el barco.

Bajo cubierta, en un banco empotrado en el mamparo, estaban sentados Nia, Leeli y Oskar, con los ojos muy abiertos por el miedo.

—¡Janner! ¿Qué está pasando? —preguntó Nia—. ¿Estamos cerca de los Valles?

—No, mamá. Pero no importaría. En las naves hay vallerinos, no Colmillos.

—¿Qué? —preguntó Nia, entrecerrando los ojos.

—Empezaron a lanzarnos piedras en cuanto estuvieron lo suficientemente cerca.

—Pero…

—Alteza, incluso la gente de los Valles Verdes es corruptible —dijo Oskar.

—Tonterías —dijo Nia—. Esta es mi gente. Y ya es hora de que lo sepan —se levantó y se alisó el vestido, sin mostrar preocupación cuando otra piedra sacudió la nave—. Ven conmigo, Leeli.

5

«La hija del barquero»

Nia subió las escaleras, abrió de par en par la escotilla que daba a la cubierta y esperó a que Leeli la alcanzara. Más allá de ella, los tripulantes kimeranos se preparaban para la batalla mientras Podo ordenaba a Artham que le diera la vuelta al *Enramere*. Janner, Kalmar y Oskar se quedaron mirando a Nia conmocionados durante un momento, y luego siguieron a Leeli fuera de la bodega. Janner no tenía ni idea de lo que tramaba su madre, pero no iba a quedarse agazapado y perdérselo.

—¡Muchacha! ¿Qué crees que estás haciendo? —dijo Podo desde su posición en el palo mayor—. ¡Baja antes de que te hagas daño!

—No haré tal cosa. Janner me ha dicho que son barcos vallerinos. ¿Es cierto?

—Sí —gritó Podo—, y son vallerinos los que los navegan. Pero no nos han dado ninguna oportunidad de parlamentar y no detienen su lanzamiento aunque les hemos saludado y gritado como cobardes. Pretenden hundirnos y yo no tengo intención de que me hundan. Así que es una lucha, sean parientes o no —se estremeció cuando otra piedra se estrelló en el mar, más allá de la proa.

La mirada que Nia dirigió a los tres barcos vallerinos bastó para que Janner quisiera esconderse. Marchó hacia la proa y tiró de Leeli con ella.

—Leeli, saca tu arpa silbante y tócanos una canción, querida. Tócala fuerte. ¿Qué te parece «La hija del barquero»?

Los tres barcos vallerinos estaban lo bastante cerca como para que Janner pudiera distinguir las fornidas figuras de los marineros y captar el brillo de espadas, hachas y martillos en sus manos. Detrás de los marineros que se agolpaban en las barandillas, había una fila de arqueros. Tensaron sus arcos cuando otro marinero encendió la punta de cada uno. En unos instantes, el *Enramere* estaría en llamas.

Leeli se apartó el pelo de la cara y se llevó el arpa silbante a los labios. Movió la cabeza, recordando la melodía, y luego lanzó la canción a los vientos.

Cuando tocó, el propio aire cambió. Las velas se hincharon y las mismas olas parecieron detenerse en su danza cuando aquella nueva música voló sobre ellas. Janner sintió un cosquilleo en los oídos y una sensación que ya le era familiar le llenó la cabeza. Oía palabras —palabras antiguas en una lengua antigua— y, aunque no las entendía, percibía la memoria y el estado de ánimo de quien las pronunciaba, como si estuviera escuchando una conversación a través de una pared.

Escuchaba a los dragones marinos. Llegó a su conocimiento que había decenas de ellos nadando bajo su barco en grandes bucles y espirales, una manada de serpientes tan conscientes de él y del *Enramere* como él lo era de las nubes en el cielo.

Kalmar gimió, cerró los ojos y agachó las orejas. La mente de Janner bullía de voces, y sabía que, por muy vívidamente que oyera a los dragones, Kalmar los veía, y con ese pensamiento llegaron imágenes fugaces de escamas rubicundas y aletas relucientes, dientes afilados y ojos brillantes en las turbias profundidades.

Parpadeó y volvió a centrar su atención en Leeli, que estaba en el castillo de proa como había estado en los riscos helados de Kimera, tocando su arpa silbante y balanceándose con la canción.

Los marineros vallerinos se quedaron paralizados y miraron fijamente al *Enramere* a través del agua. El único movimiento era el del mar. Entonces, comenzando con una sola voz y creciendo hasta convertirse en muchas, estas palabras salieron de los marineros vallerinos:

Vendré a ti en invierno
Cuando la fruta del otoño se esté marchitando
Un barril de vino de manzana vendré cargando
Mientras me espere tu amor tierno

Pero, oh, la pena que siente un marinero
Cuando con tu padre tiene que encontrarse,
Es malo como un enjambre de abejas entero
No tiene problema de hacerte un agujero

No sirve de nada rogarle, no te lo sugiero,
Y pedirle con su única hija casarse

Así que vendré a ti cuando la primavera haya llegado
Cuando los capullos y las flores no paren de brotar
Sobre un buey para arar vendré montado
Y surcaré el campo para sembrar

Pero, oh, la pena que un marinero detesta
Cuando con tu padre tiene que encontrarse,
El hedor entre sus dedos de los pies apesta
Las cucarachas lo siguen y se hacen una fiesta
Un hombre jamás se anima a hacerle una propuesta
Y pedirle con su única hija casarse

Así que vendré a ti en verano
Cuando la hierba se meza al pasar
Uvas y naranjas gustaremos desde temprano
Y miraremos a los niños jugar

Pero, oh, la pena que un marinero maneja
Cuando con tu padre se debe encontrar
A toda hora se hurga la nariz y se queja
Grande como una vaca y listo como una oveja
Ruego al Creador que guarde mi alma perpleja
A su única hija siempre he de amar

Así que vendré a ti cuando sea canoso y anciano
Desde más allá del agua navegaré
Una rosa en la tumba de tu padre dejaré temprano
Y con su única hija me casaré

Cuando terminó la canción, Leeli bajó el arpa y miró a Nia.

—¿Estuvo bien, mamá?

—Perfecto —dijo Nia—. Mira.

Los barcos vallerinos se acercaron, pero no dispararon flechas ni lanzaron piedras. Los tripulantes kimeranos desenvainaron sus armas y se agruparon alrededor de Podo en la barandilla del puerto, como un muro. El asalto vallerino había cesado, pero haría falta algo más que una melodía de marineros para aliviar la tensión. El *Enramere* había sufrido daños y algunos de sus hombres estaban heridos.

—Alteza —Oskar tomó a Nia del brazo—. Alteza, usted y los niños deben ponerse a cubierto. Si los vallerinos han caído bajo el dominio de Gnag el Sin Nombre, es mejor que no sepan que las joyas están a bordo.

—Si alguien en Kistamos desprecia a Gnag, es la gente de los Valles Verdes —respondió Nia—. Mis hijos estarán a salvo.

—Oskar tiene razón —dijo Podo, con los ojos fijos en las naves que se acercaban—. Han sido nueve largos años. Pueden pasar muchas cosas, incluso en los Valles. Deberías bajar. Artham, tú también. No tiene sentido que intentes explicar esas alas tuyas todavía.

Tras fulminar con la mirada a los dos ancianos durante un momento, Nia condujo a los niños abajo. Artham la siguió con las alas plegadas, agachándose detrás de los kimeranos y entrando en la bodega.

—Los he vuelto a sentir —dijo Janner, cuando los niños se hubieron acomodado alrededor de la mesa—. Los dragones, quiero decir.

—Yo también —dijo Leeli—. Le temblaba la voz. Creí que venían otra vez. Por el abuelo.

—Ya estaban aquí —dijo Kalmar—. Cientos de ellos. Están pululando por el agua bajo el barco, y creo que han estado con nosotros todo el tiempo.

Leeli agarró la mano de Kalmar y lo miró con lágrimas formándose en los ojos.

—¿Estaban enfadados? ¿Nos persiguen otra vez? Se lo llevarán. Lo sé.

—No estaban enfadados —le dijo Janner.

—¿Cómo lo sabes? —preguntó Leeli—. ¿Qué dijeron?

—No sé lo que dijeron, pero no fue nada parecido a lo de antes. No creo que no cumplan su promesa. El abuelo está a salvo hasta que llegue a los Valles. No te preocupes.

Leeli estudió el rostro de Janner durante un momento y luego se relajó un poco.

Janner miró a Artham, recordando que él también podía oír hablar a los dragones, pero este solo estaba en lo alto de los escalones con una mano en la puerta y la otra en la empuñadura de su espada, listo para abrir la puerta de golpe y correr en ayuda de Podo si las cosas con los marineros vallerinos iban mal.

El *Enramere* tocó el barco vallerino, y Janner oyó primero el golpe de los pies sobre la cubierta al amarrar los barcos, y luego voces. Nia dejó de pasearse y escuchó, tensa como la cuerda de un arco. Leeli seguía agarrada a la mano de Kalmar y miraba al suelo de la nave como si pudiera ver las manadas de dragones congregadas debajo.

Al cabo de lo que pareció un largo rato, la puerta de la parte superior de la escalerilla se abrió y Podo asomó su canosa cabeza al interior.

—Artham, tú y los niños manténganse fuera de la vista por ahora. Nia, querida, tu gente quiere verte.

Nia respiró hondo y subió los escalones sin decir palabra. Antes de que la puerta se cerrara tras ella, Janner vislumbró a unos marineros vallerinos. Eran una cabeza más altos que los kimeranos y tenían el pecho ancho y velludo, el pelo rojo y dorado y barbas tan espesas y tupidas que parecían de oso. Cuando vieron a Nia, sus ojos se abrieron de par en par y Janner oyó jadeos.

La puerta se cerró y Artham guiñó un ojo a los niños.

—Esto va a ser divertido —susurró, e hizo señas a los niños para que se acercaran. Se encaramaron a lo alto de los escalones y acercaron las orejas a la puerta.

—Soy hija de Podo Helmer y Wendolyn Igiby —dijo Nia con voz fuerte—. Mi esposo era Esben Wingfeather, y con él goberné la Isla Luminosa hasta que Gnag el Sin Nombre hizo la guerra a las tierras libres de Kistamos. Tal vez me hayan dado por muerta a mí y a mis hijos conmigo, pero por la mano del Hacedor, vivimos y navegamos desde Skree hasta los Valles Verdes en busca de refugio. Mi nombre —hizo una pausa— es Nia Wingfeather, reina de Anniera, hija de los Valles.

Tras un silencio estupefacto, estalló una alborotada ovación en la cubierta. Los marineros vallerinos aplaudieron al compás y corearon: «¡Ra! ¡Ra! ¡Ra! ¡Ra!». El cántico se extendió a los demás barcos vallerinos y fue creciendo en volumen hasta que incluso Artham y los niños abandonaron su silencio y entonaron también el cántico.

Janner se dispuso a abrir la puerta, pero Artham lo detuvo.

—Tu madre te presentará cuando lo considere oportuno. No eres solo un niño a este lado del mar, muchacho. Eres un guardián del trono, y estos vallerinos saben lo que eso significa. Espera.

Janner no estaba seguro de lo que significaba todo aquello, pero no le importaba. Su madre era una reina y una hija nativa. Este era su pueblo. Y era un pueblo lo bastante fuerte como para haber sobrevivido a la Gran Guerra y seguir navegando por el Mar Oscuro. Seguían luchando. Significaba que aún quedaban lugares en el mundo que Gnag no había arruinado, lugares en los que Janner y sus hermanos podrían por fin formar un hogar.

—¿Vamos a estar bien? —preguntó Kalmar.

—Creo que sí —dijo Janner—. ¿No te has enterado? Nuestra madre es la reina de la Isla Luminosa.

—¿Tendremos una casa? —preguntó Leeli, con los ojos muy abiertos.

Artham se rio.

—Y también una cama.

Janner volvió cojeando a su litera y se acomodó en ella, preguntándose dónde guardarían los vallerinos sus libros y cuánto tardaría en poder acomodarse en el rincón de un árbol y leer.

Unos minutos después, apareció Nia. Tenía las mejillas sonrojadas y parecía contenta. Anunció que estaban a media jornada de navegación de Ban Rona, donde la gente de los Valles les daría, estaba segura, una bienvenida digna de una reina.

6

A través del Aguacalle

—¡Niños! Manténganse fuera de la vista, pero vengan aquí. Quiero que vean esto.

Podo no tuvo que decirlo dos veces. Los niños habían pasado cuatro largas horas en la bodega del barco, rebosantes de expectación por su llegada a los Valles. Janner y Leeli se apresuraron a subir los escalones y adentrarse en la luz de la tarde, pero Kalmar se quedó atrás.

—¿Kalmar? —dijo Janner, asomándose de nuevo a la bodega.

—Vayan ustedes —Kalmar estaba sentado en su litera, una sombra gris entre las sombras—. Saldré en un minuto.

—Vayan, Janner —dijo Artham—. Yo le haré compañía.

Janner estaba demasiado emocionado como para preguntarse qué pasaba, así que cerró la puerta tras de sí y se apretujó entre Nia y Leeli en la barandilla. Divisó la nave vallerina que los precedía. La segunda nave estaba a poca distancia a babor, y la tercera seguía al *Enramere.*

—Ese —dijo Podo señalando desde el timón— es su nuevo hogar. Ban Rona.

A la luz de una ardiente puesta de sol, la primera visión que Janner tuvo de la ciudad portuaria de los Valles Verdes fue magnífica. Navegaban hacia un puerto cuya boca estaba enmarcada por imponentes acantilados a ambos flancos, formando una amplia puerta. Los acantilados eran estrechos, como dos gigantescos muros que surgían del agua, el doble de altos que el mástil del barco. Las murallas se extendían a lo largo de kilómetros, curvándose hacia tierra firme a ambos lados del puerto, como si los barcos navegaran por el extremo abierto de una herradura gigante.

Los peñascos se alzaban sobre ellos, nítidos contra el cielo cada vez más azul; las olas espumosas aplaudían como truenos contra los pies de los peñascos desgastados, lisos y extraños por épocas de marejadas. En lo alto de los acantilados ardían hogueras y había figuras en el borde, viéndolos pasar, enarbolando espadas, hachas y arcos al compás del familiar: «¡Ra! ¡Ra! ¡Ra!» de los guerreros vallerinos.

—Ya se ha corrido la voz —dijo Oskar. Se quitó las gafas y se secó una lágrima de la mejilla—. La reina de Anniera ha regresado.

Janner se sorprendió al ver que Nia no sonreía. Con la espalda recta y el rostro severo, era una torre de fuerza, más feroz con cada sílaba del cántico de sus parientes. Parecía a la vez más joven y más vieja, y Janner sintió un escalofrío de asombro al saber que aquella mujer era su madre.

Al otro lado del puerto, enclavada entre los brazos de los acantilados, se encontraba la ciudad de Ban Rona. El sol estaba lo bastante bajo como para que se encendieran las farolas, y la luz de las hogueras brillaba en mil ventanas, como si los edificios contemplaran su llegada con caras felices. Las viviendas del paseo marítimo estaban conectadas por un laberinto de pasarelas iluminadas con antorchas. La ciudad descansaba en la ladera de una colina, en cuya cima se alzaba una robusta fortaleza gris.

—La Fortaleza —dijo Nia.

—¿Es ahí donde vive el rey? —preguntó Leeli.

—No hay rey en los Valles Verdes. Lo llamamos el custodio, y es más como un jefe. El custodio no pertenece a un linaje, como suele ocurrir con los reyes. Lo elige la gente en el Banick Durga.

—Los juegos —dijo Janner—. Recuerdo haber leído sobre ellos.

—Sí. Si el Hacedor quiere, iremos este año y podrás verlos por ti mismo.

Cuando el último de los barcos vallerinos entró en el puerto, Janner oyó el rechinar del metal y el gemido de los maderos. Su primer impulso fue correr para ponerse a cubierto, pero ni Nia ni Podo parecían preocupados. Nia señaló el precipicio del acantilado más cercano y dijo:

—Miren.

Hubo una conmoción en lo alto de las murallas. El tintineo del metal se hizo cada vez más fuerte hasta que, por fin, las aguas detrás de los barcos espumearon y se agitaron, y del mar surgió la cadena más grande que Janner había visto jamás. Caía entre los acantilados, y a medida que se elevaba vio más y más cadenas, interconectadas como una gigantesca red de pesca. Se extendía por toda la abertura, formando una enorme rejilla de hierro por la que no podía pasar nada más grande que un bote de remos.

—Se llama Aguacalle —dijo Podo por encima del hombro—. Ningún barco, por fuerte que sea, puede atravesar semejante defensa. Ningún viento soplaría con suficiente fuerza, y ningún capitán sería tan tonto como para intentarlo.

Janner sintió que sonreía. No estaba seguro del resto de los Valles Verdes, pero al menos Ban Rona estaba a salvo. A salvo de gente como los varados, y a salvo de Gnag el Sin Nombre y sus Colmillos. Las acogedoras casas que bordeaban las calles de Ban Rona parecían tan cálidas y acogedoras como la cabaña Igiby, y Janner esperaba que una de ellas fuera la suya.

Mientras la tripulación izaba velas y Podo dirigía el barco hacia el muelle, Janner observó cómo un marinero del primer barco vallerino saltaba con pericia al muelle y conferenciaba con una asamblea de hombres y mujeres reunidos para saludarlo. Apareció más gente y amarró el *Enramere* al muelle. El barco encalló y se detuvo.

El viaje a través del Mar Oscuro de las Tinieblas había terminado por fin. La tripulación de Kimera vitoreó, y su alegría se extendió a la multitud reunida en tierra. La gente aplaudía, vitoreaba y charlaba.

Mirara donde mirara, Janner veía vallerinos: hombres de rostros duros y barbas pobladas, mujeres de largos cabellos encendidos por la brillante puesta de sol, niños que se asomaban entre los adultos… todos ellos vestidos de marrones, verdes intensos y azules, todos sonrientes, todos ansiosos por ver con sus propios ojos el regreso de su hija perdida. Podo observó a Nia, que miraba a su pueblo con ojos en los que brillaban las lágrimas.

La multitud se separó, y el hombre más grande que Janner había visto jamás pasó al frente. Iba vestido como los demás, pero sus hombros y enormes brazos estaban desnudos. Alrededor de su cuello colgaba una cadena dorada con un brillante colgante rojo. En los bordes de su barba herrumbrosa había siete pequeñas trenzas, cada una de ellas adornada con una joya de distinto color. Tenía la nariz torcida de una forma que lo hacía más guapo, y sus ojos eran grandes y amables. No era viejo, pero tampoco joven; había sabiduría en la rudeza de su rostro. A Janner le cayó bien de inmediato.

Cuando la mirada del hombre se posó sobre Nia, se quedó inmóvil. Los dos se miraron sin decir palabra, y la multitud enmudeció.

El hombre habló en voz baja, pero el viento arrastraba su voz.

—Nia.

Janner sintió que su madre se ponía rígida y, tras una pausa, dijo:

—Rudric. Rudric ban Yorna —su rostro se suavizó—. ¿Eres el custodio?

—Lo soy. Y tú —dijo inclinando la cabeza— eres la reina de la Isla Luminosa. Durante mucho tiempo le he pedido al Creador que te protegiera, dondequiera que estuvieras. Durante mucho tiempo hemos mantenido encendidas las hogueras de nuestras colinas con la esperanza de que llegara este día.

El rostro del hombre resplandecía en el último rubor del crepúsculo. Cayó de rodillas y, como una gran ola que emanaba hacia el exterior, todos los vallerinos hicieron lo mismo. A Janner se le erizaron los brazos al ver a un millar de hombres y mujeres inclinándose ante su madre.

Rudric se levantó y alzó la voz.

—¡Bienvenida, hija de los Valles!

Los vallerinos vitorearon y los hombres se golpearon el pecho con puños como mazos.

Rudric levantó una mano para silenciarlos mientras miraba, más allá de Nia, a la tripulación de la nave.

—Podo Helmer, ¿eres tú?

—Sí —dijo Podo. Asintió a Rudric y se adelantó—. Estás aún más grande de lo que eras, muchacho.

—Y tú estás tan aterrador como siempre.

—¿Está bien tu padre?

—Tan bien como puede estarlo un viejo luchador —Rudric sonrió y enarcó una ceja—. Aún jura que no puede oler bien por el agujero izquierdo de la nariz por tu culpa.

—Bien merecido lo tiene —dijo Podo con una risita.

Los ojos de Rudric se posaron sobre Janner.

—No hace falta que pregunte si es hijo de Esben.

Janner se sonrojó y se miró los pies. Ya no le dolía ninguna de las heridas.

—Lo es —dijo Nia—. Mi hijo mayor. Janner Wingfeather.

—¿Un guardián del trono, entonces? —dijo Rudric con un gesto de aprobación—. ¿Y esta joven belleza es la doncella musical?

—Sí, señor —dijo Leeli con una reverencia—. Me llamo Leeli Wingfeather y tengo nueve años.

Rudric se echó a reír.

—Es un honor conocerte, Leeli. Los Valles Verdes son tierra de música. Que tus canciones llenen los viñedos y los valles en los días venideros. Rudric miró de nuevo la nave y preguntó:

—¿Y el tercero?

—Janner, ¿dónde está Kalmar? —preguntó Nia.

—Está bajo cubierta con el tío Artham.

—¿Artham? ¿Artham Wingfeather está aquí? —preguntó Rudric, sorprendido.

—Sí, estoy aquí —Artham salió de la bodega y se acercó a la barandilla. Se había cubierto los hombros y las alas con una lona y se la había agarrado al pecho de forma que también ocultaba sus garras. La multitud jadeó y muchos murmullos llenaron el aire cuando se corrió la voz a lo largo del malecón y en las calles de que Artham Wingfeather estaba presente.

Rudric volvió a inclinar la cabeza y, aunque era más alto y ancho que Artham, sus ojos centelleaban como los de un niño en presencia del guardián del trono.

—Bienvenido, señor. ¿Y el joven rey también está aquí? —Nia asintió, y Rudric sacudió la cabeza con asombro—. Todos estos años temimos que hubiera muerto lo último de Anniera. Sin embargo, aquí, en una sola nave, brilla su luz.

El custodio y su gente permanecieron reverentes ante el *Enramere* y sus pasajeros durante un momento, y entonces Rudric volvió a hablar.

—¿En qué estoy pensando? Deben estar hartos de ese barco. Vengan y vuelvan a poner los pies en tierra firme. Todos ustedes. Como custodio de los Valles, les doy la bienvenida a Ban Rona, donde no habita el mal, no roban correcumbres, ni pisan los Colmillos. Mi hogar —miró a Nia— y *su* hogar.

—Gracias, Rudric —Nia le dedicó una sonrisa, pero se desvaneció tan rápido como había surgido—. Custodio, el hijo menor de Esben ha visto cosas terribles. Te ruego que lo trates con amabilidad. Janner, ve a buscar a tu hermano. Acabemos con esto.

Janner bajó cojeando las escaleras hacia la oscura bodega en busca de Kalmar.

—¿Kal? —llamó.

—No quiero ir —dijo Kalmar en voz baja desde algún rincón.

—Es precioso. Deberías verlo. Apenas pueden creer que estemos aquí. Yo tampoco me lo creo. No hay ni un Colmillo a la vista.

Kalmar guardó silencio.

El silencio llenó la bodega hasta que Janner se dio cuenta de lo que había dicho.

—Estarás bien, Kal. Mamá es como una reina para ellos. Y tú eres… el rey supremo de Anniera. No importa lo peludo que seas.

—Todos se quedarán mirándome. Y lo sabrán.

—¿Sabrán qué?

—Sabrán lo débil que fui.

Janner se abrió paso a través de la oscuridad y se plantó ante su hermano pequeño, intentando ignorar el regreso del dolor palpitante en las piernas y la espalda. Lo único que Janner podía ver de Kalmar era el brillo de sus ojos.

—Pero tú eres el rey supremo. Y yo soy tu guardián. No puedes quedarte en la oscuridad aquí abajo para siempre.

Janner tomó la mano fría, húmeda y peluda de Kalmar y tiró de él hacia la puerta. Kalmar respiró hondo cuando llegaron al pie de la escalera, avergonzado —Janner lo sabía— de su pelaje gris y sus orejas puntiagudas y su nariz negra, avergonzado de la insignia lobuna de fracaso que llevaba.

Cuando los muchachos salieron de la bodega, Rudric estaba saludando con la cabeza a Oskar y luego a Errol, el primer oficial, de modo que los dos hermanos permanecieron un momento en lo alto de la escalerilla sin que nadie en el muelle se percatara de su presencia.

Entonces, el aire se rompió por el grito de una mujer vallerina. Rudric interrumpió la conversación y miró a su alrededor en busca del origen de la conmoción. Cuando vio a Kalmar con el brazo alrededor de Janner, su confusión se convirtió en conmoción. Alguien gritó: «¡Colmillo!».

Hombres y mujeres se abalanzaron sobre la nave, apartaron a la tripulación kimerana y se abalanzaron sobre Kalmar, que gruñó y enseñó los dientes. Artham, Nia, Podo y los kimeranos se quedaron atónitos. Kalmar se agazapó como un perro a punto de abalanzarse.

—¡Kalmar, no! —gritó Janner, y el rostro de Kalmar se estremeció y su gruñido se convirtió en un aullido de angustia. Miró a Janner con una tristeza insoportable y se hizo un ovillo a sus pies.

Janner tuvo tiempo de arrojarse sobre su hermano pequeño para protegerlo mientras los vallerinos los atrapaban a ambos. Rodeó a Kalmar con los brazos y apretó los dientes contra el dolor de piernas y espalda, aferrándose a su hermano entre gritos de «¡Colmillo!» y «¡Monstruo!», hasta que Kalmar fue arrancado de sus brazos.

7

Un Colmillo en Ban Rona

Mientras arrastraban a Kalmar, Janner vio cómo los vallerinos le daban patadas y puñetazos. Leeli gritó y Artham chilló el nombre de Kalmar mientras el pequeño lobo extendía la mano hacia Nia y Podo. Lucharon contra la avalancha de vallerinos, conmocionados por la violencia de la reacción de la multitud. Nia golpeó a un vallerino que la retenía mientras ella gritaba pidiendo orden, pero nadie la escuchó. Janner luchó por abrirse paso entre la multitud, pero era demasiado densa y estaba demasiado enfurecida. Uno de los hombres agarró a Janner por el brazo y lo sujetó. El desgarrador sonido de Kalmar, que aullaba como un cachorro herido, se colaba entre el ruido.

Janner apenas podía creer que aquella misma gente hubiera vitoreado su llegada solo unos instantes antes. Sus rostros, antes tan brillantes de bienvenida, estaban ahora oscuros de ira.

Otro sonido atronó y cortó por fin el caos. Janner vio movimiento por el rabillo del ojo y miró a tiempo para ver a Rudric saltar sobre la cubierta del *Enramere*. Blandió un martillo de guerra con todas sus fuerzas y golpeó el palo mayor con tanta fuerza que todo el barco tembló.

—¡He dicho: «BASTA»! —bramó Rudric.

Y así lo hicieron.

Rudric tenía la cara roja y le ardían los ojos. Sujetaba el martillo con una mano y cerraba la otra en un puño. Tenía el pecho erguido y la parte delantera de la túnica parecía a punto de desgarrarse.

—¡Si quieren enfrentarse a Rudric ban Yorna, que así sea! Alborótense —miró ferozmente a la multitud y enseñó los dientes, retando a cualquiera a desafiarlo.

El palo mayor crujió y gimió, luego se astilló donde lo había golpeado el martillo de Rudric. Volvió a gemir y se desplomó sobre el costado de estribor, arrastrando maderos, velas y cabos hacia el mar, dejando solo un tocón donde estaba Rudric.

—¡Suelten a la bestia y dejen hablar a la reina de Anniera! —bramó Rudric—. ¡Olliver, suéltala!

Nia apartó los brazos del hombre y corrió al lado de Kalmar.

Uno a uno, los vallerinos retrocedieron hasta que solo quedó un hombre. Este se levantó con un pie sobre la espalda de Kalmar y sostuvo una espada sobre su cabeza.

—Es un Colmillo, Rudric —espetó el hombre—. ¿Quieres que ande suelto por los Valles?

—Si la reina de Anniera tiene algo que decir al respecto, creo que será mejor que lo oigas antes de que te haga pedazos, Bunge.

El hombre miró a la multitud, luego a Kalmar y finalmente a Nia. Ella se levantó, feroz y desafiante, y se plantó frente a frente con el hombre. Bunge bajó la espada y se hizo a un lado.

—Reina o no, no es poca cosa traer a un Colmillo Gris a nuestras costas. —Rudric bajó su martillo de guerra y miró fijamente a Nia—. ¿Lo entiendes?

—Lo entiendo.

—Entonces te pregunto, no como tu viejo amigo, sino como el custodio de los Valles, ¿por qué lo has hecho?

—Porque… —a Nia se le trabó la voz en la garganta. Respiró hondo y levantó la barbilla—. Porque es mi hijo.

La multitud jadeó. Incluso Rudric se estremeció. Miró a Kalmar, que se agachó a los pies de Nia, gimoteando.

—¿Este es el hijo de Esben Wingfeather?

Nia se secó una lágrima de la mejilla, como si le irritara que estuviera allí. Parecía como si quisiera hablar pero no pudiera.

Rudric se acercó a ella y bajó la voz.

—Lo siento, Nia. Pero ahora soy el custodio. Tenemos que tratar esto en el consejo —apretó la mandíbula y se volvió hacia el hombre llamado Bunge—. No le hagas daño. Llévalo al calabozo.

Cuando Bunge avanzó hacia Kalmar, Artham se adelantó y se interpuso entre ellos.

Nia le puso una mano en el hombro.

—Artham, no lo hagas. Mi pueblo tiene sus costumbres. Si vamos a crear un hogar aquí, tenemos que hacerlo según sus reglas. No podemos seguir huyendo. No tenemos adónde ir.

Artham vaciló, luego se arrodilló, susurró algo al oído de Kalmar y se alejó. Podría haberse desprendido la lona, desplegar las alas y hacer huir a los vallerinos si hubiera querido. Podría haber recogido a Kalmar y volar hacia un lugar seguro.

Janner quería actuar, pero si Artham no estaba dispuesto a impedir la detención de Kalmar, entonces debía tener una buena razón.

Nia se arrodilló y miró a Kalmar a los ojos.

—Todo va a salir bien. De un modo u otro, vendremos a buscarte mañana. ¿Entendido?

Kalmar asintió. Nia le besó la cabeza, y entonces Rudric hizo una señal y Bunge levantó a Kalmar de un tirón.

—¡Bunge! —espetó Rudric—. *No le hagas daño.*

Bunge frunció el ceño, pero inclinó rígidamente la cabeza ante Rudric. Un marinero vallerino ató los brazos de Kalmar por detrás y se lo llevaron.

Rudric volvió a deslizar su martillo de guerra en la presilla de su cinturón.

—Nia, sé que estás enfadada y que ahora no quieres confiar en mí. Me aseguraré de que lo alimenten y lo traten bien. Los Valles siguen siendo un lugar de acogida…

—Ahórrate la charla —dijo Podo, dando un paso adelante—. Si tienen un lugar para mi familia y mi tripulación, lo aceptaremos con gratitud. Pero ahora no es momento de palabras. Lo único de lo que tenemos que hablar es de cuándo recuperaremos al joven Kalmar.

Rudric miró de Podo a Nia y viceversa, y luego asintió.

—Danniby los acompañará a ti y a tus hombres a sus alojamientos. Enviaré a alguien a buscarlos por la mañana, cuando haya reunido a los siete jefes. Entonces, hablaremos del Colmillo —Rudric se volvió hacia Podo y los kimeranos—. Lamento lo del palo mayor.

Y se alejó.

Cuando la multitud se dispersó, un vallerino delgado y barbudo (Janner no tardó en darse cuenta de que todos llevaban barba), vestido con una capa negra, dio un paso al frente y se aclaró la garganta.

—Saludos. Me llaman Danniby. Si me siguen, encontrarán algunas camas, bayas y biditas.

—¿Biditas? —preguntó Leeli.

—Sí, biditas. Supongo que es por «bebiditas». Cosas buenas para beber, es decir, como sidras, zumos, leche de cabra, ese tipo de cosas. ¿A alguien le apetece una comida caliente y una bidita?

Tras cierta confusión, todos los miembros de la nave levantaron una mano. Janner vio la preocupación en el rostro de Nia, pero la confianza que infundía Rudric alivió la tensión que todos sentían. Incluso con Kalmar en el calabozo era difícil no desear una cama normal y una buena comida.

—Entonces, biditas —dijo Danniby—. Vengan conmigo.

Los kimeranos desembarcaron en fila india, y muchos de ellos se detuvieron al llegar al muelle para besar las tablas y dar las gracias al Hacedor por un viaje seguro.

—Tenemos biditas de bayas, de uvas, de manzanas y de cerezas. Nombra la fruta que quieras: seguro que tenemos una bidita con ella —dijo Danniby mientras se llevaba a los kimeranos.

—Esos kimeranos son buenos hombres —dijo Podo—. Dejaron sus hogares en Skree para traernos aquí sanos y salvos. Espero que duerman bien.

—Sí —dijo Oskar, intentando sonar de nuevo como un marinero—. En palabras de Boyg McKrowlin: «¡Vaya si se lo han ganado!». Y yo también, si no está mal que lo diga. Quedarnos parados en este viejo barco roto no va a liberar antes a Kalmar. ¿Alteza?

Nia intentó sonreír.

—Tienes razón. Ya es hora de que coman algo más que tijereta y avena vieja.

—Me cae bien ese hombre —dijo Leeli.

—¿Rudric? —preguntó Janner.

—Sí, el grande. No creo que quiera que le pase nada malo a Kalmar.

—Conozco a Rudric desde que éramos niños —dijo Nia—, y creo que conozco su corazón. Esto se solucionará pronto.

—Apostaría mi bidita a que sí —dijo Podo—. Ahora, vayan, vayan.

—¿No vienes? —preguntó Artham mientras ajustaba la lona sobre sus alas.

—Me gustaría quedarme aquí un rato —dijo Podo, contemplando el oscuro horizonte más allá de la boca del puerto—. Es mi última oportunidad de sentir un barco meciéndose bajo mis pies. A decir verdad, casi desearía que una de esas piedras me hubiera tirado por la borda. No solo me lo habría merecido, sino que mi último aliento habría sido agua de mar. Así es como debe morir un marinero.

Janner observaba la espalda de Podo, preguntándose qué estaría pasando en su viejo y tormentoso corazón. Todos aquellos años en Glipwood, Podo había evitado los acantilados, había evitado asomarse al Mar Oscuro, sobre todo en el Día del Dragón. Ban Rona era una ciudad costera, donde a Podo se le recordaba con cada brisa que tenía prohibidas las aguas que tanto amaba. Ahora que Janner lo había visto navegar, era difícil imaginarlo feliz en tierra.

—Papá, no eres solo un marinero —Nia le puso la mano en la espalda—. Eres padre y abuelo, y aún te queda mucha vida por vivir. Despídete y ven con tu familia. Te necesitamos.

—Por favor, abuelo —dijo Leeli.

Podo apartó los ojos de las aguas, sus pobladas cejas temblaban de emoción. Finalmente, se apartó del mástil roto, recogió su hueso de la pierna de donde yacía sobre la cubierta y dejó que Leeli lo guiara por el tablón hasta el muelle.

En el último peldaño, se detuvo y miró hacia las aguas negras que bañaban el casco.

—Ahí lo tienen, dragones —dijo—. El Escamador ya no perturbará más sus aguas. Les doy las gracias por el paso seguro.

Cuando Podo bajó del tablón al muelle, el centro del puerto burbujeó, y del mar surgió una masa oscura de formas serpenteantes. Se balancearon, retumbaron y agitaron las aguas, hasta que Yurgen, el más viejo, abrió las fauces y rugió. Las antorchas del muelle chisporrotearon al viento del bramido del dragón, y Podo se quedó inmóvil de espaldas al mar, con los ojos cerrados y la cabeza gacha.

Leeli estaba frenética. Le tomó la mano con las dos suyas y tiró, dejando caer la muleta y saltando sobre un pie. Podo dio por fin otro paso, luego otro, cada uno de los cuales lo acercaba más a tierra firme y lo alejaba más del Mar Oscuro.

Cuando por fin Podo salió del muelle a la calle empedrada de Ban Rona, los dragones desaparecieron tan rápido como habían llegado.

Podo respiró hondo, sonrió a Leeli y dijo:

—Ahora, pues. Vamos a tomar unas biditas. Tengo la garganta seca y la barriga vacía. ¿Por dónde se ha ido ese tal Danniby?

8

La Posada del Huerto

Janner tardó un rato en darse cuenta de qué había de extraño en Ban Rona.

Mientras caminaban por las limpias calles de la ciudad, se cruzaban con carromatos y grupos de personas que paseaban conversando. Muchas de las casas ostentaban jardines en la fachada, de modo que había que pasar entre flores brillantes y totatas en la parra para llegar a los escalones de la entrada. Hombres y mujeres estaban sentados afuera en bancos, fumando pipa o comiendo uvas, riendo al fresco de la noche.

Y en todas las casas, observó Janner, había un perro. No solo un perro, sino un perro *grande*. Podía ver sus colas ondeando como banderas en las ventanas. Los veía acurrucados en los rellanos y persiguiendo palos, perros de distintos colores y razas, pero todos ellos al menos el doble de grandes de lo que había sido Nugget, al menos antes del agua del primer pozo. Más de una vez, uno de los perros salió a saludar a Leeli a su paso, como si percibieran en ella una gran reserva de afecto sin otro lugar adonde ir.

—La gente no tiene miedo —dijo Janner, dándose cuenta por fin de qué era tan diferente—. Es de noche, las calles están llenas y no hay Colmillos deslizándose. Todo el mundo está contento. Nunca había visto algo así.

—Es como solía ser y como debe ser —dijo Artham—. Todo el trabajo está hecho, la cena está en la mesa y los niños están rebosantes con su última energía antes de irse a la cama. Es entonces cuando se cuentan las historias. Mira.

Pasaron junto a un prado donde crepitaba un fuego en un anillo de piedra. Una abuela estaba sentada en un banco con un libro en el regazo, leyendo a un círculo de niños reunidos a sus pies. Una música de arpa silbante llegó a sus oídos, y con ella el sonido de un canto. Janner percibió el aroma de algo delicioso al pasar junto a una ventana donde una familia estaba sentada alrededor de una mesa. A Janner le recordó el Festival del Día del Dragón de Glipwood, donde había visto a Armulyn el bardo cantando junto al fuego. Pero aquí nadie tenía miedo. No había Colmillos a los que temer.

Janner divisó a los kimeranos unas calles más adelante, al doblar una esquina después de Danniby. La subida de la colina desde el paseo marítimo era gradual, pero después de su viaje por mar, Janner y los demás no estaban acostumbrados a las largas caminatas, así que cuando doblaron la esquina tras la tripulación, todos estaban algo agitados.

Oskar, sin embargo, estaba ágil como un thwap, sonriendo mientras marchaba al frente, con los ojos muy abiertos y mirando a todas partes a la vez.

—¡Caminando por las calles de Ban Rona! —se decía entre gruñidos—. ¡Nunca pensé en una época que navegaría por el Mar Oscuro! ¡Hogueras! ¡Macizos de flores! Oh, Hacedor, que también haya libros.

Danniby esperaba bajo una teja en la que se leía «La Posada del Huerto». Sonrió y abrió la puerta cuando se acercaron, y el olor a calabaza, canela y mantequilla llegó hasta Janner. Los kimeranos ya habían encontrado asiento alrededor de las mesas de madera o cerca del fuego que ardía en el hogar de piedra. Los vallerinos se volvieron y estudiaron a los marineros, pero Janner solo percibió curiosidad, sin malicia ni sospecha. Al cabo de un momento, los lugareños volvieron a sus conversaciones y a su comida, dejando a solas a la fatigada tripulación.

Oskar se escurrió por la sala hasta una mesa vacía e hizo señas a los demás para que se acercaran. En cuanto Nia estuvo sentada, él se dejó caer en su silla y se metió una servilleta en el cuello de la túnica.

Una mujer rubia con el pelo recogido en un moño se acercó a la mesa y se paró junto a ellos con las manos en las caderas.

—Bienvenidos, viajeros. A Danniby le gusta mi pan de calabaza, si no, ahora estarían en otra posada —sus ojos pasaron por cada uno de ellos hasta posarse en Nia—. Entonces, ¿es verdad?

—¿Es verdad qué? —preguntó Nia.

—¿Eres realmente Nia Wingfeather?

—Lo soy.

—¿Y has traído un Colmillo a Ban Rona?

Janner se preparó para la ira de su madre, pero no llegó.

—No. Traje a mi hijo —dijo Nia—. No es un Colmillo, por mucho que lo parezca.

La mujer pareció satisfecha con la respuesta de Nia y tomó sus pedidos sin más interrogatorios. Janner pidió sidra de uva y un cuenco de estofado de carne de gallina, apenas capaz de creer que estuviera cenando en una posada real sin un Colmillo a la vista.

Podo se levantó y alzó su jarra de cerveza de bayas.

—¡Tripulación del *Enramere*! —los kimeranos rugieron en respuesta y alzaron sus propias jarras—. ¡El Hacedor bendiga a Gammon de Skree, que derrotó a los Colmillos Grises en la Batalla de Kimera y se encargó de nuestra huida! Que él y sus fríos soldados luchen hasta que la tierra vuelva a ser libre. ¡Que el Creador bendiga a cada uno de ustedes por navegar por el Mar Oscuro con dragones debajo y Colmillos detrás! —los hombres vitorearon mientras los vallerinos observaban divertidos—. ¡El Creador bendiga los Valles Verdes, donde Gnag el Sin Nombre teme pisar! —ahora, los vallerinos vitorearon—. Y que el Hacedor bendiga a Anniera —se hizo un respetuoso silencio. Hombres y mujeres miraban fijamente sus tazas—. Que ese gran reino resurja de las cenizas —Podo miró a Nia y Artham, luego a Janner y Leeli.

—Y que el Hacedor esté con Kalmar esta noche —dijo Janner, en voz lo bastante baja como para que solo lo oyera su familia.

—Que así sea —dijo Artham.

La sala estalló en vítores cuando se abrieron las puertas de la cocina y los camareros sacaron bandejas y bandejas de comida humeante. Janner intentó comer con el corazón contento, pero su alegría estaba teñida de preocupación por Kalmar. Rogó que Rudric fuera fiel a su palabra y se asegurara de que su hermano estuviera bien alimentado e ileso hasta que pudieran conseguir su ansiada libertad.

Cuando terminaron de comer, el posadero, un tipo delgado y calvo llamado Norn, los llevó a sus habitaciones. Estaba animado porque Danniby le había llenado la posada y le había prometido una cuba de brebaje de saúco en la próxima cosecha. Cada habitación tenía dos camas, así que Nia y Leeli tomaron una, Oskar y Podo otra, y Janner se quedó con Artham. Las habitaciones eran sencillas pero cómodas, con camas blandas, un armario y un escritorio.

Norn le llevó a Nia un ungüento y vendas frescas para las heridas de Janner. El ungüento estaba en un frasco de arcilla, y cuando Nia levantó la tapa, salió un olor amargo.

—¿Qué es eso? —preguntó Janner, arrugando la nariz.

—Algo que me gustaría haber tenido hace semanas, cuando te hirieron por primera vez —Nia tomó un trapo y lo mojó en el frasco—. Es una mezcla de virutas de gadjic, exprimido de baya del fango y raíz dulce. Lo llamamos gadgüento. No solo te curará rápidamente, sino que también te adormecerá el dolor. Recuéstate.

Janner hizo una mueca de dolor con cada toque, palmadita y envoltura, pero enseguida sintió un cosquilleo cálido en los rasguños. No sabía si el cansancio se debía a la medicina, pero se dio cuenta de que no podía mantener los ojos abiertos.

Nia subió la colcha de la cama hasta la barbilla de Janner.

—Te despertaré para desayunar —le dijo, y lo besó en la frente—. Duerme un poco. Nos bañaremos y buscaremos ropa nueva mañana, después del consejo. No podré descansar sabiendo que tu hermano está solo en una celda.

—No tengo sueño —dijo Janner bostezando, y lo siguiente que supo fue que ya era de día.

Bajó las escaleras a trompicones y encontró a todos comiendo avena y leche en un pesado silencio. Antes de que terminaran de comer, llegó Danniby para convocarlos a la Fortaleza.

Una niebla yacía sobre el puerto a la luz temprana, oscureciéndolo todo excepto las cimas de las paredes de los acantilados en la distancia, donde brillaba el diminuto parpadeo de los fuegos de la guardia. Mientras los Wingfeather recorrían la corta distancia que los separaba de la Fortaleza, la ciudad se despertó. Los pájaros cantaban en las ramas de los árboles que bordeaban las calles empedradas. Las puertas de los jardines se abrieron y hombres y mujeres de todas las edades, con ojos soñolientos, salieron a recibir el día. Los perros bajaban los escalones de las casas para dar sus paseos matutinos, y los carros pasaban traqueteando.

Janner se fijó en grupos de niños con carteras de cuero que esperaban en las esquinas. Pocos parecían contentos, y algunos lucían a punto de dormirse de pie. Algunos se sentaban con las piernas cruzadas en la acera, clavando ramitas entre los adoquines distraídamente, mientras que otros encontraban bancos en los que despatarrarse. Algunas de las chicas permanecían de pie en grupos de dos o tres, riéndose o jugando a las palmas.

—Mamá —preguntó Janner—, ¿qué hacen todas las niñas de pie? ¿No tienen tareas que hacer?

—La escuela —respondió Nia distraídamente, como si Janner hubiera interrumpido un pensamiento profundo.

Una larga carreta con varios bancos y tirada por cuatro burros dobló la esquina más cercana y se detuvo. El conductor dijo: «Buenos días» a los niños de la esquina, y con un coro de refunfuños y bostezos, todos subieron a bordo.

—No parecen muy contentos —dijo Janner, mirando por encima del hombro cómo la carreta se detenía unas manzanas más adelante para cargar a otro grupo.

—¿Por qué iban a estarlo? —dijo Podo—. Desperdiciar toda una mañana aprendiendo cuando podrían estar afuera haciendo cosas. Yo también estaría de mal humor.

—Algo *están* haciendo, papá —dijo Nia—. A mí me encantaba la escuela, y a mamá también. A ti también te habría encantado si no hubieras crecido en Skree, corriendo por ahí con esos despreciables varados.

—Bueno —fue todo lo que Podo pudo decir a eso.

—¿Iremos a la escuela? —preguntó Janner. Nunca había ido a una escuela oficial. En Skree, la escolarización se había abandonado cuando los Colmillos tomaron el poder, así que se dejó en manos de los padres. Había leído mucho sobre escuelas, bibliotecas y aprendizajes, pero lo único que tenía en Glipwood era una madre decidida a enseñarle los T.H.A.G.S. (los Tres Honorables Además de Grandiosos Saberes que estudiaban todos los niños de Anniera: Palabra, Forma y Canción). Le gustaba tanto leer y escribir que era difícil imaginar que no disfrutara todo un día de ello con otros alumnos.

—Lo único que sé ahora mismo es que Kalmar está en una mazmorra y tenemos que sacarlo de allí. Ya nos preocuparemos de la escuela más tarde —dijo Nia mientras se acercaban a lo que parecía ser una vía principal. Grandes árboles crecían en una mediana que bordeaba el centro de una ancha calle, la cual subía en línea recta por la colina cubierta de hierba hasta la Fortaleza. Aquí las casas eran más grandes y ostentaban elegantes cornisas e incluso fuentes en sus jardines delanteros.

Danniby los condujo colina arriba hasta la puerta principal, donde había guardias a ambos lados de un rastrillo. A Janner le recordó la entrada de la Fábrica Tenedor, y un escalofrío le recorrió la espalda. Por primera vez aquella mañana, sintió una pizca de temor. ¿Y si aquel hombre… cómo se llamaba? Bunge. ¿Y si Bunge hubiera hecho daño a Kalmar, daño de verdad? ¿Y si todos los vallerinos del consejo se parecían más a él que a Rudric?

Los guardias de la puerta se quedaron mirando a Artham mientras pasaban. Aún llevaba la lona que cubría sus alas, pero era evidente que ocultaba algo.

Justo al otro lado de la puerta había un patio cubierto de hierba, y más allá se encontraba la Fortaleza. Era una estructura robusta pero hermosa, construida de troncos y piedra, con enredaderas vivas que trepaban por sus muros y se enroscaban alrededor de sus pilares. Algunas de las enredaderas estaban repletas de frutas de colores, y la gente las recogía en cestas con largas varas, deteniéndose de vez en cuando para llevarse una uva o una baya roja a la boca. Janner contó cuatro pisos, cada uno con ventanas abiertas de par en par que daban a balcones desde los que la gente miraba hacia Ban Rona y el mar. Unas ramas frondosas asomaban por el borde del tejado. Janner nunca había oído hablar de árboles que crecieran en lo *alto* de un edificio, pero los habitantes de los Valles Verdes parecían capaces de cultivar cualquier cosa donde quisieran.

Las dos puertas principales de la Fortaleza estaban abiertas, y Danniby los condujo al gran salón. Los ojos de Janner tardaron un momento en adaptarse a la tenue luz que se filtraba por las ventanas del techo, pero enseguida supo que la sala estaba llena de gente. Estaban sentados alrededor de un enorme árbol que surgía de un montículo en el centro de la sala. Su tronco era más grande que el mayor roble, y sus ramas inferiores eran tan gordas como árboles. Las ramas se elevaban como fuertes brazos, hacia arriba, hacia el techo y hacia todas las paredes, y Janner se dio cuenta de que crecían *en* las paredes y el techo de la Fortaleza en sí, lo que significaba que las ramas que veía sobresalir del techo también formaban parte del árbol. No sabía dónde acababa el árbol y empezaba la Fortaleza.

En un recoveco formado por las enormes raíces, había un trono de madera donde Rudric ban Yorna estaba sentado en la gloria de su fuerza. Vestía túnica y capa negras. Su barba con las siete trenzas enjoyadas caía en cascada sobre la extensión de su pecho, donde brillaba el colgante rojo. Debería haberse visto disminuido por el tamaño del árbol, pero en cambio, el árbol magnificaba su posición. Janner sabía que Rudric no era un rey propiamente dicho, pero el título de custodio parecía en aquel momento el más importante, y tuvo que resistir el impulso de hacer una reverencia.

Alrededor de Rudric se reunían cientos de vallerinos, todos sentados en el suelo cubierto de hierba. Jóvenes y viejos, hombres y mujeres, bellos y rudos, miraban fijamente a Nia Wingfeather y sus compañeros. Janner tuvo la sensación de que cualquier incomodidad o miedo que su madre pudiera sentir se había transformado en algún poder profundo en ella, pues bajo la pesada mirada del consejo, parecía igual en porte y fuerza al custodio del otro lado de la sala. Eran tan formidables como los imponentes acantilados a ambos lados del puerto, con alguna cadena invisible colgada entre ellos.

—Reina Nia —dijo Rudric. Se puso en pie y su voz retumbó en la sala como una roca rodante—. Es hora de hablar del Colmillo.

9

El consejo en la Fortaleza

—Vengan. Tenemos un lugar para ustedes —Rudric señaló hacia un recodo de raíces que llegaba hasta la cintura, a la izquierda de su trono. Nia condujo a Leeli, Janner, Oskar, Artham y Podo a través de la multitud hasta el árbol. Janner podía sentir que todos los ojos de la sala lo observaban, y se sentía cohibido por la forma en que caminaba, la manera en que mantenía la boca cerrada y lo sucias que estaban sus ropas. Quería emanar la misma fuerza tranquila que su madre, pero estaba bastante seguro de que no emanaba más que torpeza.

Se acercaron a la raíz y Rudric les indicó que se sentaran. A su lado estaban los jefes: cuatro hombres y tres mujeres sentados en sillas más pequeñas. Cada uno de los jefes tenía un perro, enroscado a los pies de la silla o apoyado en ella. El perro de Rudric estaba sentado en posición de firmes junto a su trono y parecía lo bastante grande como para tragarse a los demás. El pelo de cada mujer y la barba de cada hombre estaban adornados con una única trenza enjoyada que hacía juego con una de las siete trenzas de Rudric. Fruncieron el ceño cuando los Wingfeather se sentaron en el banco de la raíz.

—Soy el custodio de los Valles desde hace cinco años —empezó Rudric—. Huiste de Anniera hace nueve años. Y hacía años desde entonces que no pisabas nuestra tierra.

—Sí, custodio —dijo Nia—. Ha pasado mucho tiempo.

—He reunido hoy al consejo para escuchar tu caso, pero también para ayudarte a comprender por qué ocurrieron las cosas en tu barco de la forma en que ocurrieron. No deseo ofender a la reina de la Isla Luminosa.

Esperó a que Nia respondiera, pero ella solo levantó la barbilla y escuchó.

—Cuando Gnag el Sin Nombre y sus Colmillos invadieron tu reino, oímos rumores, pero no los creímos durante días. Olimos el humo un día entero antes de verlo. Yo formaba parte de la compañía que navegó hacia Anniera para ayudar en lo que pudiéramos, pero… —Rudric se aclaró la garganta—. Pero toda la ciudad ardía. Las llamas abrasaban el cielo. Trajimos a todos los sobrevivientes que pudimos, pero no eran suficientes para llenar un solo barco. Fue terrible. Vi Colmillos bailando en el fuego y trols por todas partes. También vi otras criaturas —bajó la voz—. Cosas de patas largas, cosas que patinaban. Cosas que se arrastraban y gemían y saltaban sobre casas en llamas.

Leeli apoyó la cabeza en el brazo de Podo y cerró los ojos. Janner miró hacia el consejo y vio a hombres y mujeres con rostros cenicientos que recordaban los terrores de días pasados.

—Huimos —continuó Rudric—. Anniera era una ruina, y temíamos que los Valles Verdes fueran los siguientes. Así que nos embarcamos y navegamos por delante del humo con los barcos de los Colmillos a nuestros talones. Los vigilantes del Aguacalle no estaban preparados para una flota de naves Colmillo y no pudieron levantar la puerta a tiempo. Los Colmillos nos siguieron hasta el puerto. Miles de ellos. Hombres, mujeres y niños se armaron y lucharon desde los muelles. Apagamos fuego tras fuego, lanzamos piedra tras piedra, y cuando los Colmillos saltaron por la borda y se deslizaron por el mar, cuando se arrastraron fuera del agua como una plaga, luchamos contra ellos con espadas, martillos, arcos y lanzas. Luchamos con las manos. Murieron muchos hombres, Nia. Más de los que crees. Tu familia en Ban Rugan: Malik y el resto del clan Igiby, el clan Boormyn, Yarley Craigh y sus cinco hijas, tus tías y tíos, tus primos, Nia. Todos muertos.

Nia tenía los ojos cerrados. Estaba sentada, recta y quieta, pero Janner se dio cuenta de que las palabras de Rudric le habían dolido.

—Fue una época terrible. Durante nueve años, los Colmillos han asolado nuestras aguas. Seis veces atacaron con fuerza. Toda una flota de barcos intentó atravesar el Aguacalle y fracasó. Una y otra vez los hicimos retroceder. No se atrevieron a atravesar el Bosque Negro, aunque a lo largo de los años incluso los hendidos se han vuelto más audaces. Las tierras que antes eran seguras para los pastores y los vaqueros ahora están en peligro por las cosas retorcidas que merodean por el bosque y sus lindes.

Rudric volvió a hacer una pausa para ver si Nia tenía algo que decir. Ella siguió callada.

—Todos estos años, nuestras fronteras septentrionales no sufrieron problemas. Los Colmillos eran vulnerables al frío. Vimos cómo se arrastraban y se acobardaban cuando soplaba un viento helado, y cómo nunca enviaban escaramuzadores desde las colinas del norte. Estuvimos a salvo durante mucho tiempo. Pero el año pasado, algo cambió. Algo nuevo llegó a los Valles.

Rudric hizo un gesto a alguien en el otro extremo de la sala y dos enormes puertas se abrieron. Dos hombres entraron llevando una jaula sobre un carro de madera. En la jaula, había una cosa harapienta y rota.

Su hocico era más largo que el de los Colmillos Grises que Janner había visto en la Batalla de Kimera. Aquellos Colmillos Grises habían parecido inteligentes, más que los que parecían serpientes. Pero esta criatura gruñía y sacudía los barrotes de la jaula con una fuerza bestial. Incluso desde el otro lado de la sala, Janner podía ver que sus ojos estaban en blanco de locura, desprovistos de cualquier cosa humana; giraba la cabeza, lanzando una mirada hambrienta e irreflexiva a todo lo que veía. Tenía el hocico curvado en un gruñido permanente, que dejaba ver unos dientes largos como agujas, y una lengua negra y seca asomaba por un lado de la boca como un pez muerto. Su pelaje se había desgarrado a trozos, dejando al descubierto una piel rosada y enfermiza.

Cuando vio a los vallerinos, su agitación se intensificó. Arqueó la espalda y soltó un chillido delgado que fue lo más parecido a un aullido que pudo emitir. Sus ojos negros recorrieron la habitación, y a Janner le aterrorizó que sus ojos se detuvieran en él, como si fueran pozos vacíos en los que pudiera caer para siempre. Janner habría agarrado a Leeli y echado a correr si Rudric no hubiera estado tan tranquilo.

—Esto —dijo el custodio— es solo una sombra de la cosa que capturamos. Se llamaba Nuzzard y hablaba bastante bien cuando nuestros exploradores del Huerto de Cullagh lo capturaron. Formaba parte de una compañía de Colmillos Grises enviada para comprobar si había puntos débiles en nuestras fronteras. Los demás murieron. ¿Sabes lo que pasa cuando mueren?

Nia asintió.

—Se convierten en polvo. Los Colmillos no nos son desconocidos, Rudric.

—Bien. Entonces, ¿sabes lo que les ocurre con el paso del tiempo?

Nia dudó. Janner pensó en los Colmillos Grises del calabozo de *Enramere*. Cada día eran más violentos, pero nadie sabía qué les había ocurrido después de quedar a la deriva. Probablemente habían muerto, pero como dijo Podo, eso estaba en manos del Hacedor.

Nia miró al monstruo gimoteante de la jaula y se estremeció.

—Esto, supongo.

—Los Colmillos Grises son lo bastante peligrosos en su forma común (si es que puede llamarse así), pero en lo que se *convierten* es aún peor —Rudric cruzó la habitación y se detuvo ante la jaula. La criatura sacudió los barrotes y aulló su aullido de papel—. Se convierten en materia de cuentos de hadas. No quiero ni imaginar lo que ocurriría si esta cosa estuviera suelta en los Valles —Rudric asintió a los guardias y estos se llevaron el carro—. Como ves, alteza, no podemos dejar que un Colmillo ande suelto por la tierra.

Nia se puso en pie y apretó los puños a los lados.

—Puedes hablar —dijo Rudric. Janner no estaba seguro, pero le pareció ver que, bajo su poblada barba, tragaba saliva.

Nia habló entre dientes.

—Acudo a ustedes no solo como reina de Anniera, sino como hija de los Valles. Crecí aquí, en Ban Rona. Mi abuelo, Kargan Igiby, fue el custodio durante dos temporadas. Veo aquí reunidos a embajadores de Ban Hynh, Ban Rugan, Ban Yorna y de todas las aldeas intermedias, hombres y mujeres que me conocieron cuando era joven, que conocen a la familia Igiby desde hace una época. Amo esta tierra como ustedes y no la pondría en peligro.

Janner se dio cuenta de que Rudric echaba un vistazo a la asamblea y, como un destello de luz, una sonrisa relampagueó en el roce de su barba. Al principio Janner no le encontraba sentido, pero cuando vio las caras de los vallerinos reunidos en la sala, lo comprendió. Estaban tan atentos ahora como lo habían estado la noche anterior. Rudric los había preparado para escuchar.

Nia respiró hondo, se volvió hacia la asamblea, que estaba sentada bajo el árbol como niños a la hora del cuento, y habló.

10

El relato de la reina y las alas del guardián

—Los Colmillos atacaron el Castillo Rysen más rápidamente de lo que podíamos imaginar —Nia habló en voz baja, pero su voz se propagó por la frondosa sala—. Esben, los niños y yo estábamos juntos en el comedor en un momento, y al siguiente parecía que al mundo entero le habían salido escamas y colmillos. Entraron en tropel en el castillo. Corrimos. Esben nunca consiguió salir del castillo. Mataron a mi madre.

Podo aspiró profundamente y miró al suelo. Janner oyó varios sollozos en la sala y se preguntó cuántos de la asamblea habían conocido a Wendolyn Helmer.

—Por la mano del Hacedor, cruzamos el Mar Oscuro de las Tinieblas, y nos escondimos estos muchos años en un pueblecito llamado Glipwood, donde creció mi padre. Los Colmillos no tenían ni idea de quiénes éramos hasta este verano. Uno de ellos reconoció el escudo de Anniera en uno de mis collares, y nos habrían enviado al mismísimo Gnag si no hubiéramos tenido ayuda.

Miró a Artham y todos los ojos de la sala siguieron su mirada. Estaba sentado bajo la tela con la cabeza inclinada. Janner vio que su mejilla se crispaba y que una de las alas ocultas se agitaba.

—Artham P. Wingfeather, guardián del trono de Anniera, nos encontró. Había vigilado las joyas durante años, así que cuando los Colmillos nos capturaron, vino a rescatarnos —Nia le sonrió, pero él apartó la mirada—. El guardián del trono fue fiel a su juramento de proteger al rey supremo. Ni siquiera el Mar Oscuro pudo alejarlo de nosotros.

Las mejillas de Artham se salpicaron de vergüenza o nerviosismo. Entonces, emitió un pequeño sonido quejumbroso, lo bastante bajo como para que Janner no estuviera seguro de que la asamblea lo oyera. Resultaba extraño ver destellos de Peet el calcetín después de tantos días en los que Artham se comportaba como seguramente lo había hecho antes de la Gran Guerra. Antes de que le ocurriera algo. Algo que le había dejado un mechón de pelo blanco y unas horribles garras que ocultaba bajo un par de calcetines de punto.

En las islas Phoob, había ocurrido algo más, y era algo que Janner aún no comprendía. Mientras Kalmar se había transformado en Colmillo Gris, Artham había pasado de ser un loco con garras a un elegante guerrero alado. Sus anquilosadas garras se habían refinado en manos de color óxido con garras esbeltas y gráciles. Se había convertido no en menos, sino en *más*, y sus incoherencias habían sido sustituidas por una voz fuerte y un discurso elocuente (después de todo, Artham era poeta). Pero así como se habían visto atisbos del verdadero Artham ocultos en Peet el calcetín, ahora Janner vislumbraba a Peet el calcetín en el verdadero Artham. Era inquietante.

—Escapamos —dijo Nia, liberando a Artham de su mirada—. De camino a las Praderas de Hielo, donde pensábamos que podríamos encontrar refugio, Janner y Kalmar se separaron de nosotros. Luego, se separaron el uno del otro. Tuvo Janner que enfrentar muchos males para escapar de Dugtown y acabó llegando a Kimera, una ciudad secreta en la nieve. Pero Kalmar… —la voz de Nia se quebró—. Kalmar perdió el camino —la afirmación hizo más profundo el silencio de la sala. Incluso el gran árbol parecía escuchar—. Fue capturado por varados (hombres y mujeres de corazón negro), vendido a los Colmillos, y en el calabozo… en el calabozo él…

Janner conocía la historia, pero apenas soportaba oírla contar. Intentó imaginar cómo sería contar sus momentos más oscuros en una habitación llena de desconocidos. Se alegró de que Kalmar no estuviera allí para oírlo.

—Se convirtió en Colmillo —dijo Nia. Muchos de los presentes murmuraron entre sí y negaron con la cabeza—. Gnag ha aprendido a cambiar a la gente. Ha aprendido a tomar la esencia de una serpiente y fusionarla con un hombre o una mujer para crear algo horrible. Por eso hay Colmillos. Colmillos grises. Kalmar fue capturado por los hacedores de Colmillos.

La asamblea siseó de odio. El hombre llamado Bunge salió de entre la multitud y gritó:

—¡Lo sabía! Es una bestia, ¡y no hay forma de deshacerlo! ¡Matemos al Colmillo como hemos hecho con todos los demás! Si no es humano, ¡no es bienvenido!

Artham se quitó la lona y desplegó las alas.

—¡Vallerinos! —gritó—, ¡contemplen la buena voluntad del Creador!

La asamblea dejó escapar un grito ahogado.

—Les digo que estaba destrozado, ¡apenas si era un hombre! ¡Deshecho y derribado estaba! ¡Pero en la fosa de las Phoob yo también canté la canción de las piedras! No me convertí en Colmillo, sino que brotaron estas —flexionó las alas y las levantó hacia delante, echando atrás el pelo de los que tenía más cerca—. No puedo decirles por qué. Solo sé que en mi corazón había un amor ardiente por el joven Kalmar. Gnag dobla las cosas para romperlas, ¡y el Hacedor hace algo floreciente! ¡El mal cava una fosa, y el Hacedor hace un pozo de agua! Esa es su manera.

—Guardián Wingfeather, oímos tus palabras —dijo Rudric, acariciándose la barba—. Vemos tus alas y, en efecto, sospechamos de ti tanto como del joven Colmillo en la mazmorra. Si creyera que es posible atarte, lo haría —los vallerinos murmuraron su acuerdo—. No eres ni animal ni hombre, antinaturalmente transformado. ¿Cómo se llega a esto si no es por algún poder oscuro?

Janner vio en la cara de su madre que incluso ella quería saber la respuesta a esta pregunta. Las pobladas cejas grises de Podo y Oskar se alzaron pensativas mientras observaban a Artham en busca de su reacción. Las alas del hombre pájaro se encresparon y se plegaron. Artham frunció los labios y asintió con la cabeza.

—El misterio es más profundo de lo que yo entiendo, pero te diré lo que creo —Artham cerró los dedos tras la espalda, miró los rostros de la asamblea y se aclaró la garganta—. Cuando los Colmillos tomaron el Castillo Rysen, mi hermano... Esben... —Artham tragó saliva. Respiró hondo y volvió a empezar—. Cuando los Colmillos tomaron el castillo, mi hermano Esben... —Janner vio cómo se formaban gotas de sudor en la frente de su tío—. Esben nijo que decesitaba algo... dijo que necesitaba algo. Dijo que necesitaba algo-go-go de adentro. Dijo que haría bum cack. ¡Cack!

Artham cerró los ojos y apretó la mandíbula. Movió la cabeza de un tirón brusco. Los susurros revoloteaban como polillas entre los vallerinos. Janner se puso pálido al ver cómo Artham se hundía bajo la superficie mientras Peet el calcetín se elevaba. Artham abrió los ojos el tiempo suficiente para mirar a Janner con un pánico infantil que apuñaló el corazón del muchacho.

—Lo siento —susurró Artham. Janner no sabía si le hablaba a él o a todos—. Lo siento tanto, tanto, tanto —repitió, mientras la voz chillona del viejo Peet jugueteaba en los bordes de las palabras.

Volvió a cerrar los ojos, se agachó y saltó al aire. Agitó sus grandes alas y dio varias vueltas alrededor del árbol antes de aterrizar en una rama alta. Janner vio en los ojos desorbitados de su tío no solo la locura de Peet el calcetín, sino también la frustración y el dolor de Artham P. Wingfeather, el guardián del trono que no podía impedir lo que estaba ocurriendo. Por muy hermoso y fuerte que Artham se hubiera vuelto, algo seguía atormentándolo, algo que acechaba como un dragón marino en sus aguas profundas y que había permanecido en silencio durante semanas, eligiendo este de entre todos los momentos para subir a la superficie.

Rudric tomó su martillo de guerra del costado del trono. Los vallerinos eran un tumulto de gritos airados, alaridos de alarma y puños temblorosos. Nia y Podo les gritaron que bajaran las armas. Oskar agitó las manos y dijo:

—En palabras de Goverly Swimp: «¡No hay que dejarse llevar por el pánico!».

—Tenemos que detenerlos —exclamó Leeli—. Lo matarán —señaló al otro lado de la habitación a un grupo de hombres que ensartaban arcos y pescaban flechas de un barril.

Antes de darse cuenta de lo que hacía, Janner se agachó detrás de Rudric, trepó por el respaldo de su trono y saltó hacia la rama más baja del árbol. En cuanto se agarró a la rama, todas las horas que había pasado trepando por los robles, balanceándose de rama en rama, yendo detrás de Kalmar para atraparlo o para evitar que se hiciera daño, le parecieron de repente una práctica para aquel momento. Trepó por el árbol tan ágil como un thwap, balanceándose por debajo de algunas ramas, deslizándose por otras, cada vez más cerca de la esquina superior de la cámara donde Peet temblaba y se agitaba como un pájaro atrapado, con las garras flexionadas y las alas aleteando enloquecidamente.

Artham estaba aterrorizado, y él era aterrador.

Janner se deslizó por una rama del árbol tan gruesa como su cintura, llamando a Artham por su nombre una y otra vez, pero si Artham lo oía, no daba señales de ello. Los hombres con arcos habían ensartado flechas y las apuntaban hacia Artham, esperando una señal de Rudric o un movimiento del hombre pájaro. Janner estaba seguro de que Artham podría derrotar a todos los guerreros de la sala si quisiera, pero se trataba de viejos aliados, parientes, gente que no actuaba por maldad sino por miedo; seguramente, a Artham le quedaba suficiente cordura como para contener su furia, pero ¿por qué no huía? Las puertas principales de la sala estaban abiertas de par en par y le resultaría muy fácil atravesarlas volando y ponerse a salvo.

Janner había empezado a trepar al árbol con una idea en la cabeza, pero ahora que el suelo estaba tan abajo, se preguntaba en qué había estado pensando.

—¡Tío Artham! —volvió a gritar, pero Artham solo sacudió la cabeza y miró con ojos enloquecidos a todas partes excepto a Janner, gimoteando para sí mismo palabras sin sentido.

Si Janner iba a actuar, tenía que hacerlo ahora. Los arqueros buscaban un motivo para disparar, Rudric gritaba, Oskar agitaba las manos y Nia tenía la cabeza hundida en el hombro de Podo. Solo Leeli vio a Janner en el árbol. Sus miradas se cruzaron, ella le sonrió y Janner gritó:

—Tío Artham, ¡AYUDA!

Entonces, saltó.

11

Dos guardianes y un hombre calcetín

En medio de un coro de jadeos, aleteos y gritos, Janner oyó el chillido de su tío y sintió que sus fuertes brazos lo arrebataban del aire. Sintió una ráfaga de viento, quedó cegado por un momento por la luz del sol y, antes de darse cuenta, se hallaba posado ligeramente sobre el tejado del gran salón.

Las frondosas ramas del gran árbol sobresalían del tejado como árboles, y aunque Janner aún podía oír débilmente los gritos en la sala de abajo, el canto de los pájaros llenaba el aire. Hacia el este, hasta donde alcanzaba a ver, se extendían verdes colinas y valles, salpicados de árboles y campos de cultivo. Aquí y allá, una casita descansaba a la sombra de un árbol, como un perro adormilado. Al sur y al oeste estaban los techos de tejas de Ban Rona, luego el puerto, las paredes del acantilado del Aguacalle y, más allá, el Mar Oscuro de las Tinieblas. El sol se adentraba en la media mañana y Janner tuvo que entrecerrar los ojos para ver a Artham, una silueta alada coronada por un mechón de pelo blanco.

—Gracias, Janner —su voz tembló, pero fue Artham quien habló, no Peet.

—Solo tienes que recordarlo —dijo Janner, tomando la mano de su tío—. Eres el guardián del trono.

—El problema es recordar, muchacho —Artham sonrió, pero su tono era amargo—. Hay cosas que quiero olvidar, pero no puedo. Cosas que aún tengo que expiar.

La sonrisa de Janner se desvaneció.

—¿Qué cosas?

Artham negó con la cabeza.

—Preferiría que me recordaras como un buen hombre. No como un cobarde.

Janner no lo entendía. Su tío los había salvado una y otra vez, había luchado contra los Colmillos en todo momento sin preocuparse por sí mismo. ¿Cómo podía alguien pensar que era un cobarde?

El alboroto en la gran sala bajo sus pies aumentó, y Janner pudo oír a gente que subía los escalones hacia el tejado.

—¡Tío Artham, escucha! Lo que estés diciendo no importa. Te quiero. Todos te queremos.

—No lo harías si lo supieras —dijo Artham mientras se acercaba al borde del tejado y desplegaba las alas—. Tengo que irme. Solo te causaré problemas.

—Por favor. No te vayas. Te necesitamos.

—Esta tierra, estas colinas, podrían ser el último lugar seguro de todo Kistamos. Irás a la escuela, tendrás amigos, leerás libros... Janner, la biblioteca de Ban Rona es magnífica. Viajé aquí muchas veces en mi juventud para estudiar a los poetas. Por fin tienes un hogar. ¿No lo ves? Ya será lo suficientemente difícil convencerlos de que liberen a Kalmar sin estas ridículas alas causando problemas —unos pasos subieron las escaleras y se alzaron voces—. Además, nunca sé cuándo bempezaré a albucear.

—Empezaré a balbucear —lo corrigió Janner en voz baja.

—¿Lo ves? —Artham agachó la cabeza y su ojo izquierdo se crispó—. Me temo que nunca me curaré.

Las lágrimas escocieron los ojos de Janner. No quería vivir en un mundo sin Artham velando por él, apareciendo siempre cuando más lo necesitaban. Pero podía ver una tristeza en los ojos de su tío, una determinación que no podía quebrantarse.

—¿Adónde irás?

Artham se pasó una mano por la cara y susurró:

—Lo más lejos posible del Bosque Negro.

—¿Por qué? ¿Qué hay en el Bosque Negro? —preguntó Janner.

—Iré a Skree —Artham puso una mano en el hombro de Janner y forzó una sonrisa—. A Gammon y a sus hombres les vendría bien tener a un hombre pájaro volador de su lado. Veré qué problemas puedo provocar al otro lado del mar, donde los problemas podrían hacer algún bien. Ahora que estás a salvo, debo ir adonde me necesiten.

—Pero te *necesitamos* —Janner se enjugó la nariz—. Yo te necesito.

—¡Ahí está la bestia! —gritó un hombre desde la puerta. Llevaba un hacha de combate en ambas manos y avanzaba mientras más vallerinos con armas (hombres y mujeres por igual) se agolpaban detrás de él—. No toleraremos ningún hendido en los Valles, ¿me oyes? ¡Ninguno!

Artham se arrodilló y rodeó a Janner con sus fuertes brazos.

—Que el Hacedor te bendiga, muchacho. Cuida de tu hermano. Sé mejor guardián que yo. Tienes a Podo y a Nia y, aunque no lo parezca, la gente de los Valles Verdes es de buen corazón y noble a su manera. Será un buen hogar. Adiós.

Janner miró a los profundos ojos de Artham. Pensó en el día del puente de cuerda, en lo alto de los árboles del Bosque de Glipwood, cuando Peet el calcetín los había invitado a su castillo entre las ramas. Ya entonces había visto una gran tristeza en aquellos ojos. ¿Por qué se deslizaba la locura en su mente incluso ahora, aun después de su poderosa transformación? ¿Y qué acechaba en el Bosque Negro que asustaba hasta a Artham P. Wingfeather? Aquello hizo que Janner pensara en su antiguo miedo al Bosque de Glipwood, y eso le hizo pensar en su viaje a Dugtown, y eso le hizo pensar en la Fábrica Tenedor, y eso le hizo pensar en una muchacha de hermosos ojos engarzados como joyas en su rostro cubierto de hollín.

—Tío Artham, escucha. Hay un lugar en Dugtown llamado la Fábrica Tenedor —dijo Janner—. Está lleno de esclavos. Niños.

—No por mucho tiempo —dijo Artham con un guiño.

—Allí hay una niña. Se llama Sara Cobbler —las mejillas de Janner se sonrojaron— . ¿Puedes buscarla? Me ayudó a escapar. Dile… dile que gracias. De mi parte.

Artham sonrió.

—Tienes mi palabra. Eres una joya preciosa, mi muchacho. Tu padre estaría orgulloso.

Los vallerinos se abalanzaron sobre ellos blandiendo sus armas. Sin apartar los ojos de Janner, Artham batió las alas y se elevó. Voló hacia atrás y se alejó del gran salón, apartando las flechas como si fueran palos lanzados por niños. Janner lo observó entre lágrimas hasta que su tío desapareció tras una nube.

12

Turalay

A Janner le sorprendió lo rápido que se calmaron los vallerinos. Minutos después de que quedara claro que Artham se había ido, la turba de hombres fornidos y mujeres feroces volvió a bajar las escaleras, envainaron sus armas o alisaron sus vestidos y se sentaron en el gran salón para reanudar el consejo. Cuando Janner alcanzó a su familia en la raíz del árbol, se apiñaron a su alrededor y lo acribillaron a susurros.

—¿Estás bien? —preguntó Nia.

—¡Santo cielo, eso sí que fue imprudente, muchacho! ¡Bien hecho! —dijo Oskar.

Podo apretó el hombro de Janner.

—Has tenido suerte de que el pájaro loco no te haya dejado caer.

—¿Dónde está? —preguntó Leeli.

Los demás se callaron y miraron a Janner.

—Se ha ido.

—¿Para siempre? —preguntó Podo.

—No lo sé.

Hubo un momento de silencio mientras asimilaban la noticia, y Janner se dio cuenta de que la asamblea también se había callado.

Nia volvió a dirigir su atención al consejo.

—Rudric, te pido perdón. Artham lleva un gran peso en el corazón, y a veces es demasiado para él.

Rudric volvió a sentarse en su trono, y Janner percibió en él una tranquila amabilidad en la que deseaba confiar.

—Todos llevamos cargas, reina. Pero no a todos nos brotan alas ni nos crece pelaje. Los Valles Verdes han permanecido a salvo de la negrura de Gnag solo gracias a nuestra fuerza, nuestra vigilancia y nuestra determinación de vaciar los

Valles de todo lo que pudiera amenazar nuestra paz. Debes comprender, alteza, que no pretendemos faltarte al respeto a ti, a tu puesto o a la propia Anniera cuando te digo que no podemos permitir que un Colmillo Gris camine por nuestras calles.

El corazón de Janner se hundió cuando los vallerinos murmuraron en señal de acuerdo. El discurso de Nia podría haber influido en el fallo, pero la locura de Artham había arruinado la oportunidad de Kalmar.

—¿No hay nada que pueda decir para convencerlos de que mi hijo es tan inofensivo y está tan cuerdo como siempre? —preguntó Nia—. ¿Me estás diciendo que tengo que elegir entre mi patria y mi hijo?

—¿Y qué garantía tenemos de que es, como tú dices, «inofensivo y cuerdo»? —replicó Rudric.

Janner se sintió turbado por la vergonzosa idea de que no estaba seguro. Sabía que el corazón de su hermano se estaba curando, si es que ya no estaba entero, pero si Kalmar cargaba con la misma sombra de culpa o miedo o locura que el tío Artham, y algo la desencadenaba, ¿se volvería el pequeño Colmillo Gris tan salvaje como Artham hacía solo unos instantes? ¿Haría daño a alguien? Las heridas de Janner eran dolorosos recordatorios de lo que Kalmar era capaz de hacer.

—Yo responderé por él —dijo Nia—. Declaro *turalay*.

La asamblea prorrumpió en gritos ahogados. Janner no sabía lo que era el *turalay*, pero hizo que la sangre se drenara del rostro de Rudric. Podo tomó la mano de Nia y trató de llevarla de vuelta a su asiento, pero ella se zafó de él y se acercó al trono.

Se arrodilló ante Rudric, el cual se encogió contra el respaldo de su silla. Janner le oyó decir en voz baja y con urgencia:

—¡Nia, por favor! ¡Esta no es la manera!

Pero la ira de Nia se encendió y volvió a declarar:

—*¡Turalay!*

El clamor de la multitud se convirtió en una cacofonía de gritos. Algunos agitaban los puños y decían: «¡Déjenla que responda!». Otros sacudían la cabeza, diciendo: «¡La reina no!».

Finalmente Rudric, con expresión grave, levantó las manos para pedir orden.

—La reina —dijo— ha declarado *turalay*. Traigan al Colmillo Gris.

Las puertas se abrieron y otra jaula fue introducida en la sala. Al principio parecía vacía, pero Janner vio un montoncito gris en un rincón, tan pequeño que parecía una manta arrugada. La multitud observó en silencio cómo colocaban la jaula al pie del montículo, entre dos barridos de raíces de árbol.

—¡Kalmar! Todo va a salir bien —dijo Leeli, y su voz era como música—. Estamos todos aquí.

El montoncito se agitó y aparecieron dos orejas temblorosas, luego dos ojos azules y una nariz negra y húmeda. Kalmar se abrazó a sí mismo con fuerza, temblando como si tuviera frío o estuviera enfermo. Cuando vio a Leeli, luego a

Nia y a los demás, gimió. A Janner le dolía el corazón. Luchó contra el impulso de abrir la jaula y huir con su hermano.

Rudric desempolvó una caja de madera ornamentada que había junto al trono, la abrió y extrajo una daga. Sin mediar palabra, los siete hombres y mujeres del consejo se acercaron y flanquearon a Rudric. Nia, que parecía saber exactamente qué hacer, se colocó entre ellos y extendió la mano derecha, con la palma hacia arriba.

—Nia Wingfeather, reina de Anniera —dijo Rudric en voz alta—, has invocado el *turalay* por el bien del Colmillo Gris, al que llamas hijo.

—Así es, y no lo lamento —respondió ella.

—Entonces, ante los jefes de Ban Hynh, Ban Rugan, Ban Yorna, Ban Finnick, Ban Soran, Ban Verda y los Valles Exteriores, respondes por el Colmillo Gris…

—Se llama Kalmar Wingfeather —dijo Nia—. Y los despreciaré hasta que lo llamen así.

Rudric miró a los jefes. Con toda su fuerza, parecía pequeño ante Nia.

—Muy bien. Tú respondes por *Kalmar Wingfeather*. Pones tu vida en garantía por la de él; si quebranta las leyes de la vida de los Valles Verdes, a partir de hoy no solo se derramará su sangre, sino también la tuya… —se acercó a Nia y bajó la voz—. No debes hacer esto. El Colmillo… lo siento… el *niño* es salvaje. Lo oí anoche en la mazmorra, aullando como un animal. Tiene las garras ensangrentadas de tanto rascar la piedra. Y eso es solo el principio. ¡Ya viste al otro Colmillo! Con el tiempo, el chico también descenderá, lo sé, y no solo hará daño a alguien, sino que matará, se perderá y tú te perderás con él. ¡Por favor, Nia! Esto no se puede cambiar.

—Es mi hijo —dijo Nia. Sus ojos se clavaron llenos de fuego en los de Rudric, hasta que este apartó la mirada.

—*Turalay* —dijo por fin Rudric, y pasó la hoja del cuchillo sobre la palma de la mano de Nia. Ella no se inmutó. El custodio de los Valles tomó la muñeca de Nia y levantó la mano sangrante para que la viera la asamblea.

—¡Vallerinos! ¡Ante estos testigos se ha invocado la antigua ley! ¡Bajo las ramas del árbol milenario se ha hecho el juramento! ¡Que la sangre selle la libertad del cautivo!

—Que así sea —respondió la asamblea.

Rudric soltó la mano de Nia y se apartó. Ella se adelantó y apoyó la palma contra el tronco del árbol gigante, y Janner se dio cuenta por primera vez de que había muchas otras huellas de palma, descoloridas por la edad, moteando la corteza lisa sobre el trono.

La sangre se deslizó por su muñeca y fluyó hacia la corteza del árbol hasta que ella se sintió satisfecha y volvió a extender la mano para que todos la vieran.

—Ahora, en nombre de mi padre, Podo Helmer; de mi abuelo, Kargan Igiby; de su padre, Janiber Igiby; y en el nombre del mismísimo Hacedor, liberen a mi hijo.

Los guardias descorrieron el pestillo de la jaula y la puerta se abrió con un chirrido.

—Kalmar, ven —dijo Nia.

Kalmar parpadeó y ladeó la cabeza, mirando de Nia a los guardias y viceversa como un cachorro asustado. Sin pensar en lo que diría el consejo, Janner corrió hacia la jaula, entró y sacó a su hermano. Permaneció junto a su familia en la base del árbol y observó cómo los vallerinos salían de la sala en silencio.

Rudric apareció con vendas para la mano de Nia. Podo las tomó con una dura inclinación de cabeza y vendó la herida de su hija. Rudric se aclaró la garganta y se esforzó por mirar a Nia a los ojos.

—Eso no ha salido como esperaba.

—Pocas cosas lo hacen —dijo Nia, apartando la mirada.

Oskar sacudió la cabeza y miró al suelo. Kalmar era libre, pero a costa de la propia vida de Nia, en caso de que su imprudencia o insensatez o incluso algún impulso más profundo e incontrolable lo metiera en problemas. Y los problemas, pensó Janner con una sensación de temor, eran algo que Kalmar nunca conseguía evitar. Además de todo eso, el tío Artham, su protector más feroz, se había ido.

—Vengan, niños —dijo Nia. Ayudó a Leeli a ponerse en pie, besó a Kalmar en la frente y los sacó de la habitación.

Cuando salieron a la luz del sol, Janner miró a Rudric. Este se desplomó sobre su trono y los observó marcharse. Sobre su cabeza, la huella ensangrentada de la mano de Nia brillaba en el árbol.

13

Guiso de zapallo y un viejo amigo

La familia Igiby regresó a la Posada del Huerto bajo un cielo fresco. El día era bello y luminoso, pero no ayudaba a aliviar la carga del corazón de Janner. Por los brillantes bordes anaranjados de las hojas, sabía que el otoño estaba llegando a los Valles, y se preguntaba cuánto frío haría aquí.

La familia caminaba en silencio, feliz de que Kalmar estuviera libre, pero la seriedad del día flotaba sobre ellos como una niebla. Kalmar no parecía estar herido, aunque su pelaje impedía saber si tenía magulladuras. Sin embargo, se mostraba asustadizo y se mantenía cerca de Janner.

Janner quería preguntar a su madre o a Podo qué harían a continuación, pero dudaba que nadie hubiera pensado más allá de volver a la Posada del Huerto para comer y encontrar un lugar seguro donde descansar.

—Miren —dijo Leeli, señalando más allá de la Fortaleza, hacia un campo donde un grupo de niños corría descalzo sobre la hierba—. ¿Están jugando al zibzy, mamá?

—Algo así —dijo Nia.

—Aunque probablemente sea un poco más duro de lo que están acostumbrados —dijo Podo—. La primera vez que aparecí por aquí, estos vallerinos me sobaron como a una galleta. Y yo era un pirata, recuerda, recién bajado del barco más malo que jamás haya zarpado.

—¿No les caíste bien? —preguntó Leeli.

—Ah, les caí bien. Pero era un forastero. Tenía que demostrar mi valía, ya ves.

—¿Qué tuviste que hacer? —preguntó Kalmar. Era la primera vez que hablaba desde que lo liberaron, y Janner se sintió aliviado al oír su voz. Más allá de su apariencia, por muy maltratado que hubiera sido a manos de los guardias vallerinos, Kalmar seguía ahí dentro.

—Hablaremos durante el almuerzo —dijo Nia, guiándolos hacia la posada—. Hay mucho que discutir, y tu abuelo podrá contar sus historias entonces.

A Janner le pareció extraño que su madre tuviera tanta prisa, hasta que se fijó en la forma en que miraba las ventanas de las casas que bordeaban la calle. Divisó rostros que se asomaban tras las cortinas para verlos pasar, observando a Kalmar en particular. Algunos mostraban claramente su desconfianza; otros parecían asustados. Janner no tuvo que esforzarse demasiado para imaginar que también veía ira, y se moría de ganas de volver a la Posada del Huerto.

Cuando llegaron, el comedor estaba vacío excepto por la mujer que les había servido la noche anterior. Se desplomó en una silla ante el fuego humeante del hogar y les dirigió una mirada que también humeaba.

—Temía que volvieran —dijo—. Con el lobo, por lo que veo.

De nuevo, Janner esperó la ira de Nia, pero no llegó.

—Con mi hijo, sí —dijo—. ¿Debo suponer que somos la causa de que tu comedor esté vacío?

—Lo son —dijo la mujer, sin levantar la vista—. Se corrió la voz de que el Colmillo Gris había sido liberado y que vendría aquí. La gente se dispersó como moscas y me dejó con una olla de sopa de zapallo sin nadie que se la comiera. Incluso tus marineros kimeranos se marcharon. Dijeron que no podían dormir a menos que las camas estuvieran sobre la marea, así que se han ido a su barco. Dudo que vuelvan para la cena.

—Lamento las molestias —Nia se acercó a la mujer y esperó a que levantara los ojos del fuego y se encontrara con la mirada de Nia—. Pero no tenemos otro sitio adonde ir, ni nada que comer. Limpiaremos tu cocina, arreglaremos tus habitaciones y buscaremos otro alojamiento para honrar tu buena voluntad y tu buen trabajo. No me cabe duda de que, cuando sigamos adelante, tu pan de canela y tu guiso de zapallo atraerán muy pronto a una sala llena de estómagos hambrientos.

La mujer suspiró, se quitó el delantal y se levantó. Miró a cada uno de ellos menos a Kalmar, sacudió la cabeza y desapareció en la cocina.

—¡Vaya! Eso fue incómodo —dijo Oskar, rascándose la barriga—. Me alegro de que no tengamos que esperar el guiso —se dejó caer en una silla, se metió una servilleta en el cuello de la camisa y se frotó las manos.

Nia asintió a sus hijos y se sentaron, llenando todos los espacios de una mesa cercana al fuego. Sin embargo, Nia entró en la cocina sin ser invitada. Salió un momento después con seis tazas de sidra caliente (tres en cada mano) y la anfitriona la siguió con una bandeja de cuencos de madera humeantes. Parecía haberse ablandado con Nia y le agradeció su ayuda.

—De nada, querida. Te ayudaremos a limpiar cuando acabemos.

—No hace falta, alteza. Me llamo Elenna —la mujer hizo una torpe reverencia y se marchó.

—Janner —dijo Nia—, por favor, da las gracias al Hacedor por nuestra comida. Cuando Janner inclinó la cabeza, el vapor del guiso de zapallo le llenó los sentidos, de modo que cuando dio las gracias, cada palabra iba en serio.

—¡Ahora! Tengo tres preguntas —dijo Oskar. Se llevó la cuchara a los labios, dispuesto a sorber la sopa en cuanto terminara de hablar—. Uno: ¿por qué rayos se marchó Artham? Dos: ¿qué es eso del *turalay*? Tres: ¿dónde está la biblioteca? ¡Kalmar! Dios mío, ¿ya está vacío tu cuenco?

Kalmar soltó un eructo gruñón y se limpió el hocico con el antebrazo.

—Esas fueron cuatro preguntas —dijo Leeli con una risita.

Elenna salió de la cocina y volvió a llenar el cuenco de Kalmar, pero siguió sin mirarlo, ni siquiera cuando Kalmar le dio las gracias.

—El tío Artham vuelve a Skree —dijo Janner.

Nia enarcó las cejas.

—¿Qué piensa hacer allí?

—Dijo que lo necesitaban ahí. Creo que primero irá a Kimera, para ver si puede ayudar a Gammon a luchar contra los Colmillos. Y le pedí que hiciera algo con respecto a la Fábrica Tenedor de Dugtown. Sara Cobbler sigue allí…

Kalmar soltó una risita.

—¿Sara Cobbler, la de los ojos luminosos como diamantes?

—¿Qué? —dijo Janner, ruborizándose.

—Hablabas de ella mientras dormías —dijo Podo.

—Casi todas las noches —agregó Kalmar—: «¡Sara! ¡Qué bonitos ojos tienes! Volveré a por ti, Sara» —aulló de risa hasta que Janner le dio un puñetazo en el hombro.

—¡Chicos! —Nia los fulminó con la mirada—. Compórtense en la mesa. Kalmar, deja en paz a tu hermano. No puede evitar estar enamorado.

Janner removió su sopa y sacudió la cabeza mientras todos reían. Cuando terminaron y sus mejillas habían recuperado su color natural, dijo:

—Lo *importante* es que el tío Artham se ha ido —hubo muchos carraspeos, enjugados de ojos y sorbos de sopa—. Dijo que solo nos traería problemas. Es como si fuera dos personas, y nunca sabe cuándo Peet el calcetín va a tomar el mando. Ojalá supiera qué lo cambió. Algo ocurrió, y no me refiero solo a lo que le dio las garras. Dijo que quería alejarse todo lo posible del Bosque Negro.

Nia levantó la vista de su cuenco.

—No sabía que hubiera entrado en el Bosque Negro alguna vez. Es un lugar terrible.

—¿Terrible como el Bosque de Glipwood? —preguntó Leeli.

—Peor —dijo Nia.

—Mucho peor, muchacha —el rostro de Podo se ensombreció—. Glipwood era peligroso por culpa de las vacas colmillo y los sabuesos cornudos y toda clase de bichos. Eran peligrosos, claro, pero no malvados. El Bosque Negro está lleno de *monstruos*. Cuando era joven, una vez cabalgué hacia el oeste, mucho más allá de los huertos, y me senté sobre mi caballo en lo alto de una cresta para observar el lindero del bosque. La espina dorsal de la Cordillera de la Muerte, en el sur, descendía hasta las estribaciones donde empezaba el bosque. Los troncos de los árboles eran como huesos sucios, y las ramas, como dedos. Les digo que podía ver cómo se movía el bosque. Y no me refiero solo a los árboles. Me refiero a las cosas que pululaban por el bosque. Era como gusanos arrastrándose por un pan mohoso.

Podo sorbió su sopa sin notar las arcadas de los demás comensales. Nia miró al techo y sacudió la cabeza.

—Una descripción acertada. Eso es todo —dijo Podo, encogiéndose de hombros.

—Desde que se tiene memoria, ha estado embrujado o poblado por los hendidos —dijo Nia—. Criaturas tan macabras que ni siquiera pueden describirse, según la leyenda. No puedo imaginar por qué Artham estuvo allí.

Janner terminó su sopa y se preguntó si podría tomar más, justo cuando apareció la posadera y le llenó el cuenco.

—En cuanto a tu segunda pregunta, Oskar —dijo Nia—, *turalay* es una antigua ley vallerina. Significa que Kalmar y yo estamos unidos en la vida y en la muerte.

Kalmar levantó la vista de su segundo plato de sopa y parpadeó.

—¿Qué quieres decir?

—Si infringes una ley, yo también recibo tu castigo.

—Y no hay quien lo cambie —dijo Podo con gravedad—. Si robas el saco de manzanas de Danniby y el consejo decide que el castigo adecuado es un mes en el calabozo, tu madre te acompaña.

—Era la única manera —Nia le sonrió a Kal—. Y confío en ti.

—No tienes por qué preocuparte. No robaré las tontas manzanas de Danniby —dijo Kalmar.

—Sé que no lo harás, hijo —Nia se inclinó y tomó la barbilla de Kalmar con la mano e hizo que la mirara—. Eres el rey de la Isla Luminosa. Eso significa algo. Esta piel no —levantó la mano vendada—. No me arrepiento de esto. Nunca me arrepentiré.

Janner los observó en silencio, al Colmillo y a la reina, y se dijo que Kalmar nunca infringiría las leyes de los Valles. Se convenció de que la decisión de su madre de invocar el *turalay* era su única opción y que Kalmar honraría su confianza. Luego, se preguntó por qué estaba hablando consigo mismo, salvo que estaba intentando convencerse, intentando acallar una pequeña voz secreta en su corazón… una que aún no estaba segura de que se pudiera confiar en Kalmar. Las heridas de las piernas, el pecho y la espalda le palpitaban por primera vez aquel día.

Oskar había terminado su cuarto plato de sopa y se había apartado de la mesa con la servilleta sobre el vientre.

—¿Y qué hay de mi tercera pregunta? La biblioteca. Tengo mucho que investigar si voy a traducir el Primer Libro y, además, he estado soñando con volver a leer *Las nuevas emociones de Billiam Stone*, y apuesto a que podría encontrar un ejemplar aquí, ya que las hazañas de Billiam Stone a menudo implican la apropiación indebida y el robo de fruta y otras cuestiones similares. Una biblioteca sería muy bienvenida.

—Si quieres ver una biblioteca, soy el hombre indicado para enseñártela —dijo una nueva voz.

Todos se volvieron para ver a un hombre bajito y muy anciano de pie en el umbral de la puerta, vestido con un traje finamente confeccionado. Llevaba la cara bien afeitada, y varios mechones de pelo blanco y rizado asomaban bajo el sombrero de copa. Sonreía tan ampliamente que sus mejillas se amontonaban en pequeños huevos que hacían que sus ojos se entrecerraran alegremente.

El hombre se quitó el sombrero y se inclinó, extendiendo los brazos.

—Alteza. Me alegro de verla.

Nia quedó boquiabierta. Se puso en pie de un salto, cruzó corriendo la habitación y abrazó al anciano con tanta fuerza que lo levantó del suelo.

—¡Bonifer! —exclamó Podo—. ¡Bonifer Squoon!

14

Una herencia de Kargan Igiby

La mente de Janner daba vueltas. Un personaje acababa de salir de las historias que le habían contado y de entrar en la Posada del Huerto.

—¡Libros y Rincones! —susurró Kalmar al oído de Janner.

Janner miró a su hermano con sorpresa.

—No puedo creer que te acuerdes de eso.

—Encontramos su viejo diario, ¿verdad?

Janner recordó el día en Glipwood en que él y Kalmar habían desembalado cajas de libros para Oskar y descubrieron uno de los diarios de Bonifer. Fue el mismo día en que Kal había encontrado el mapa de Oskar, el mapa que conducía a la cámara de armas bajo la mansión Anklejelly, que les llevó a escapar de los sabuesos cornudos, lo cual los llevó a casi todo lo malo que había ocurrido desde entonces.

—¿No era amigo de Papá? —preguntó Kal.

—Sí —susurró Janner—. Su consejero.

Cuando Podo liberó a Bonifer de un abrazo que le hizo crujir los huesos, el anciano se ajustó el sombrero de copa, se sacudió y miró a los niños con lo que parecía reverencia. Dio un paso adelante, se compuso e hizo otra reverencia. Cuando no se levantó, Janner se dio cuenta de que Bonifer estaba esperando alguna señal. Nia se aclaró la garganta.

—Puedes… eh… levantarte —tartamudeó Janner.

Pero el hombre seguía sin moverse. Janner se preguntó por un momento si estaría atascado o dormido, pero finalmente el anciano habló en voz baja.

—No quiero ofenderte, guardián del trono, pero no te estaba esperando a ti.

Las mejillas de Janner se encendieron y se quedó mirándose los pies.

—Kalmar —dijo Nia con suavidad—, está esperando a que el rey le ordene levantarse.

—¿Eh? —Kalmar parecía confundido. Entonces, la comprensión apareció en su rostro, seguida de una expresión de terror por no saber qué hacer—. Hola, señor —dijo, tragando saliva—. No tienes que inclinarte ante mí. Me llamo Kalmar. Antes me llamaban Tink, pero ahora solo Kalmar. Encantado de conocerte.

Bonifer se levantó por fin.

—De hecho, sí tengo que inclinarme ante usted, alteza. Soy un ciudadano de Anniera. Usted es mi rey. Así de sencillo —sujetó su sombrero con las manos y sonrió al pequeño lobo—. Rey Kalmar, ya nos conocemos, aunque no lo recuerde. Lo tuve en mis brazos cuando era un bebé. Estaba en la habitación de al lado cuando nació, y lo oí respirar por primera vez. Su padre era mi querido amigo, y aunque parece que ha sufrido algunos… *cambios,* aún puedo verlo en usted.

Kalmar asintió, incapaz de mirar a los amables ojos de Bonifer.

—Y ahora —dijo Bonifer, dirigiendo su atención a Janner con una inclinación de cabeza—, tengo el honor de conocer al guardián del trono. Janner, eres tan asertivo como siempre lo fue Artham, y guapo también. Las doncellas del reino se desmayarán a tu paso, como corresponde a un guardián del trono.

Las mejillas de Janner seguían ardiendo, pero ahora de vergüenza.

—Leeli Wingfeather, doncella musical de Anniera. ¡Qué encantadora eres! Estoy a tu servicio —dijo Bonifer, inclinándose para mirarla a los ojos. Le dio unas palmaditas al arpa silbante que llevaba al cuello—. Un instrumento antiguo para canciones antiguas. Cuánto he anhelado oírlas resonar de nuevo en los salones del Castillo Rysen.

—Un honor conocerte, señor —dijo Oskar, dando un paso adelante mientras se alisaba un mechón de pelo en la cabeza y se enderezaba las gafas—. ¡Un honor indibnible! Procedo de Glipwood junto al mar y he sido el menor de esta compañía de héroes desde que comenzó nuestra aventura. Me llamo Oskar N. Reteep, librero, apreciador de lo extraño, lo ordenado y lo sabroso.

—El honor es mío, Reteep —Bonifer entrecerró un ojo, fijándose de un vistazo en la barriga de Oskar, su bronceado de marinero, su tatuaje y su incapacidad para disimular la calvicie—. Me pregunto cuál de esos podría ser yo.

—¿Cuál qué? —preguntó Oskar.

—Extraño, ordenado o sabroso.

—*Y* sabroso, señor Squoon. Te sorprendería saber cuántas cosas pueden ser las tres a la vez. Por ejemplo, las flores de fralabaza…

—Y te gustaría visitar la biblioteca —Bonifer apuntó a Oskar con su bastón.

—Oh, muchísimo, señor.

—A mí también —dijo Janner.

—Claro que sí —respondió Bonifer, asintiendo a Janner—. Tu madre te ha tenido trabajando duro en tus T.H.A.G.S., sin duda. Y como primogénito, tu punto fuerte es pintar con palabras. Las *palabras* son tu juego, ¿verdad?

—Sí, señor —dijo Janner—. Me gusta escribir.

—Y aquí el rey Kalmar es un artista, como Leeli es la doncella musical. Tu madre ha hecho que Anniera se sienta orgullosa.

—Me alegro de ver una cara conocida, Bonifer —Nia le acercó una silla para que pudiera sentarse—. Las cosas han sido desagradables desde que llegamos.

—Sí, sí —dijo Bonifer, cojeando hasta la silla—. Gnag el Sin Nombre ha envenenado incluso los buenos corazones de los vallerinos. Son tan fieros con sus fronteras que ya no confían en nadie, y menos en alguien con hocico.

Miró con ojos brillantes el rostro de Kalmar y sonrió.

—Alteza, he viajado por los confines de Dang y he visto cosas terribles. Conozco los retorcidos caminos de Gnag. Ha descubierto poderes olvidados durante mucho tiempo y los ha transformado en nuevos horrores. He visto a muchos como tú que, en un momento de debilidad, quedaron marcados para siempre. Pero tú no eres tu piel tanto como yo no soy mi carne. *Lo que eres* es más profundo que tu piel. Un hombre puede ser guapo en apariencia pero negro como la muerte en su corazón, ¿sabes?

Kalmar asintió.

—Deja que estos brutos vallerinos digan lo que quieran. Solo recuerda que en tu sangre corre un nombre, inmutable y fuerte. Puede que pase algún tiempo antes de que confíen en ti. Llevo aquí nueve años y solo ahora siento que puedo caminar por los Valles sin que sus ojos vigilen cada uno de mis movimientos.

—¿Así que has estado aquí desde el principio, entonces? —preguntó Podo.

—Sí. Cuando el castillo fue invadido, escapé. Navegué por el estrecho de Anniera a Dang y seguí los acantilados hacia el norte hasta el Aguacalle. Un viaje largo y miserable para un anciano. Estoy aquí desde entonces, aunque he conseguido viajar un poco, como en los viejos tiempos. Gran parte de Dang está bajo el puño de Gnag, y los pocos que no lo están lo estarán muy pronto. Sin embargo, los Valles Verdes parecen impermeables incluso a los mejores esfuerzos de Gnag, por lo que ha abandonado su campaña aquí. Rueguen al Creador que no descubra su presencia aquí o todo su poderío descenderá sobre los Valles, y me temo que hasta el guerrero vallerino más fuerte será torcido a su servicio.

Bonifer se calló y su advertencia llenó la habitación. Hizo un gesto de dolor y luchó por levantarse, y Janner se apresuró a ayudarlo. Se sentía triste por el anciano y tenía muchas ganas de preguntarle por Esben. Bonifer era una conexión con su padre y su tierra natal. Era la prueba de que los sueños más salvajes de Janner eran tan reales como el aire de sus pulmones.

—Gracias, muchacho —dijo Bonifer cuando estuvo de pie de nuevo—. Ahora, pasemos a asuntos más ligeros. Sé que te gustaría una biblioteca. Pero puedo ofrecerte algo aún mejor —se volvió hacia Nia y sus ojos centellearon—. Puedo ofrecerte un hogar. ¿Qué te parece la Colina de la Chimenea?

Los ojos de Nia se abrieron de par en par y se quedó con la boca abierta, pero no dijo nada.

Bonifer sacó un sobre amarillento del bolsillo del pecho y lo agitó en el aire.

—Tengo aquí, junto con una saludable herencia de tu abuelo Kargan Igiby (que en paz descanse), la escritura de la Colina de la Chimenea, tu hogar ancestral. Se la dejó a tu madre, Wendolyn, que la confió a la Casa de Rona por si alguno de sus descendientes llegara a necesitarla. Puesto que no tienes hogar, ni marido, eres una refugiada de un reino caído y estás cansada sin medida, creo que nadie pondrá en duda tus cualificaciones.

—Pero… ¿acaso nadie ha vivido allí? —preguntó Nia—. Suponía que después de tantos años, alguien habría…

Bonifer le entregó la escritura y sonrió.

—Alguien *ha* vivido allí, mi reina. Y ese alguien soy yo. La he mantenido libre de telarañas y thwaps estos nueve años, he abastecido la despensa con pan y cien tarros de mermelada en conserva, e incluso esta mañana he dado instrucciones a la criada para que les haga las camas. Ahora mismo hay fuego en el hogar.

—¿Significa eso que tenemos un hogar? —preguntó Leeli.

Nia sonrió.

—Sí, querida. Y un buen hogar.

Minutos más tarde, los Wingfeather se sentaron en un carruaje que avanzaba por las calles de Ban Rona hacia su nuevo hogar. Los vallerinos los miraban pasar, algunos con el ceño fruncido y los ojos entrecerrados, otros con asombro y algunos con curiosidad.

Ni a Janner ni a ninguno de los suyos les importaba en lo más mínimo.

15

Un hogar en la Colina de la Chimenea

La ciudad de Ban Rona era más grande de lo que Janner pensó en un principio. Los edificios cercanos al puerto, como la Posada del Huerto, eran altos y estaban muy juntos, con estrechos callejones entre ellos. Eran de madera y ladrillo, bellamente construidos para complementar las agradables calles arboladas, muy transitadas por el tráfico de la ciudad.

La zona más concurrida, el distrito del puerto, era un lugar de bullicioso comercio a pesar de que, según les dijo Bonifer, la Gran Guerra había detenido el flujo de barcos hacia y desde los Valles. El puerto era lo bastante grande como para que los pescadores pudieran ganarse bien la vida capturando, fileteando, ahumando y vendiendo peces garpa, tijereta y estonque, por no mencionar el ocasional chabgome de ocho ojos, cuya tierna carne lateral era famosa por ser deliciosa cuando se la untaba con una guarnición de bayas rojas. Los fruteros y panaderos de otras ciudades vallerinas seguían acudiendo al mercado del muelle para vender allí sus mermeladas, pasteles, zumos y panes, aunque ahora sus únicos clientes eran otros vallerinos. Los negocios no prosperaban, pero el bullicio mantenía a la gente de Ban Rona de buen humor.

Mientras los Wingfeather conducían el carruaje hacia el oeste, alejándose del mar, el espacio entre las casas se ensanchaba, y algunos patios presumían de pequeños grupos de manzanos, árboles dornut y ermentinos bajo los cuales yacían grandes y perezosos perros moviendo la cola. Janner anhelaba que los vallerinos se alegraran tanto de ver a los recién llegados como parecían alegrarse sus perros. Los perros que no estaban jadeando sobre el césped corrían por los campos montañosos donde pastaban cabras y caballos.

Bonifer condujo el carruaje por una colina hasta las afueras de la ciudad, donde no había calles laterales, había menos casas y el camino ya no estaba empedrado. El anciano refrenó a los caballos y se volvió hacia sus pasajeros con una sonrisa que se apoderó de todo su rostro. Janner no pudo evitar devolvérsela.

Bonifer pasó la mano por delante de él, indicando la vista sin decir palabra. Los tres niños se pusieron de pie y miraron más allá del anciano hacia un mundo verde. Janner nunca había visto tantos matices. Había rodales de árboles verde oscuro, jardines brillantes y rebosantes de cosechas otoñales, colinas que yacían como los vientres cubiertos de hierba de mil gigantes dormidos, todo salpicado de casas y graneros y bordeado de vallas. Janner había visto la campiña desde el tejado del gran salón, pero ahora que estaba entre las colinas y las hondonadas podía sentir la belleza viva de la tierra. Le encantaba.

—Esa de ahí —dijo Podo, entrecerrando un ojo y acercando a Leeli para que viera adónde señalaba—; ahí es adonde vamos. A la Colina de la Chimenea.

El camino descendía por una pendiente pronunciada y se unía a otra carretera más ancha. El nuevo camino seguía el murmullo de un arroyo que corría por el fondo del valle; justo antes de que el camino desapareciera por el arcén de otra colina, un carril se desviaba hacia un puente de piedra que se arqueaba sobre el arroyo. Al otro lado del puente, el camino serpenteaba elegantemente colina arriba, rodeando varios árboles viejos cargados de frutos, pasando junto a una pequeña cascada que saltaba de una roca y salpicaba hasta el arroyo, y por fin hasta el amplio y llano césped frente a la Colina de la Chimenea.

La casa era más grande de lo que Janner esperaba, pero parecía tan acogedora como la cabaña Igiby de Glipwood. Las grandes ventanas daban a un jardín de flores en el patio delantero. En la esquina oeste, había un árbol tan alto como el segundo piso, e incluso desde aquella distancia Janner podía ver que crecía *dentro* de la casa, como el gran árbol de la Fortaleza. Del centro del tejado, se elevaba una ancha chimenea por la que salía humo sobre la hondonada y susurraba una bienvenida al corazón de Janner.

—¿Te criaste allí, mamá? —preguntó Leeli.

—Tu abuela se crio ahí.

—Sí —dijo Podo—. Pasé muchas horas en aquel jardín delantero intentando convencer a tus bisabuelos de que me dejaran cortejar a tu abuela.

—No es eso lo que escuché —dijo Nia con una sonrisa irónica.

—¿Qué quieres decir?

—He oído que era a *Mamá* a quien tenías que convencer.

—¡Pah! Me adoró desde la primera vez que vio mi rostro robusto y apuesto. —Podo adoptó lo que debió pensar que era una pose robusta y apuesta.

—Claro, ¿cómo no iba a adorarte? —dijo Bonifer, poniendo los ojos en blanco mientras ponía a los caballos al trote. Cuando el carruaje giró hacia el puente, Janner vio un marcador de piedra clavado en la tierra junto al arroyo. En él, se leía:

COLINA DE LA CHIMENEA
Construida en el año 348
de la Tercera Época
por Janiber Igiby
(Hasta donde sabemos)

Los faroles parpadeaban en las piedras angulares del puente, y varios más estaban espaciados junto al camino hasta la casa. Janner sintió mariposas en el estómago. Tras nueve años en la cabaña Igiby viviendo bajo la mirada de los Colmillos de Dang, luego sus semanas en la casa del árbol de Peet, después su largo viaje a Kimera solo para ser arrastrado a un barco para atravesar el mar, por fin iba a volver a tener un hogar. Llevaba tantas semanas anhelando un lugar al que llamar suyo que se preguntaba qué anhelaría ahora que lo tenía.

Anniera era un sueño agradable, pero la Colina de la Chimenea estaba más allá del siguiente árbol, en la siguiente curva del sendero. Esperaba ver algún día la Isla Luminosa con sus propios ojos, pero si tenía que envejecer en los Valles Verdes, donde la fruta era abundante, la tierra verde y no había un Colmillo a la vista (salvo el que estaba sentado a su lado, claro), envejecería feliz. Lo único que quería era buenos libros para leer, una cama caliente y su familia y amigos cerca.

—Bienvenidos a casa —dijo Bonifer. Bajó sus viejos huesos del carruaje, se ajustó las solapas y tendió una mano a Nia. Podo bajó de un salto y levantó a Leeli, mientras los chicos y Oskar bajaban y se colocaban con los demás delante de la casa.

Los faroles brillaban a ambos lados de la gran puerta de madera, y había flores amarillas en macetas en el porche. El lugar parecía viejo, pero estaba bien cuidado y muy vivo.

—¿Estás bien, abuelo? —preguntó Leeli.

—Sí, muchacha —Podo se sorbió la nariz y se secó los ojos—. Son las alergias.

—Yo también soy alérgica a los viejos recuerdos —dijo Nia. Rodeó a su padre con un brazo y entró—. Hagamos algunos nuevos, Papá. Estos niños deben saber en qué camas dormirán, Oskar querrá saber qué hay para cenar y a mí me gustaría sentarme junto al fuego con Bonifer y oír más de su historia. Pero no antes de un baño caliente. Todos olemos a pescado y a sudor de marinero.

Janner dio cada paso con cuidado, observando detenidamente los escalones, el rellano, los lugares donde la puerta principal estaba desgastada, la decoración de las macetas, la vista desde la puerta de entrada; quería recordar cada detalle para poder escribir sobre ello más tarde. Le parecía una tontería, pero quería que sus nietos supieran cómo fue su primera visita a la Colina de la Chimenea, hasta el olor a capullos de miel en el aire otoñal.

Janner fue el último en entrar en la casa, traspasó el umbral y se adentró en su nuevo hogar.

Lo primero que vio fue la chimenea. Era tan grande como su dormitorio en la cabaña Igiby (aunque no tanto como la chimenea de Kimera, donde había visto los huesos de dragón). El trabajo en piedra era hermoso y atraía la mirada hacia el alto techo, donde las maderas se entrelazaban con las ramas del árbol de la esquina de la casa. Como en el gran salón de la Fortaleza, vio ramas frondosas e incluso algunas manzanas amarillas que colgaban cerca del techo.

Ante el hogar, había una enorme alfombra de piel de animal tan profunda y suave que los pies de Janner desaparecían cuando se paraba sobre ella. Las estanterías flanqueaban la chimenea hasta el techo, y Oskar estaba trepando por una escalera para inspeccionar los libros. Podo se había recuperado de su tristeza y ya estaba recostado en una silla junto al fuego, dando caladas a su pipa.

Al otro lado de la habitación, había una larga mesa de comedor, y más allá una cocina repleta de ollas, sartenes y cestas de verduras. Una tetera silbaba en el fuego. Nia sostenía una taza de té mientras conversaba con una joven vestida con un sencillo vestido marrón y un delantal. La mujer llevaba en brazos a una niña de no más de tres años. Janner oyó que Nia se presentaba, acariciaba el pelo de la niña y se reía amablemente de algo que decía la mujer.

—Bonito hogar, ¿verdad? —dijo Bonifer. Se colocó junto a Janner en la entrada, y este se dio cuenta de que, cuando el anciano se inclinaba sobre su bastón, tenían la misma altura. O Bonifer era muy bajo o Janner se estaba haciendo más alto de lo que pensaba.

—Cuando me desperté esta mañana, estaba en la Posada del Huerto y Kalmar estaba en el calabozo —dijo Janner—. Apenas puedo creer que estemos aquí ahora mismo. Hace tanto tiempo que no nos quedamos *quietos.*

—¡Claro que sí! Espero que estés aquí muchos años, muchacho —Bonifer palmeó el brazo de Janner—. Ojalá llenes esas estanterías con tus propios libros.

Janner sonrió. Era un pensamiento agradable, por improbable que pareciera.

Oyó un gruñido y vio a Kalmar persiguiendo a Leeli alrededor de un sofá que había al otro lado de la chimenea. Ella se reía tanto que apenas podía respirar, y Janner se asombró por enésima vez de lo ágil que era con su muleta. Estaba seguro de que Kal podría atraparla si realmente quisiera, pero ella no se lo pondría fácil.

Nia salió de la cocina con una taza de té caliente entre las manos.

—Kalmar, Leeli, escuchen. Quiero presentarles a nuestra criada. Esta es Freva Longhunter.

La joven era guapa a su manera, aunque se encorvaba tímidamente y dejaba que un mechón de pelo le tapara uno de los ojos. Sonrió y asintió a cada uno de ellos y no pareció importarle la presencia de un Colmillo Gris.

—Y esta —señaló Nia a la niña que asomaba por detrás de la pierna de Freva— es su hija Bonnie. Viven en la casita de servicio y ayudarán con las comidas, la jardinería y la limpieza. Esta casa es mucho más grande que nuestra antigua cabaña. Requerirá mucho más trabajo.

—Es un honor conocerlos a todos —Freva hizo una reverencia—. Si necesitan algo, no tienen más que pedírmelo. Soy buena para limpiar calcetines, hornear pastel de uva verde y puedo hacer la cama *muy* bien. Me gusta cuando las sábanas y la manta se funden y casi se convierten en una sola cosa; no se puede subestimar la importancia de una buena fusión de las mantas —se enderezó con orgullo—. Es mi especialidad.

—Gracias, Freva —dijo Nia—. Ahora. Vamos a sus habitaciones, niños. Janner y Kalmar se miraron y sonrieron. Leeli aplaudió. Siguieron a Nia hasta una escalera ancha y curvada a la derecha de la chimenea. Subía en forma empinada hasta un rellano donde había varias sillas cómodas dispuestas alrededor de otra chimenea en el mismo fogón. Más libros abarrotaban más estanterías, y Janner sonrió al mirar los títulos.

Cuatro puertas se alineaban en la pared más allá del rellano, cada una teñida de un color distinto y grabada con diseños diferentes. La marrón estaba revestida de ramas de árbol desnudas e invernales, la verde era frondosa, la azulada estaba entrelazada con enredaderas y la roja estaba decorada con frutas.

—Hace siglos que no vengo por aquí, pero creo que esta te sentará bien, Leeli —Nia abrió la puerta rojiza, y la luz se derramó por el pasillo. Contra la pared, había una gran cama de plumón (cuyas sábanas y manta estaban dispuestas con sumo cuidado), y en un rincón, junto a la ventana, había una mecedora. Un espejo alto colgaba de la pared junto a un armario ornamentado, cuyas puertas estaban abiertas para revelar un perchero de abrigos peludos.

—Esta era la antigua habitación de mi madre, Wendolyn —dijo Nia—. Solía sentarse junto a esa ventana por la noche, mirando las estrellas y fingiendo ignorar el canto de tu abuelo. Él se paraba en el jardín de abajo y profesaba su amor hasta que *mi* abuelo lo ahuyentaba con un rastrillo. Esta es la cama en la que yo dormía cuando venía de visita de niña. ¿Qué te parece?

Leeli entró cojeando en la habitación, se dio la vuelta con una sonrisa emocionada, corrió hacia su madre y la envolvió en un violento abrazo. Dejaron a Leeli en su nueva habitación y se dirigieron a la puerta azul.

—¡Lo siento, alteza! —llamó Bonifer desde lo alto de la escalera—. Esa es mía, si le parece bien, y no está terriblemente limpia. Solo me enteré de que estaban aquí esta mañana, verán, y para cuando planché mi traje y enganché los caballos no tuve tiempo de ordenarla.

—No hay problema, Bonifer —dijo Nia sonriendo—. Has cuidado muy bien del lugar. Puedes dormir donde quieras. Echaremos un vistazo a la verde.

—Disculpe, alteza —Bonifer parecía abatido—. Es que hace nueve años que no tengo compañía y no estoy acostumbrado a todo este alboroto. Perdóneme.

—Calla, viejo amigo. No hay nada que perdonar —empujó la puerta verde—. Ah. Estas dos camas son perfectas para ustedes dos.

La habitación de los varones tenía dos escritorios, dos armarios y una litera tan ancha como un carro. Los chicos se apresuraron a entrar y treparon por ella como thwaps. En pocos minutos estaban luchando, dando tumbos por el suelo y aullando de risa y dolor y más risa. A Janner no le importaban sus heridas, ni que su hermano tuviera pelo y garras. Estaba tan contento de volver a tener una habitación que no podía pensar en otra cosa.

—Ahora —dijo Nia por encima del barullo—, voy a darme un baño largo y caliente. Solo pueden ir a buscarme cuando la mesa esté puesta y la cena servida —los dejó jugando a la lucha.

Unos segundos después, mientras Kalmar lo pinchaba en las costillas y le retorcía el pie, Janner se dio cuenta de que Bonifer Squoon observaba a Kalmar desde la puerta. Le pareció ver una mirada extraña en el rostro del anciano: una mirada de miedo.

La oscuridad se apoderó de la alegría de Janner al darse cuenta de que solo empezaba a vislumbrar el turbulento camino que se abría ante su hermano menor. Si Bonifer Squoon le tenía miedo —Bonifer, que hacía solo una hora le había dicho a Kalmar que su pelaje no le importaba—, entonces los vallerinos serían un problema aún mayor.

Como para confirmar este pensamiento, Nia volvió a asomar la cabeza por la puerta.

—Después de cenar, tengo intención de fregarlos a fondo a los tres. Los quiero presentables cuando los lleve a la escuela por la mañana.

16

Podo Helmer se enamora

Janner no se dio cuenta de lo cansado que estaba hasta que su cabeza cayó sobre la almohada. Kalmar y él habían luchado antes de cenar, después de cenar y después de bañarse, así que cuando Nia por fin les ordenó acostarse, ambos estaban sudados y sin aliento. Janner abrió una de las ventanas para que entrara el aire fresco y apagó la lámpara.

—¡Kal, ven a ver esto! —susurró.

Kalmar se arrodilló junto a Janner al lado de la ventana. Las estrellas parecían estar lo bastante cerca como para tocarlas, y su belleza era una canción en el oscuro silencio del cielo. Un búho nocturno ululó desde su rama en el árbol que había junto a la ventana. En algún lugar de un prado lejano, rebuznaba un burro. La ventana daba al campo que había detrás de la Colina de la Chimenea, y Janner podía ver más allá de la valla un camino que subía, bajaba y serpenteaba por el campo, con senderos que se bifurcaban y serpenteaban hacia otras granjas y graneros. La luz dorada brillaba en las ventanas donde la gente seguía despierta, leyendo, de visita o comiendo postres afrutados. Los hermanos se arrodillaron un rato en la quietud y contemplaron la belleza de los Valles.

—Aquí huele bien —dijo Kalmar—. Puedo olerlo todo: el búho en el árbol de allí, las cabras en el prado de al lado. Supongo que esas no huelen tan bien. Puedo oler la mantequilla de manzana en el pan caliente de la casa de enfrente. No sé cómo voy a dormir.

Janner tenía mil preguntas para Kalmar, pero dudó en formular la mayoría de ellas. No quería que su hermano se sintiera más raro de lo que ya se sentía.

—¿Hay algún otro… cambio? Ya sabes, como poder olerlo todo.

Kalmar lo pensó un momento.

—Puedo ver mejor. Me siento más fuerte. Con más hambre.

—No creía que eso fuera posible. Siempre tienes hambre.

—No me refiero a eso.

—Entonces, ¿qué quieres decir?

Kal agitó las orejas y sacudió la cabeza.

—Nada. No importa.

Janner oyó frustración en su voz y decidió dejarlo estar. El silencio se rompió un momento después con el repiqueteo de los cascos en el camino y el chirrido de los arreos y un carromato.

Aunque Janner sabía que no había ningún carruaje negro en Ban Rona, su recuerdo despertó un viejo temor en sus huesos, y percibió una agitación en la respiración de Kalmar. Durante la mayor parte de su vida, había vivido aterrorizado por el carruaje negro; era imposible no pensar en él.

Dos caballos doblaron la curva, tirando de un carro. Un farol colgaba de un gancho que sobresalía en el aire por encima del conductor y proyectaba una débil luz amarilla. El conductor era un tipo flaco con gorra de montar, que silbaba una melodía vallerina.

—Cuesta creer que ya no estemos en peligro —Kalmar suspiró y se subió a la litera de arriba—. ¿Podrías cerrar la ventana? Hay demasiados olores ahí afuera.

—Sí —dijo Janner.

No le recordó a Kalmar la verdad, que no estaban fuera de peligro. Había visto suficientes vallerinos y oído suficientes historias de Podo para saber que la escuela en Ban Rona iba a ser dura. Janner intentó dormir, recordándose que ninguno de los escolares vallerinos se había enfrentado a la Fábrica Tenedor, luchado contra un Colmillo o navegado por el Mar Oscuro de las Tinieblas. ¿Cuán duros podían ser?

Janner se despertó con el olor a tocino y el sonido de Kalmar saltando de la cama y bajando las escaleras. Se quedó quieto unos minutos, disfrutando del murmullo de la charla matutina en el piso de abajo, el ruido metálico de los platos y el canto de los pájaros al otro lado de la ventana. La luz caía sobre la colina y derretía la escarcha.

Se levantó y se quitó las vendas para aplicarse el gadgüento que Nia le había dejado en el escritorio. No había sangre ni costras. Los arañazos estaban limpios y rosados por el tejido cicatricial. En solo dos días, los cortes se habían cerrado y solo le dolían un poco cuando los tocaba.

Cuando bajó las escaleras con el fajo de vendas en la mano, encontró a Leeli ya levantada y con un vestido nuevo, uno de Freva al que le había hecho un dobladillo y lo había ajustado para Leeli aquella misma mañana. Leeli llevaba el pelo trenzado y su rostro resplandecía por haber dormido bien. Sonrió a Janner con mermelada en las mejillas. Podo se sentó en el otro extremo de la mesa y charló con Oskar y Bonifer. La presencia de tres ancianos en una casa garantizaba que el desayuno sería abundante todas las mañanas. Nia saludó a Janner y lo sentó ante un plato de huevos, tocino y tostadas con mermelada de ermentina.

—Pensaba preparar un plato de fruta y verduras de hoja verde —dijo Nia—, pero tu abuelo no quiso saber nada.

—¡Carne! —dijo Podo.

Nia tomó el fajo de vendas e inspeccionó las heridas de Janner.

—Parece que el gadgüento hizo un trabajo rápido. ¿Cómo tienes las piernas?

—Mejor —dijo Janner con la boca llena de tostada.

Freva salió arrastrando los pies de la cocina y ofreció a Janner un vaso de zumo.

—¿Biditas, señor?

—¿Eh? Janner tragó su comida.

—¿Biditas? Es naranjada. Muy dulce.

—Ah. Sí, biditas estaría bien. Gracias —observó a Freva mientras se apresuraba a volver a la cocina, preguntándose por qué era tan tímida y deseando que no lo llamara «señor». También se preguntó dónde estaría su hija… y también su marido.

—Cuando termines, prueba esto —Nia colocó un montón de ropa nueva sobre la mesa, junto con un par de botas limpias y sin estrenar. Janner ya se daba cuenta de que era ropa más fina de la que jamás había tenido.

Kalmar salió de detrás de la chimenea con su nuevo atuendo. Llevaba una camisa blanca con cuello rígido y unos pantalones negros.

—¿Y las botas? —preguntó Nia, evaluándolo con las manos en las caderas.

—No me quedaron bien. Mis pies no son… normales —Kalmar puso las orejas gachas, lo que Janner comprendió que equivalía a que se le pusieran rojas las mejillas—. Prefiero ir descalzo, si te parece bien.

—No hay problema —dijo Nia—. Vamos, Janner. Quiero ver si las tuyas también te quedan bien.

Las botas de Janner eran demasiado grandes, pero no mucho. Podo dijo que, al ritmo que le crecían los pies, pronto tendría que llevar botes en vez de botas. No recordaba haber tenido nunca ropa nueva; en Glipwood, la ropa siempre había sido heredada de los hermanos Blaggus o confeccionada por Nia con viejos retales de tela o mantas hechas jirones. Esta ropa era resistente y limpia, y con las botas nuevas incluso se sentía más alto.

—Ahora vengan aquí, junto al fuego, y dejen que su Podo les cuente algunas cosas sobre la escuela en los Valles Verdes. Necesitan hacerse una idea de lo que es probable que ocurra hoy. Anticipo que al menos uno de ustedes volverá a casa con el labio hinchado o el ojo morado —Podo encendió su pipa y esperó a que los niños se reunieran a su alrededor sobre la gruesa alfombra—. Cuando llegué a los Valles, hace muchos años, navegué por el Aguacalle en mi barco pirata, un marinero tan bribón como puedas imaginar. Para entonces, ya había perdido una pierna, había navegado por el mar sabe el Hacedor cuántas veces, había corrido con Growlfist y los varados, y tenía un poco de reputación de pendenciero. Era Podo Helmer, el Escamador, y no le temía a nadie. Así que, aunque había oído que los vallerinos eran rudos y pendencieros, no le di importancia.

Podo dio una calada a su pipa y se quedó mirando el fuego.

—Cuando bajé del barco y entré en el muelle, lo primero que vi no fueron los montones de fruta ni la multitud de comerciantes ni los caballos ni los perros. Lo primero que vi fue una mujer. Una mujer con el pelo largo color nuez y una cara que te pararía el corazón. Llevaba una cesta de manzanas y se volvió para saludar a alguien. Cuando lo hizo, su vestido rojo giró un poco, el sol saltó del agua e iluminó su rostro, y sentí que mi corazón pataleaba como una mula. Nunca me había sentido así. Niños, ustedes recuerdan a Nurgabog.

Janner pensó en la desdichada anciana de los varados, arrastrándose por el suelo de la madriguera sin un diente en la cabeza, herida por su propio hijo. Ella había amado a Podo cuando era joven, y ese amor era lo único que había salvado a los Wingfeather de Claxton Weaver y su banda de ladrones.

—Bueno, Nurgabog era una buena mujer, a su manera. Pero cuando puse los ojos en esta mujer en el mercado, supe que toda mi vida se había topado con un fuerte viento cruzado, y tenía que decidir si navegar a través de él o dejar que me arrastrara. En ese instante, decidí casarme con ella.

—Y te enamoraste —Leeli suspiró. Estaba tumbada boca abajo con la barbilla entre las manos, mirando con nostalgia a Podo, que era lo que se suponía que hacían las chicas cuando oían historias de amor, pensó Janner.

—Nop —dijo Podo—. Me acerqué a ella, me incliné tan bajo que mi nariz raspó los adoquines y le pregunté su nombre.

—Wendolyn —dijo Leeli, suspirando de nuevo.

—Ya estoy llegando, muchacha —dijo Podo—. Me devolvió la sonrisa y tuve la certeza de que nunca sería feliz hasta que me casara con ella. Hablamos durante horas, pero nunca presté mucha atención a lo que decía. Me limitaba a mirar su cara, su forma de andar, preguntándome cómo había podido ser feliz sin ella. Era magia, te lo aseguro. Ese mismo día, me llevó a casa para que conociera a su padre…

—A esta casa —acotó Leeli.

—No. A una casa de la ciudad. Su padre era comerciante de telas y mimbre. Navegaba por la costa de Dang durante semanas, pero ese día estaba en casa. Era un buen tipo, aunque no supiera escupir bien, y me preparé para la entrevista. Supuse que querría conocer al hombre que quería cortejar a su hija. Mientras hablábamos, entró una criada y nos ofreció té. Yo lo rechacé, pero el hombre aceptó. Derramó un poco por el suelo y se enfadó con la sirvienta. Empezó a decirle cosas feas, y yo me puse incómodo enseguida. La chica del pelo castaño entró y se hizo cargo de los malos tratos de su padre. Echó a la pobre criada de la habitación y le dio una buena patada en el trasero. Justo antes de que Zola May diera un portazo…

—¿Zola May? —Leeli arrugó la cara, confundida.

—Sí. Justo antes de que Zola May diera un portazo, vislumbré los ojos de la sirvienta. Estaban desorbitados por la fuerza… era como mirar un muro de nubes oscuras que cruza el mar gritando para aplastar tu barco. Su cara no era bonita, pero sí bastante linda y enrojecida por el dolor del trato recibido. Llevaba el pelo corto y le colgaba triste alrededor de los ojos. Entonces, la puerta se cerró de golpe y desapareció. Fue un momento incómodo. Dije: «Volvamos a hablar del cortejo». Pues bien, Zola May esbozó la sonrisa más bonita que jamás hayas visto y se acercó a su padre para calmarlo. Él aceptó que cortejara a su hija enseguida y, sin darme cuenta, me despedí de mis compañeros de tripulación y de mi vida en el mar. De todos modos, estaba harto de ganarles a los dragones marinos.

»Así empezó mi noviazgo con Zola May Rubleshaw. Me alojé en una posada frente al mar, conseguí trabajo cortando tijeretas e hice todo lo que pude para mejorar mi aspecto. Me peinaba. Incluso me bañaba una vez a la semana. No sé qué vio Zola May en mí, pero me quería mucho. Sin embargo, al cabo de un tiempo, mi corazón dejó de latir como una mula y empecé a escuchar sus palabras. Hablaba sin parar de sus bonitos vestidos, de su desdén por los Valles Verdes (que yo empezaba a adorar) y de su ansia por salir de la ciudad y ver Kistamos. Yo estaba harto de viajar y, de todos modos, no podía poner un pie en un barco sin miedo a que me tragaran los dragones marinos.

»Durante todo el tiempo que pasé en casa de los Rubleshaw, no dejé de tropezarme con su sirvienta. Como ya he dicho, no era hermosa —no como Zola May—, pero tenía su encanto. Descubrí que me gustaba más hablar con ella que con Zola May y, al cabo de dos semanas, empecé a visitar a Zola May para ver cómo le iba a la criada. Trabajaba mucho. Sufría la ira del padre de Zola en silencio, y se contenía cuando Zola May la trataba peor que al perro de la familia.

»Entonces todo cambió —Podo se inclinó hacia delante con una gran sonrisa—. Un día, estaba sentado en el banco del jardín, delante de la casa de Zola, al fresco de la tarde. Estábamos hablando de vaya a saber qué, y le dije sin rodeos que ya no quería viajar. No quería abandonar los Valles. Quería seguir el viento del Hacedor, y este me estaba soplando recto y certero lejos de la naturaleza salvaje de las aguas y hacia tierra firme. Zola puso los ojos en blanco. «Qué *gran* pérdida de tiempo», dijo. «¿No te parezco guapa, Podo?». Se levantó, hizo girar su vestido y agitó su bonito cabello, porque sabía que a mí me debilitaba ese tipo de belleza, como a todos los hombres.

»Pero justo en ese momento pasó la sirvienta, conduciendo un burro cargado de verduras para vender en el mercado. Su perro iba a su lado, y vi cómo la criada le ponía la mano en la cabeza mientras caminaban. Le rascaba detrás de las orejas y sonreía a los que se cruzaban con ella. En aquel instante, supe que sería más feliz como perro de la sirvienta que como marido de Zola May.

»En las semanas que pasé con Zola May, nunca la vi mover un dedo para trabajar. Nunca la vi dirigir una palabra amable a nadie, salvo a mí o a su padre. Jamás me hizo mucho caso a mí ni a lo que me importaba. Cuando pasó la sirvienta, Zola May seguía delante de mí, intentando que dejara de usar el cerebro y me quedara boquiabierto ante su belleza. Y en ese momento, justo debajo de la melena color nuez de Zola May, aquella sirvienta —aún no sabía cómo se llamaba, porque solo la llamaban «sirvienta»— me miró y me dirigió una de sus sencillas sonrisas. Atravesó aquel pelo color nuez y los ridículos giros de Zola como un rayo. Me levanté y me excusé. Le dije a Zola May que podía hacer todas las piruetas que quisiera, pero que yo no estaría allí para verlas.

Podo se rio y se golpeó la rodilla.

—¡Tendrían que haberla visto! Parecía tan sorprendida como si acabara de eructarle en la cara. Cojeé por el camino para alcanzar a la sirvienta. La suya era una belleza de mejor clase.

—¿La sirvienta era Wendolyn? —preguntó Janner—. ¡Pero esta casa es enorme! ¿Por qué era sirvienta?

—Nuestra familia siempre creyó que el buen trabajo era mejor que la riqueza o el estatus —dijo Nia—. Así que, aunque tenían dinero suficiente para disfrutar de una vida de ocio, mi abuelo y su abuelo antes que él se aseguraron de que sus hijos conocieran el valor del buen trabajo y del buen descanso. Cuando era niña, trabajé en el mercado durante años. Por eso ustedes tres siempre han tenido sus tareas domésticas.

—En Anniera —dijo Bonifer—, no era raro ver a su padre, Esben, sacando totatas de la tierra junto a los campesinos en el campo. ¡Y era el rey! No todo el mundo está de acuerdo con esta tradición, pero es difícil refutar la *bondad* que siempre ha caracterizado a la Isla Luminosa. Empezó con el Hacedor, luego con los reyes, y fluyó hacia los súbditos del reino como el agua de un río, regando los surcos. Así todo crece mejor.

—Entonces, ¿te casaste con ella enseguida? —preguntó Kalmar.

—Ojalá hubiera podido —dijo Podo con una risita—. No, no fue tan fácil como pensaba. Me enamoré más de Wendolyn que lo que jamás me había enamorado de Zola May. De hecho, desde el momento en que dejé a Zola en su porche y perseguí a la sirvienta con el burro, algo extraño ocurrió en mi cerebro y en mi corazón. Descubrí que todas las cosas que creía bellas de Zola se habían vuelto feas. Y todas las cosas que eran sencillas de Wendolyn brillaban como rubíes. Cada vez que veía a Zola en el mercado, me preguntaba qué había visto en ella. Y cuando miraba a Wendolyn, veía su gracia y su dulzura y sus aguas profundas y su fuerza. Era la mujer más bella que había visto jamás. ¡Y eso que llevaba ropa de trabajo!

—Abuelo, ¿qué tiene que ver esto con la escuela? —preguntó Kalmar.

—Estoy llegando a ello, muchacho. Venir a la Colina de la Chimenea a conocer a los padres de Wendolyn fue el principio de lo más difícil que he hecho nunca. Ahora bien, me consideraba un tipo guapo. Estaba orgulloso de mis bigotes, mi pelo largo, mis tatuajes e incluso de mi muñón —Podo golpeó el suelo con la pata de palo—. No tenía miedo de nada. Pero entonces, conocí a Kargan Igiby. Era tan grande como un árbol y tenía los brazos gruesos como sandías. Fue como conocer a una versión más amable y menos apestosa de Growlfist el rey de los varados, solo que esta vez, tenía que probarme ante su hija. En cuanto subí por la callejuela y llamé a aquella puerta, la abrió de golpe, me preguntó mi nombre y me dio un puñetazo en la nariz tan fuerte que no me desperté hasta la cena.

—¡Qué horrible! —dijo Leeli—. ¿Qué le hiciste a él?

—Nada. Yo era un extraño. Me dijo que si miraba siquiera en dirección a su hija volvería a pegarme. Pero no tuve miedo. Solo me acercaba a la ventana de Wendolyn y cantaba mis canciones marineras hasta que el viejo Kargan se despertaba y me perseguía por las colinas. La mitad de las veces me atrapaba, y cuando lo hacía, me daba una buena paliza. Me despertaba en medio del campo con la nariz ensangrentada y una sonrisa en la cara. Tenía mi afecto puesto en Wendolyn Igiby, y nada podía cambiar eso.

»Pero estaba muy desconcertado. Pregunté en el muelle y al final me enteré de que no servía de nada mencionar el nombre de Wendolyn Igiby. Kargan Igiby les había dicho que no debía hablar con ella. Con Zola May no importaba tanto, porque siempre estaba coqueteando con los marineros, pero con Wendolyn, yo era un forastero que pedía cortejar a una verdadera hija de los Valles. Eso no es algo que ocurra por estos lares. No tenía ninguna posibilidad con ella. Me dijeron que la olvidara. Pero veía a Wendolyn y a su perro en el pueblo y me volvía loco por hablar con ella. En cuanto lo hacía, me acosaban manadas enteras de hombres vallerinos. Dejaban lo que estaban haciendo y saltaban sobre mí. Perdí siete dientes —Podo les enseñó orgulloso sus encías.

»En cuanto se conocieron mis intenciones, no podía acercarme a Wendolyn sin que me machacaran. Al cabo de un año (un *año*, escucharon bien), por fin me di cuenta de lo que tenía que hacer para ganarme su mano. Tenía que competir en el Banick Durga.

—¿Qué es eso? —preguntó Kalmar.

—Es una semana de golpes, lucha, persecución y heridas —Podo hizo una mueca de dolor al recordarlo—. Cada tres años, las tribus de los Valles viajan al Campo de Finley, como han hecho durante una época. Cualquier hombre lo bastante tonto como para entrar tiene la oportunidad de ser el custodio de los Valles. Así es como Rudric llegó a ser custodio. ¿Recuerdan lo grande que es? Consiguió el puesto porque ganó el Banick Durga. Y eso es lo que yo me propuse hacer.

Podo hizo una pausa y dio una calada a su pipa, disfrutando de la sorpresa en las caras de sus nietos.

—Así es. Me apunté. Los pocos amigos que tenía me dijeron que era mejor que me echara atrás si quería vivir. No me amenazaban, claro; estaban preocupados por mí. Pero pensé que la única forma de demostrar mi profundo amor por Wendolyn era competir, y si moría en el intento, me parecía bien. La amaba.

—Mamá también intentó impedírselo —dijo Nia—. Una noche, se acercó a su ventana y le suplicó que no lo hiciera. Dijo que se casaría con él y huiría con él.

—Pero yo no quería saber nada con eso —dijo Podo—. Ya no quería huir.

Oskar se había levantado de la mesa y se había unido a los niños en la alfombra sin que Janner se diera cuenta.

—¿Qué pasó después? —preguntó. Estaba tumbado sobre su acolchonado estómago, mirando a Podo como un niño calvo—. En palabras de Fripsky von Chiggatron: «¡Cuéntanos, por favor!».

—Viajé al Campo de Finley. Solo. Monté mi tienda y esperé a que el arpa silbante señalara el comienzo de los juegos, rogándole al Hacedor que me diera fuerza y una mano segura y firme. Pero también pedí resistencia. No creía que pudiera derrotar a uno solo de aquellos gigantescos luchadores vallerinos, pero podía *resistir*. Eso es algo que no requiere fuerza de brazo, sino fuerza de corazón, y mi amor por Wendolyn me la había dado.

—¿Ganaste? ¿Qué pasó? —Leeli se acercó y apoyó la cabeza en el hombro de Kalmar. Janner pensó que su hermano se escabulliría, pero estaba demasiado interesado en la historia como para preocuparse.

—Los primeros juegos eran de velocidad. Eran carreras. Soy bastante bueno con el muñón, pero no tanto. Me fue bastante mal. Lo peor fue que a los vallerinos no les importa mucho el espíritu deportivo. Si corres una carrera, espera recibir un codazo en las costillas o un puñetazo en la mandíbula, e intentarán hacerte tropezar durante toda la carrera. Y no solo me lo hacían a mí. También se daban puñetazos entre ellos, y todo formaba parte del juego.

»El segundo día se trataba de fuerza. Había que levantar barriles de agua, tirar troncos y empujar carros. Lo hice bien, pero nada que ver con las bestias vallerinas. Estaba haciendo el ridículo. Pero los tres días siguientes los dediqué a pelear. Entré en el campo con cincuenta adversarios diferentes y perdí casi todos los combates. Pero seguí luchando. Apenas podía andar de lo cansado que estaba, pero seguí golpeando y esquivando y volviendo a levantarme.

»El último día fue el más duro. Se trata de fuerza, velocidad y también de astucia. Es una carrera para encontrar la bota de MacDullogh. Alguien la esconde la noche anterior, y el primero que la devuelve al estrado del Campo de Finley gana el día. Apenas dormí la noche anterior, en parte porque todo mi cuerpo estaba magullado, y en parte porque sabía que era mi última oportunidad de ganar la mano de Wendolyn Igiby, el verdadero amor de mi corazón.

»Me desperté al amanecer con el resto de los hombres y esperé a que sonara el silbato. Cuando lo hizo, volaron los puños y los hombres se lanzaron a la aventura solo para aventajar a los demás, aunque nadie supiera en qué dirección correr. Me pasé el día cojeando por el campo tan rápido como me lo permitía mi muñón, buscando aquella maldita bota en los arroyos, bajo las rocas e incluso en grandes montones de excremento de caballos. De vez en cuando, veía a otro corredor vallerino y se abalanzaba sobre mí para frenarme, tuviera o no la bota. Me ponía en pie y seguía adelante, rogando con un suspiro al Creador para encontrar la bota y con el siguiente para no encontrarla.

—¿Por qué orarías para que no la encontraras? —preguntó Janner.

—Porque encontrar la bota era solo la mitad de la lucha. ¡Piensa en lo difícil que sería llevarla de vuelta a Finley sin que me atraparan y golpearan! Bueno, el Hacedor pareció maldecirme y bendecirme a la vez, porque doblé una colina y vi la bota de MacDullogh sobre una piedra en el centro de un arroyo. Me quedé allí un minuto, esperando que algún tipo fornido me abordara, pero no había ni un alma a la vista. Susurré el nombre de Wendolyn, arrebaté la bota y corrí con todas mis fuerzas por las colinas hasta el Campo de Finley. Cuando coroné la última elevación, vi a la multitud reunida alrededor del círculo del campo. De todas direcciones resoplaban y corrían hacia mí gigantescos hombres barbudos como vacas colmillo enloquecidas, y les digo que habría preferido vacas colmillo a la ira que estaba a punto de abatirse sobre mí. Hace mil años que un forastero no gana el Banick Durga.

Podo miró fijamente al fuego y habló en voz baja.

—Divisé a Wendolyn. Era como una orilla blanca para un marinero que se ahoga. Corrí con todas mis fuerzas hacia aquel círculo verde de campo en la distancia. Una estampida de furiosos vallerinos que maldecían me siguió como un trueno, y me estaban alcanzando. Ni siquiera vi la fila de escurridizos que habían dado la vuelta para emboscar a quien apareciera con la bota. Venían hacia mí por ambos lados, y más por detrás.

Podo se reclinó en su silla y se tomó su tiempo para volver a encender la pipa.

—Eso es todo lo que recuerdo.

—¿Qué? —dijeron los tres niños al unísono.

—No gané, por supuesto —dijo Podo con un guiño—. Me pisotearon, me arrebataron la bota y se pelearon por ella el resto del día. Verás, en el Banick Durga, en primavera, toda la acción real ocurre en ese momento, cuando algún pobre tonto aparece en la línea de meta con la bota. Puedes imaginarte lo duro que se pone, y lo grande que debe ser el tipo que finalmente consigue llevar esa bota al estrado. Tomen por ejemplo a Rudric.

—Pero ¿y Wendolyn? —preguntó Janner.

—Me desperté con su beso en mis labios —Podo cerró los ojos con una sonrisa.

Los varones se cubrieron la cara y gimieron. Leeli suspiró de felicidad.

—Estaba tan cansado y maltrecho que apenas podía andar, pero ella me puso en pie, me subió a su burro y me llevó a casa. Su padre, Kargan, venía a verme todos los días, y se convirtió en uno de mis mejores amigos. Nos casamos en pleno verano, allí mismo, en el jardín delantero.

La historia se apoderó de la habitación, y el corazón de Janner se enterneció.

—Pero, abuelo —dijo al cabo de un momento—, ¿qué tiene que ver esto con la escuela?

—Ustedes tendrán que atravesar su propio Banick Durga. A los niños vallerinos les da igual que sean las joyas de Anniera. Lo único que les interesa es que son forasteros. Es así en todo Kistamos, pero en los Valles, ese tipo de desconfianza implica más rudeza de lo habitual. Así que prepárense. No quiero que empiecen ni una sola pelea. El único momento en que se les permite golpear primero es en defensa de los indefensos. Así que manténganse unidos. ¿Entendido?

—Sí, señor —dijo Janner, y los niños se miraron. Kalmar parecía preocupado, y Janner sabía que tenía una buena razón. Si los vallerinos trataban así a Podo, se estremecía al imaginar cómo se tomarían los niños la presencia de un Colmillo Gris en su escuela.

—Es hora de irse —dijo Nia.

—Te quedarás conmigo, ¿verdad? —le susurró Kalmar a Janner.

—Soy guardián del trono —dijo Janner—. Por supuesto que lo haré.

Janner recordó a Artham saltando a la guarida de las rocarachas en el bosque de Glipwood, con las garras cortando el aire, acudiendo en su defensa, despreocupado de su propia seguridad.

Janner tragó saliva. Estaba muerto de miedo.

17

Los diez bigotes de Olumphia Groundwich

El trayecto desde la Colina de la Chimenea fue tranquilo en el frescor de la mañana, y una bruma flotaba sobre el arroyo del valle. Cuando cruzaron el puente y giraron a la izquierda para tomar la carretera principal, Janner temblaba de expectativa, emoción y ansiedad. Kalmar y Leeli se sentaron con él en el carruaje sin hablar. Podo se había quedado atrás y saludaba desde el césped junto con Bonifer y Oskar.

—¿Dónde está la escuela? —preguntó Janner cuando llegaron a la cima de la colina y Ban Rona se extendió ante ellos.

—Allí —dijo Nia—. Más allá del campo junto a la Fortaleza. ¿La ves?

Kalmar, Leeli y Janner se acurrucaron y entrecerraron los ojos en la dirección que señalaba Nia. Había un campo rectangular llano y verde, cuyos bordes estaban marcados con astas de bandera. Junto al campo, había un grupo de edificios de piedra. Janner no sabía qué esperar: ¿un castillo con torreones y escaleras secretas? Desde aquella distancia, era difícil ver gran cosa, pero aun así era decepcionante. Leeli y Kalmar musitaron: «Mmm» y se acomodaron para el paseo.

—Es donde yo fui a la escuela, y tu abuela también —dijo Nia.

—¿Será como nuestros estudios allá en Glipwood? —preguntó Janner—. Me refiero a los T.H.A.G.S.

—No. Estudiarán sus T.H.A.G.S. además de su escolarización aquí.

—¿Qué? —gimió Kalmar—. ¿Los otros niños también tienen que estudiar los T.H.A.G.S. en su casa?

—No. Pero los otros niños no son las joyas de Anniera —respondió Nia—. Tengo la sensación de que esta tarde me estarás suplicando por tus T.H.A.G.S. Janner, Kalmar y Leeli se miraron nerviosos—. En los Valles, elegirán cada uno una cofradía. Allí pasarán la mayor parte del tiempo. Por la mañana, estarán juntos en las clases, donde aprenderán historia y rompecabezas y frutería. Luego saldrán afuera y aprenderán a dar puñetazos...

—¿Puñetazos? —preguntó Kalmar, animándose.

—Sí. Puñetazos. Probablemente también habrá una clase de patadas. Todo como preparación para el Finnick Durga de primavera.

—¿Qué es eso? —preguntó Kalmar.

—El Finnick Durga es como el Banick Durga, solo que para cofrades. Es un día entero de carreras y lucha.

Janner y Kalmar se sonrieron.

Leeli gimió.

—¿Tengo que hacerlo?

—No, querida. Las mujeres no tienen que hacerlo si no quieren, aunque muchas lo hacen. Tampoco los varones, por cierto, pero no es habitual que un chico de los Valles opte por no hacerlo. Incluso los más jóvenes disfrutan con un buen placaje y golpes. Está en la sangre vallerina. Pero tendrás algo más para hacer, si consigo solucionarlo. Será algo que disfrutarás especialmente.

—¿Qué cosa? —Leeli se subió al banco y se retorció hasta meterse entre Janner y Nia.

—Ya lo verás. Tengo que hacer preparativos antes de saberlo con seguridad.

—¿Qué son las cofradías? ¿De qué tamaño son las clases? —preguntó Janner.

Nia se rio.

—Lo verás en unos minutos. Ahora, silencio y disfruten del paisaje. Y no hagan caso de esos bufones vallerinos que se asoman por las persianas y se escabullen como correcumbres.

Agitó las riendas e impulsó a los caballos al trote. Cabalgaron hacia Ban Rona, entre casas y negocios donde los habitantes ignoraban deliberadamente a los Wingfeather o miraban fijamente a Kalmar. Tras atravesar las concurridas calles, Nia condujo el carruaje a través de la sombra proyectada por el gran árbol de la Fortaleza.

Janner se quedó mirando el tejado donde había visto a Artham por última vez. Se preguntó dónde estaría su tío. ¿Habría encontrado un barco para volver a cruzar el Mar Oscuro, o habría intentado volar todo el camino? Aquello parecía imposible, pero en los últimos meses había aprendido que *imposible* era una palabra que tenía poco significado.

El carruaje siguió el camino, pasó el campo rectangular y atravesó una verja, sobre la que colgaba un letrero de hierro forjado. En él se leía «La Sala de las Cofradías», y también «Instituto de Educación Vallerina». El carro pasó las puertas y entró en un patio empedrado, en el que había una estatua de un hombre montado en un caballo de guerra, con la espada en alto. Más allá de la estatua, había un gran edificio de piedra unido a varios otros por pasarelas cubiertas. Los edificios parecían lo bastante fuertes como para durar mil años, y los líquenes y enredaderas que trepaban por las paredes sugerían que ya lo habían hecho.

Parecía un lugar bastante agradable, más interesante de lo que parecía a distancia, pero a Janner le inquietó su extraño silencio. No era un silencio muerto, como el que sintió en la mansión Anklejelly o en el viejo cementerio de Glipwood, ni tampoco el silencio solitario de una pradera o una casa vacía; era un silencio vivo y expectante, como si acabara de rodear un árbol en el bosque de Glipwood y se hubiera encontrado con un abomachacador dormido.

—¿Dónde está todo el mundo? —preguntó Leeli.

—En clase. Ahora, bajen —dijo Nia—. Tenemos que hablar con el jefe de la cofradía.

Janner quiso preguntar qué era un jefe de cofradía, pero supuso que pronto lo sabría.

Los tres niños estaban tan nerviosos como los thwaps en el jardín de Podo cuando Nia subió los escalones y llamó tres veces a la puerta principal. Se abrió de inmediato, y ante ellos se alzó una mujer alta y horrible, con botas y un vestido azul. Las mangas eran demasiado cortas, de modo que sus muñecas nudosas y la mitad de los antebrazos sobresalían por encima de los volados. Llevaba el pelo recogido en un moño, lo que agrandaba aún más sus pesadas cejas y su mandíbula. Fruncía el ceño con una cara que ostentaba exactamente diez bigotes rizados: dos que le brotaban de la barbilla, seis en el labio superior, uno que le sobresalía del centro de la nariz y otro en la mejilla izquierda. Janner se sintió mal por contarlos.

—¡Oy! Nia Igiby Wingfeather! —ladró la mujer. Su voz era chillona y ronca al mismo tiempo—. Te estaba esperando. Sígueme. Giró sobre sí misma y se alejó.

Nia miró sorprendida a los niños y los condujo al interior de la escuela. Los suelos y las paredes eran de piedra pulida, iluminados por lámparas que colgaban del techo arqueado. Cuadros, tapices y poemas enmarcados colgaban de las paredes entre las numerosas puertas que cruzaron. Detrás de algunas de ellas, Janner podía oír las voces apagadas de los profesores, mientras que detrás de otras oía ruidos, gritos y martillazos.

La mujer de diez bigotes se detuvo y abrió una puerta con el rótulo «Directora de la cofradía». Nia le dio las gracias con una inclinación de cabeza y condujo a los niños al interior. La habitación estaba amueblada con un pequeño escritorio y varias sillas. Un gran perro marrón roncaba sobre una manta en un rincón. Nia hizo un gesto a los niños para que se sentaran y esperó a que la señora cerrara la puerta y se sentara en el escritorio.

—Me imagino que no te acuerdas de mí —dijo la mujer con el ceño fruncido—. Me imagino que eres Nia Igiby, que fue y se casó con un rey y abandonó los Valles. Me imagino que traes aquí a tus tres cachorros para que reciban una educación vallerina adecuada. Me imagino que ahora te crees *alguien*, ¿verdad?

—De hecho, sí —respondió Nia—. Y creo que tú también eres alguien.

—¿Eh? Entonces, ¿quién, alteza? ¿Quién es la mujer que se sienta ante ti? —la mujer se reclinó en la silla y se cruzó de brazos. Miró fijamente a Nia y frunció el ceño con gran esfuerzo, lo que hizo que los seis bigotes del labio superior y los dos de la barbilla se agitaran como las antenas de un insecto.

—Niños —dijo Nia, sin dejar de mirar a la mujer a los ojos—, les presento a la directora de la cofradía. La directora Groundwich. La conocí hace muchos años como Olumphia Groundwich, el terror de la calle Swainsby.

A Janner se le heló la piel. Esperaba que los alumnos de la escuela fueran un desafío, pero había supuesto que, al igual que sus propios tutores, los adultos de allí serían al menos agradables, aunque fueran firmes. Pero aquella mujer parecía más que firme y mucho menos que agradable. Daba miedo.

—Recuerdo muchas tardes en las que los niños temblaban en sus camisas al pasar por la calle Swainsby —continuó Nia—. Se desafiaban a pasar corriendo por delante de la hilera de casas que hay entre Seaway y Apple Vale, temiendo que les lanzaran excrementos de perro o dornas o que los persiguieran perros rabiosos. Pero de lo que realmente tenían miedo era de Olumphia Groundwich. ¿No es cierto?

—¡Oy! —dijo Olumphia Groundwich, y entrecerró un ojo—. Su madre me conoce bien. Tan bien, de hecho, que tenía otro nombre para mí. ¿Verdad, Nia Igiby? Me llamabas algo que nadie más se atrevía a llamarme.

—Así es —dijo Nia tras una pausa.

—Díselos —la directora Groundwich se rascó un bigote y agitó la mano—. Díselos ahora para que podamos acabar de una vez.

Janner rogó que el nombre que le había puesto Nia no desembocara en una pelea allí mismo, en el despacho de la directora. Deseaba desesperadamente caerle bien a aquella mujer, aunque dudaba que *tuviera* un lado bueno.

—La llamaba amiga —dijo Nia con una sonrisa—. Mi *mejor* amiga.

—¡Oy! —dijo la directora Groundwich. Se puso en pie de un salto y se alzó sobre ellos—. ¡Oy! —volvió a decir. Eso sobresaltó a los tres niños Wingfeather, que casi saltaron de sus asientos.

Nia abrazó a Olumphia, la cual la levantó de los pies e hizo un ruido parecido a un gruñido, momento en el que el gran perro del rincón se despertó y golpeó con la cola. Nia parecía uno de los niños cuando giraban en uno de los abrazos de Podo.

—Nia, mi corazón está lleno de alegría al verte de nuevo. Lo único que sabía es que te habían matado o encarcelado o… o… *acolmillado* —lanzó una mirada a Kalmar y continuó—. ¡Pero no fue así! ¡Has vuelto! ¡Y con hijos!

—Me alegro de verte, Olumphia —dijo Nia, riendo—. ¡Y directora de la cofradía! Por las colinas y los valles, ¡estoy impresionada! Detestabas la escuela.

—Estoy tan sorprendida como tú. Nunca pensé que alguien me llamaría *a mí* directora. Me sorprende aún más que me encante. Siempre me he preguntado por qué el Hacedor me hizo tan alta y larguirucha, y por qué me dio estos bigotes renegados. Solía arrancármelos cada dos días, pero descubrí que los alumnos me tenían más miedo con ellos que sin ellos. No tengo marido (todavía), entonces ¿qué me importa?

—Encontrar un hombre puede ser más difícil con bigotes —dijo Nia.

—¡Oy! No lo había pensado —Olumphia se arrancó uno de los bigotes. Janner se encogió, impresionado. Olumphia enjugó el agua que le salía de los ojos y soltó una risita—. ¡Ya está! Encontraré un príncipe vallerino enseguida. Aunque esa maldita cosa estará de vuelta mañana por la tarde —Olumphia levantó el bigote y lo inspeccionó con el ceño fruncido.

—He venido a matricular a los niños en la escuela —dijo Nia—. Aún no hemos tenido tiempo de hablar de las cofradías, así que he pensado que podrías explicarles cómo hacemos las cosas en los Valles Verdes —Nia se volvió hacia los niños—. Directora Groundwich, este es…

Olumphia apartó el bigote y silenció a Nia con un gesto de la mano; luego, avanzó hacia los niños. Se alzaba sobre ellos con las manos en las caderas.

—¡Arriba! Levántense para que pueda verlos —los tres niños permanecieron en posición de firmes mientras Olumphia Groundwich los estudiaba a cada uno por turnos.

Agarró la barbilla de Janner y le giró la cabeza a derecha e izquierda, diciendo: «Oy, oy». Luego le apretó los brazos, evaluando sus músculos. Él los flexionó para impresionarla, pero ella sacudió la cabeza y dijo: «Oh, vaya, vaya». Cuando terminó, dio un paso atrás y se cruzó de brazos.

—¿Cómo te llamas, joven?

—Janner Igiby. Eh, Janner Wingfeather.

—Bueno, ¿cuál de los dos?

—Supongo que los dos.

—Supones.

—Sí, señora. Solo descubrí que era un Wingfeather este verano. Así que me siento más que nada Igiby.

Lo despidió con un gruñido y se dirigió a Leeli.

—Tu nombre, jovencita.

—Leeli Igiby Wingfeather.

—Muy bien, muy bien. ¿Y esto qué es? —la directora señaló la muleta de Leeli.

—Mi pierna no funciona del todo bien.

—Colmillos, supongo. ¿Sí? —Olumphia miró a Nia, que asintió.

—Y tú —le dijo a Kalmar, entrecerrando los ojos. Se acercó a su cara y olfateó—. ¿*Qué* eres? ¿Un perro?

Janner se puso al lado de Kalmar y apretó los puños. Le daba igual que la mujer midiera tres metros, no podía llamar perro a su hermano. Leeli se acercó un paso a Kalmar y señaló a la mujer con la barbilla. Kalmar miró fijamente a Olumphia con rostro ilegible. Ninguna oreja se movió y ningún músculo se estremeció. Janner se preguntó qué estaría pasando por la mente de su hermano pequeño. ¿Qué estaba haciendo la directora? Parecía que la mezquindad de los vallerinos no tenía fin.

—Olumphia, no permitiré que le hables así a mi hijo —la voz de Nia era firme, y Janner oyó un dejo de ira en ella.

—No soy un perro —dijo Kalmar—. Me llamo Kalmar. Kalmar *Wingfeather*.

Olumphia Groundwich le sostuvo la mirada durante un instante y finalmente asintió.

—Lo siento, muchacho. No pretendía ofenderte. Tampoco a ti, Nia. Quería ver cómo reaccionaba. Y quería ver cómo reaccionaban su hermano y su hermana. Bien hecho, niños —le dio una palmadita en el hombro a Kalmar y no pareció darse cuenta de cómo se escabullía.

—¿Por qué? —preguntó Janner.

—Porque puedes esperar que los alumnos de aquí lo llamen cosas peores.

—¿No puedes hacer algo al respecto? —preguntó Nia—. ¿No puedes disciplinarlos?

—Haré lo que pueda. Me aseguraré de que los demás maestros de la cofradía también lo hagan. Pero para serte sincera, ellos también pueden ser un problema. Al menos al principio —se volvió hacia Kalmar—. A mí me trataban como a una bestia cuando era niña. Tu madre fue una de las pocas personas que fue amable conmigo. Sé cómo debes sentirte…

Kalmar se puso rígido y empezó a hablar, pero ella lo cortó.

—No quiero decir que sepa *exactamente* cómo te sientes. Sé que tu situación es única. Pero me identifico con tu miedo, tu rabia y tu frustración. Incluso me identifico con tus bigotes —le guiñó un ojo, y Kalmar sonrió—. Así que escúchame con atención, Kalmar Wingfeather. Tendrás que ser fuerte. Más fuerte de lo que nunca has sido.

—Ya es bastante fuerte —dijo Leeli. El perro del rincón había cruzado la habitación y se había sentado junto a Leeli con la cabeza apoyada en su hombro—. Suele ganar cuando lucha con Janner.

—No, no gana —dijo Janner en voz baja.

—Me refiero a otro tipo de fuerza, Leeli. Luchar es lo que *no* quiero que haga. Tendrá que aguantar cuando le lancen sus palabras, y tú tendrás que aguantar con él. Es la única manera de que esto funcione. Habrá tiempo para dar puñetazos en la clase de puñetazos. Fuera de eso, no debes darles ninguna razón para que se peleen contigo. ¿Entendido, Kalmar?

—Sí, señora —Kalmar asintió.

—Ahora. Hablemos de clases. ¿Alguno de ustedes sabe con qué cofradía le gustaría empezar?

Los niños miraron a Nia con incertidumbre.

—Esperaba que pudieras enseñarles el lugar —dijo Nia—. Que vean en qué se están metiendo.

—Oy. Empezaremos en la Sala de las Cofradías. Leeli, puedes traer a Brimstone contigo. Parece que le gustas.

Siguieron a la directora Groundwich fuera del despacho y por el largo pasillo. Nia caminaba a su lado e iban recordando sus días de escuela. El andar larguirucho de Olumphia resultaba especialmente extraño junto a la gracia de reina de Nia, pero era fácil imaginarlas a las dos de niñas vagando por las calles de Ban Rona. Se detuvieron al final del pasillo, ante unas puertas de madera.

—¿Listos? —preguntó la directora Groundwich a los niños, y sin esperar respuesta abrió de golpe las puertas.

Janner vio las espaldas de un centenar de cabezas, todas mirando a un hombre situado en una tarima al frente de la sala. La sala estaba abarrotada de niños de todas las formas, tamaños y edades. Estaban sentados sobre pieles extendidas en el suelo de piedra, igual que los adultos se habían sentado en el suelo de la Fortaleza durante el consejo.

El hombre de la tribuna, que llevaba una manzana verde en la mano, dejó de hablar cuando los vio. Todas las cabezas de la sala se volvieron, y todas las miradas se posaron sobre Janner, Kalmar y Leeli.

El silencio estaba cargado de miedo: el miedo de Janner y sus hermanos y el miedo de cien niños vallerinos.

Flotaba en el pasillo como el humo.

18

El destino posterior de Sara Cobbler

El humo llenaba la Fábrica Tenedor. Allí siempre había humo, pero una de las tuberías del horno se había roto y los niños —las herramientas, como los llamaba el supervisor— se afanaban en repararla mientras el humo negro se esparcía por la cámara.

Sara Cobbler se cubrió la cara con la parte delantera de la camisa y se arrastró por debajo de las mesas llenas de fragmentos de metal, pasando por delante de los carros cargados de carbón y piedra, alrededor de los barriles de espadas, tenedores, dagas y puntas de flecha, esquivando los pies de otros niños que corrían hacia la tubería rota para repararla o se alejaban de ella como estaba haciendo Sara.

Las lágrimas le marcaban surcos en la cara cubierta de hollín. Intentaba llegar a la sala de literas para poder tumbarse y descansar por primera vez en más de un día. Quizás el caos creado por la tubería rota proveería una distracción suficiente como para pasar inadvertida. Si la atrapaban, la castigarían, probablemente con más trabajo y menos horas de sueño, y quizás la volvieran a meter en aquel horrible ataúd, pero no le importaba. Estaba tan cansada que incluso diez minutos de sueño valían la pena.

A través del humo y el resplandor rojo del horno, vio la puerta del comedor a un tiro de piedra. Miró a izquierda y derecha para asegurarse de que ninguno de los encargados de mantenimiento la observaba, y luego reunió sus últimas energías y corrió hacia la puerta.

—¿Adónde vas? —le preguntó una voz ronca y arenosa.

Sara se detuvo en la puerta y agachó la cabeza.

¡Crac! Un látigo chasqueó junto a su cara y le zumbaron los oídos.

—Date vuelta, herramienta.

Sara Cobbler se volvió y contempló a un hombre bajito con un traje negro y andrajoso. Tenía un sombrero de copa doblado sobre la cabeza y le sonreía con dientes amarillos mientras enrollaba el látigo. Llevaba guantes sin dedos. Detrás de él, el humo rugía y los niños corrían de un lado a otro, buscando herramientas, tubos y cubos de agua para enfriar el metal que tenían que manipular.

—Otra vez tú —dijo el supervisor—. Fuiste tú quien ayudó a escapar a aquel muchacho. ¿Cómo se llamaba?

—Jan…

—¡Error! No tenía nombre. Y tú tampoco. El Hacedor te ha abandonado (si es que existe) y me ha dejado a mí para que te utilice para mis propios fines. Vuelve a trabajar.

Sara suspiró e intentó dar un paso hacia la estación de limado donde había estado trabajando desde la noche anterior. Pero sus pies no obedecieron. Llevaba de pie más horas de las que podía contar y había utilizado sus últimas fuerzas para correr hacia la puerta. Se desplomó en el suelo y quedó tendida, incapaz de volver a levantarse.

—¡Herramienta! —gritó el supervisor, rechinando los dientes torcidos. Tenía los ojos desorbitados y enloquecidos. Volvió a chasquear el látigo, esta vez tan cerca que hizo crujir el pelo de Sara. El supervisor avanzó cojeando y le aulló, haciendo restallar el látigo una y otra vez, pareciendo disfrutar de que los demás niños de la fábrica hubieran dejado de hacer lo que estuvieran haciendo para contemplar su furia.

Sara yacía entre las cenizas, mirando a través de los mechones de su pelo la rejilla de un horno, imaginando que era la chimenea de una casa como aquella en la que había crecido. Ignoró al supervisor y su cruel látigo y flotó en la música de los recuerdos: su madre cantándole para que se durmiera, su padre silbando en el granero y el triste grito de Janner Igiby llamándola por su nombre mientras salía a caballo de la Fábrica Tenedor y se adentraba en las calles de Dugtown, iluminadas por las antorchas. Janner la había buscado. Le había suplicado. Su mano había estado a escasos centímetros de la de ella mientras le rogaba que se uniera a él. Cómo deseaba haber tenido el valor de seguirlo.

¡Crac! El látigo repicó, y el fuego ya no estaba en una cabaña, sino en las rojas fauces de la parrilla del horno. Janner se había ido y con él toda esperanza de… cualquier cosa. Sara sintió el agarre del supervisor mientras la arrastraba, vio vagamente los ojos apagados de los niños que la miraban pasar, y oyó como desde una gran distancia la voz del supervisor:

—Otro día en el ataúd para ti, herramienta.

Qué bueno, pensó. Por fin podría dormir.

19

Una visita a la Sala de las Cofradías

—¡Directora Groundwich! —dijo el hombre que estaba al frente de la sala—. ¿A quién has traído de visita?

—Buenos días, profesor Fahoon. Olumphia sonrió, y luego, tan rápido como el paso de una página, frunció el ceño ante los estudiantes. Todos se estremecieron como si los hubiera mirado a los ojos al mismo tiempo. Sus bigotes temblaban como pequeñas serpientes a punto de atacar.

—He venido a presentarles a ti y a los cofrades a nuestros tres nuevos alumnos. Son los hijos de Nia Igiby Wingfeather, que resulta ser la reina de Anniera —hizo una pausa—. ¡He *dicho* que es la reina de Anniera!

Fahoon dio un respingo y dejó caer la manzana.

—Lo siento, directora. No es habitual que tengamos invitados de tal categoría. ¡Cofrades! Levántense y hagan una reverencia.

Los niños lo hicieron y Nia les indicó que se sentaran.

—El hijo mayor es Janner, la hija es Leeli, y el que *parece* un Colmillo Gris es, de hecho, Kalmar Wingfeather, que es, por cierto, el rey supremo, ya que su padre cayó en manos de los Colmillos hace muchos años. ¡Oy! —de nuevo, la directora Groundwich hizo una pausa. Como los alumnos no se movieron, bajó la voz hasta un tono aterrador—. *Levántense. Y. Hagan una reverencia.*

Los alumnos se pusieron en pie e hicieron otra reverencia, y Janner pudo oír murmullos entre ellos. Kalmar miró al suelo y agachó las orejas. Nia le dio un codazo a Kalmar y este dijo:

—Gracias.

Su voz rasposa recorrió el pasillo.

—Pueden… eh… sentarse.

Los susurros aumentaron de volumen cuando los niños volvieron a acomodarse en el suelo.

—Procedan —dijo Olumphia tras otra larga mirada, y cerró la puerta.

La tensión desapareció cuando quedaron aislados del vestíbulo, y los hombros de Janner se hundieron de alivio.

—Ya está. Salió mejor de lo que esperaba —Groundwich sonrió a los niños y los condujo fuera de la puerta y por un pasillo cubierto, con Brimstone caminando alegremente junto a Leeli.

Las enredaderas rodeaban las columnas y se aferraban al tejado; las uvas colgaban como caramelos por todas partes. Olumphia arrancó unas cuantas al pasar y dijo a los niños que también podían tomar las que quisieran.

—Leeli, esto te va a gustar —dijo Olumphia—. Brimstone, como puedes ver, ya está entusiasmado.

El perro ladró y corrió delante de ellos hacia el siguiente edificio de piedra. La teja que colgaba sobre la puerta tenía tallada la silueta de un perro; SABUESERÍA, decía. Brimstone movió la cola y dio zarpazos en la entrada.

Olumphia empujó la pesada puerta y salió un coro de ladridos, gemidos y aullidos. Con el ruido llegó el olor a perro y heno, teñido con el olor de los desechos animales. Kalmar dio un respingo y se cubrió la cara, pero los ojos de Leeli se abrieron de par en par. Miró a Nia con incredulidad. El perro de la directora Groundwich salió corriendo por la puerta, y Leeli se apresuró a seguirlo.

El interior de la cámara estaba tan lleno de perros como la Sala de las Cofradías lo estaba de niños. Pero a diferencia de los estudiantes, los perros se alegraban de verlos. Ladraban alegres y rodeaban a los Wingfeather, moviendo la cola, olisqueando las botas y gimoteando para que los acariciaran. Leeli soltó la muleta y abrazó al primer perro que se le acercó. Este le puso una pata tan grande como un platillo en el hombro y le jadeó en la cara. Otro perro se abrió paso por debajo de su otro brazo, y ella se quedó apoyada entre ellos, sonriendo tanto que se le puso la cara rosada. Entonces, los perros trotaron hacia delante y la arrastraron. Leeli chilló de alegría mientras la hacían desfilar por la habitación, perseguida por un tren de perros que ladraban, la mayoría de los cuales eran tan altos como Leeli.

Janner y Kalmar se rieron. Era como si el Hacedor hubiera preparado un lugar solo para su hermana. La directora Groundwich y Nia dejaron a Leeli en su gloria y condujeron a los chicos por la sala hasta la puerta del despacho.

—¿Hola? ¿Biggin? —Groundwich llamó a la puerta mientras la abría—. ¿Biggin O'Sally?

—Biggin se ha ido. Solo estamos nosotros —un muchacho entró pavoneándose por la puerta y se apoyó en ella como si no le importara nada. Llevaba una camisa blanca sin mangas y los pantalones sujetos con tiradores. Inclinó un poco la cabeza para que el mechón de su largo pelo negro que no estaba peinado hacia atrás no le tapara los ojos. Le colgaba de la boca una tira de carne seca, que masticaba mientras observaba a los visitantes sin saludarlos siquiera con la cabeza.

—¿Quién es? —sonó la voz de otro muchacho.

—La directora Groundwich, y algunos otros. Uno es un niño peludo.

Por alguna razón, la forma en que lo dijo no le molestó a Janner. El chico estaba afirmando un hecho, no lanzando un insulto. A Kalmar tampoco pareció molestarle.

—Quiero ver —otro muchacho, un poco más alto pero vestido igual, con el mismo pelo alisado y la misma expresión poco impresionada, apareció en la puerta y miró a Kalmar de arriba abajo—. Oy. Sí que es peludo —dijo, y luego volvió a lo que estaba haciendo.

—Estos son los chicos O'Sally —dijo Olumphia—. ¿Dónde están los demás? Torció el cuello para mirar dentro.

—Con Pá. Entrenando. Afuera —el primer chico olfateó y se tragó un trozo de carne.

—Puedes decírselo, entonces —dijo la directora—. Tiene una nueva alumna. No oiré ninguna queja al respecto. Se llama Leeli Wingfeather, y apuesto a que sabrá hablar canidio, el idioma de los perros, mejor que cualquiera de ustedes al final de la semana.

—No, no lo hará —dijo el chico encogiéndose de hombros—. Nadie puede entrenar mejor que mis hermanos y yo. Ni siquiera Pá, aunque no lo admita. No es mi intención faltarle al respeto, señora.

—No considero que me faltes el respeto, Thorn. Pero te equivocas.

—Eso siempre es posible, señora —Thorn tragó otro bocado de carne y miró por primera vez a Leeli. Estaba sentada sobre un fardo de heno, rascando detrás de las orejas a un perro gris y cantándole. Detrás del perro gris, una docena más se mantenían pacientemente en fila, como esperando su turno—. Muy posible —dijo Thorn, con un gesto de sorpresa.

Una manada de cachorros entró en la sala pisándole los talones a un hombre delgado con una barba tan larga que se la metía en el cinturón.

—Ahí está Pá —dijo Thorn levantando la barbilla, aunque era obvio quién era aquel hombre. Se pavoneaba igual que sus hijos, llevaba el mismo tipo de camisa sin mangas y tirantes, e incluso se había peinado hacia atrás el cabello negro.

El hombre se apoyó en la puerta y saludó con la cabeza a la directora.

—Señora —dijo.

—Profesor O'Sally. Me gustaría presentarte a la alta reina de Anniera y a sus hijos.

O'Sally se inclinó sin chistar y permaneció allí hasta que Nia lo liberó.

—Alteza —dijo—. Es un honor. Bienvenida a la sabuesería.

—Mi hija, Leeli, será tu nueva alumna —dijo Nia—. Trabajará duro y hará lo que se le diga. No quiero que la trates de forma diferente a cualquier otra alumna de nueve años. Si eso significa que tiene que turnarse para palear los residuos, que así sea. Pero tampoco la trates peor.

Leeli había recuperado su muleta y se unió a ellos.

—Oy —O'Sally sonrió a Leeli—. Será bueno tener a una chica cerca. La pondré a cargo de los cachorros. Esta semana tengo doce que necesitan cuidados. ¿Qué te parece?

Leeli se quedó boquiabierta. Intentó decir algo, pero se desplomó en el suelo. Se había desmayado de alegría.

Cuando la despertaron y la acomodaron en el ala de cachorros de la sabuesería, Olumphia Groundwich continuó la visita con Janner y Kalmar. Les enseñó la juguería, donde se exprimían, mezclaban, hervían, endulzaban y enlataban los diversos zumos de ermentina, uva azul, manzana y bayas. De allí se dirigieron a la cabaña del carpintero, donde un profesor de cofradías les hizo un rápido recorrido por las herramientas y los proyectos en curso. Los alumnos estaban construyendo cosas como carros, mazos, cuencos, vallas y rompecráneos. Luego visitaron la clase de cantería, la sala de encuadernación (que le gustó especialmente a Janner), el astillero, la cocina (que le gustó especialmente a Kalmar) y la costurería, donde se aprendía a hacer vestidos y colchas (que a ambos chicos *no* les gustó).

—A su padre le encantaba navegar, o eso he oído —dijo Olumphia—. Les mostraría la velería, pero está en el paseo marítimo y está reservada a nuestros alumnos mayores. Quizás dentro de unos años. Hay una cosa más que quiero mostrarles. Vengan.

Olumphia los acompañó hasta unas escaleras que conducían a la azotea del edificio principal. Desde allí podían ver el campo que había entre la Fortaleza y la escuela. Aquella mañana, cuando llegaron, el campo había estado vacío, pero ahora estaba abarrotado de niños. Algunos corrían y otros saltaban por encima de barriles. Algunos tenían hasta diez perros enganchados a pequeños carros de madera y corrían unos contra otros a lo largo del campo. Otro grupo estaba en fila ante un instructor que parecía estar enseñándoles a dar puñetazos, mientras la fila contraria aprendía a bloquear. Sonó un silbato. Los golpeadores daban puñetazos, los bloqueadores bloqueaban, y los que se equivocaban quedaban con el labio hinchado o el ojo morado. Los profesores los separaban y repetían el ejercicio. De repente, Janner no estuvo seguro de querer ir a la escuela. Luchar contra Kalmar era una cosa; pelearse a puñetazos con una escuela llena de alumnos que los odiaban era otra.

—¿Tenemos que hacer eso? —preguntó.

—No *tienen* que hacerlo —dijo la directora Groundwich—. Pero es eso o la costurería.

Janner suspiró.

—¿Qué ocurre? —preguntó Kalmar, pinchando a Janner en las costillas—. ¿Tienes miedo de tener que luchar contra mí?

—No te pongas tan contento —Janner apartó de un manotazo la mano de Kalmar—. Esos niños son más grandes que tú y les encantaría darle un puñetazo en la cara a un Colmillo Gris.

—Ah. Son demasiado lentos.

—Ya veremos —dijo Janner. Le daba pavor la clase, pero se alegraba de que Kalmar pareciera el luchador de siempre. Janner esperaba que siguiera así. Ya no podía leer el rostro de Kal, así que le preocupaba cuando su hermano estaba callado. En el fondo, temía que un día Kalmar lo mirara con unos ojos que ya no eran azules, sino amarillos y salvajes. Si una clase de puñetazos mantenía a raya al Kalmar silencioso, entonces bien. Janner estaba dispuesto a recibir un puñetazo en la cara.

En algún lugar sonó una bocina. Los corredores, bloqueadores y luchadores del campo vitorearon y corrieron hacia un edificio largo y bajo.

—Esa es la bocina para el almuerzo —dijo la directora—. La excursión ha terminado. ¿Por dónde quieren empezar? Por la mañana, tendrán dos horas en Conferencias y Aprendizaje, seguidas de dos horas en el campo. Después de comer, pasarán el resto de la tarde en la cofradía que hayan elegido.

—Encuadernación —dijo Janner. Su primera elección habría sido la velería, pero se conformaba con esperar a ser mayor si eso significaba que podría pasar las tardes con libros.

Kalmar vaciló.

—¿Hijo? —dijo Nia.

—Yo también —le sonrió a Janner—. Encuadernación. Quiero ir donde va Janner. Si te parece bien.

—No, no me parece bien —Nia adoptó su tono maternal y sin rodeos—. Creo que los dos sabemos que la encuadernación te importa un rábano. Vas a tener que elegir algo que te interese de verdad o el profesor de la cofradía te hará la vida imposible. Se dan cuenta cuando les haces perder el tiempo. ¿Qué *quieres* hacer?

—Bueno —dijo, lanzando una mirada al campo—, ¿puedo hacer esas cosas? ¿Las carreras y… los puñetazos?

—Hay mucho tiempo para eso durante el entrenamiento en el campo —dijo Nia—. Dos horas antes de comer todos los días. Tienes que elegir una cofradía, algo que ponga en práctica tus habilidades.

—Pero yo no tengo ninguna habilidad. No como Janner. ¿Hay alguna cofradía de dibujo?

—No, pero tu formación en T.H.A.G.S. te será útil en muchas cofradías, como la de carpintería.

A Kalmar no parecía entusiasmarle la madera.

—¿Cuáles son tus habilidades, muchacho? —dijo Olumphia, cada vez más impaciente—. Debes de ser bueno en algo.

—Soy rápido. Sé disparar un arco.

Kalmar *era* rápido. Y podía superar a Janner y Podo en tiro con arco. A Janner le costaba imaginar a su hermano pequeño sentado y quieto el tiempo suficiente para disfrutar encuadernando un libro o construyendo una carreta.

—Hay otra opción —dijo Olumphia pensativa, evaluando a Kalmar de pies a cabeza bajo una nueva luz.

—No —dijo Nia—. Es demasiado joven.

—Soy la directora, ¿recuerdas? Puedo tomar las medidas necesarias. Lo permitirán si yo lo apruebo.

—No me refiero a eso, Olumphia. Ya le resultará bastante difícil con alumnos de su edad. Todos serán mayores —Nia tomó el codo de Olumphia y le dirigió una mirada firme—. Y más malos.

La directora Groundwich la ignoró y se agachó para mirar a Kalmar a los ojos.

—Muchacho, existe una cofradía como la que preguntabas. Pero suele estar reservada a estudiantes mayores. ¿Cuántos años tienes?

—Once.

—Estarás en una clase con niños de trece años. Chicos y chicas mucho más altos que tú. ¿Estás seguro?

Kalmar no parecía seguro, pero dijo:

—Sí, señora.

—Kalmar, saldrás lastimado —dijo Nia.

—Si lo que dice el abuelo es cierto, saldré lastimado de todos modos, ¿no?

Nia no tenía respuesta, así que habló Olumphia.

—Oy. Vas a salir lastimado. Pero, al menos, así sabrás defenderte. También aprenderás a escabullirte. La Cofradía Durgan es para espías y luchadores. Si tu madre lo permite, yo también.

Kalmar imploró a Nia con la mirada.

Finalmente, Nia suspiró y dijo:

—Bueno.

Kalmar soltó un aullido de entusiasmo.

Janner pensó que estaba loco. Los niños vallerinos eran altos y fuertes y estaban acostumbrados a luchar. Dos horas en el campo todos los días iba a ser bastante aterrador.

La encuadernación, en cambio, sonaba de maravilla. Además, los niños que eligieran la encuadernación como cofradía probablemente también serían lectores y amantes de los libros, lo que significaba que, por primera vez, Janner tendría a alguien con quién hablar de libros (alguien que no fuera Oskar N. Reteep, en cualquier caso). Por primera vez desde que llegaron a los Valles Verdes, Janner pensó que podría hacer amigos, amigos *de verdad*, no como los hermanos Blaggus de Glipwood, que solo servían para reírse y jugar al zibzy. Amigos con los que pudiera leer, escribir y hablar, amigos a los que seguiría conociendo cuando fuera mayor, como Nia y Olumphia, o Podo y Willie Buzzard. Janner se moría de ganas de encuadernar.

—Puedes unirte a la Cofradía Durgan —dijo Nia, levantando un dedo—. Pero con una condición. Miró a Janner.

Janner devolvió la mirada un instante, sin comprender. Luego, sus ojos se abrieron de par en par y un calor furioso subió a su pecho. Retrocedió un paso.

—No puedes hablar en serio.

Nia no pareció sorprendida por su arrebato.

Janner miró directo a Kalmar.

—¿Por qué no podías elegir una cofradía normal? ¿Qué tiene de malo la juguería? ¡O la cocina! ¡Podrías comer todo el día y no te darían ni *un* puñetazo!

—No fue mi intención…

—Nunca es tu intención —Janner se cruzó de brazos y se dio la vuelta.

—Janner, escucha —dijo Nia con suavidad—, cuanto más lo pienso, más creo que Olumphia tiene razón. Sería bueno que tu hermano estuviera en la Cofradía Durgan. Si quiere ganarse el respeto y la confianza de los vallerinos, esta podría ser la mejor forma de hacerlo.

—Pero ¿por qué siempre parece que el mundo gira alrededor *de él*? —Janner era consciente de que estaba haciendo un berrinche y quedando en ridículo, pero no le importaba—. ¿Por qué no puede irse a que le den una paliza sin mí?

—Porque te va a necesitar. Si estuviera en la cocina, estaría bien. Pero la Cofradía Durgan es otra cosa.

—¿Y qué hay de *mí*? —Janner se golpeó el pecho y miró a su madre.

—Eres el guardián del trono —respondió ella.

Janner puso los ojos en blanco. Ahora mismo no quería ser el guardián del trono. Quería ser un niño con un libro bajo un árbol o en un barco en el puerto. Quería bajar pisando fuerte las escaleras y correr hasta que no pudiera correr más. Y *no quería* aprender a luchar, sobre todo si eso significaba que lo metieran en una clase de crueles niños de trece años. Ya se había cansado de luchar en la Fábrica Tenedor.

—Pero no quiero ser el guardián del trono —dijo Janner con toda la amargura que pudo reunir.

—Lo comprendo —dijo Nia. Janner había planeado llevarla al límite con aquel comentario, pero ella no pareció sorprenderse—. A veces, no quiero ser la reina. Pero lo que quiero no cambia lo que soy. Eres el guardián del trono. Yo soy tu madre. Kalmar es tu hermano. Toda tu ira no puede cambiar esos hechos.

—Janner, no tengo problema con la encuadernación —dijo Kalmar—. O la cocina. Me encantaría aprender a cocinar. Olvidemos todo el asunto de la Cofradía Durgan.

Janner miró a lo lejos y apretó la mandíbula.

Intentó no hacerlo, pero no pudo evitar imaginarse al tío Artham mirándolo con decepción. Janner odiaba admitirlo, pero sabía que lo correcto era proteger a su hermano —no solo de los estudiantes de la Sala de las Cofradías, sino también de Colmillos y abomachacadores e incluso de Gnag el Sin Nombre—, y aprender a ser un guerrero espía seguro que sería de más ayuda que aprender a cocinar o a encuadernar libros.

El corazón de Janner seguía duro y caliente, pero suspiró y dijo:

—Está bien.

Olumphia se aclaró la garganta.

—¡Oy! Me alegro de que todo se haya solucionado. Vamos a comer.

20

La Cofradía Durgan

Las joyas de Anniera se sentaron a la mesa con su madre y la directora Groundwich y almorzaron carne de gallina ahumada con pan integral. La sala era larga, de techo bajo y con muchas ventanas. Una mesa en la parte delantera tenía varios platos de carne de gallina junto con totatas y manzanas, y junto a los platos había montones de crujientes hogazas de pan.

La fila de cofrades se había reducido a unos pocos cuando llegaron los Wingfeather, por lo que todos los presentes los vieron entrar, tomar la comida y seguir a la directora Groundwich hasta una mesa vacía. Thorn O'Sally ya había traído a Leeli de la sabuesería y le había dado un plato de comida antes de irse a comer con sus amigos.

Janner estaba tan irritado que apenas se dio cuenta de que los alumnos observaban cada movimiento de su hermano. Nia y Olumphia charlaban de los viejos tiempos mientras los niños comían en silencio. Leeli se dio cuenta de que Janner estaba enfadado, así que contuvo su regocijo por la sabuesería.

Cuando los platos estuvieron limpios y sonó una bocina, los alumnos salieron en fila del comedor y se dirigieron a sus cofradías. Nia abrazó a cada uno de los niños, les dijo que los recogería dentro de unas horas y se marchó. La directora Groundwich se volvió hacia ellos y sonrió. Janner intentó convencerse de que no iba a pasar nada malo.

—Bueno, mis nuevos cofrades —dijo Olumphia, limpiándose las migas de los bigotes alrededor de la boca—, ha llegado el momento.

Los condujo de vuelta hacia la sabuesería en silencio.

—Leeli, el profesor O'Sally te espera para tu primera tarde en la Cofradía de Sabuesos —dijo Olumphia cuando se acercaron a la puerta—. Estarás aquí el resto del día con una clase llena de cofrades. Le he pedido a O'Sally que te cuide, sobre todo al principio. Creo que te caerá bien. Biggin y sus muchachos son extraños, pero conocen a los perros mejor que nadie en la ciudad. Haz lo que te diga. Llámalo «profesor O'Sally» hasta que él te indique otra cosa. ¿Alguna pregunta?

Leeli sacudió la cabeza y respiró hondo. Sonrió a Janner y Kalmar, pero Janner se dio cuenta de que estaba nerviosa. Quería decirle que se animara, que al menos no le iban a dar una paliza, pero cambió de idea.

—Estarás bien —le dijo Janner, y le dio un rápido abrazo—. Nos veremos dentro de un rato.

Kalmar le apretó el brazo y sonrió, y entonces Leeli entró en la sabuesería. La recibieron tantos perros que estuvo a punto de caerse. La puerta se cerró con el sonido de su risa.

La directora ya se alejaba a grandes zancadas, y los chicos corrieron para alcanzarla. Siguieron una pasarela hasta el borde de un patio de baldosas, donde ella se detuvo y extendió una mano para pedir silencio. Janner contó catorce estudiantes sentados en círculo en el centro del patio, observando a otros dos estudiantes mientras se revolcaban por el suelo en un combate feroz. Un hombre estaba sentado entre los estudiantes del círculo, señalando a los luchadores y hablando de vez en cuando.

—Esta —dijo Olumphia con voz apenas por encima de un susurro— es la Cofradía Durgan. Es la más antigua de las cofradías vallerinas y debe su nombre a Connolin Durga. ¡Oy! —les dirigió a los chicos una mirada significativa, como si debieran saber quién era Connolin Durga, pero solo obtuvo miradas vacías—. Pah. ¿Quieren decirme que su madre no les enseñó nada de historia vallerina? Bueno. Vieron la estatua del patio, ¿verdad? El hombre del caballo era Connolin Durga, uno de los grandes guerreros de nuestra tierra. Expulsó a los correcumbres en la Segunda Época, cuando invadieron e incendiaron los Valles exteriores. Infestaron los Valles como cucarachas, colándose en casas y graneros por la noche para quemarlos y ahuyentarnos. Los incendios de las casas prendieron fuego a los árboles y se consumieron cientos de kilómetros de huertos. ¡Hectáreas enteras de fruta, desaparecidas! ¡Fruta! —volvió a mirar a los chicos para asegurarse de que apreciaban la gravedad de la pérdida. Ellos fingieron estar conmocionados, y ella continuó—: Connolin Durga fue el único jefe lo bastante astuto como para reunirnos en medio del caos para derrotar a los correcumbres y a sus aliados. El Banick Durga lleva su nombre, al igual que el Finnick Durga. La Cofradía Durgan es una hermandad de guerreros y espías.

—¿Espías? —susurró Kalmar.

—Oy. Desde que tenemos memoria, los correcumbres se han colado en nuestras fronteras para robar fruta, animales y herramientas, pero sobre todo fruta, los pequeños birladores. Les encanta, ¿y quién puede culparlos? De hecho, comerciamos un poco con ellos, bajo los protocolos más estrictos, por supuesto, y solo en la frontera. Pero parece que su apetito furtivo no tiene fin. Nuestros durganos contrarrestan sus esfuerzos. Ahora, por supuesto, no solo luchamos contra los correcumbres. También están los Colmillos y los hendidos.

A pesar de lo molesto que se había sentido Janner, le estaba gustando la idea de atravesar los bosques con una compañía de compañeros vigilantes, enviando señales a la luz de la luna y persiguiendo a los correcumbres por colinas y valles.

—Ese es el maestro Clout —Olumphia resopló—. Es un hombre despreciable. Arrogante, malhumorado y grosero —lo miró fijamente durante un momento y murmuró:

—Me casaría con ese viejo charlatán antes de lo que tardaría en arrancarme un bigote. Pero actúa como si yo no existiera. Un hombre despreciable.

La directora se rascó la mandíbula huesuda con una mano y se revolvió un mechón de pelo con la otra. Janner se la imaginó de niña, larguirucha y marginada, espiando a sus compañeras más populares desde detrás de un seto.

—Despreciable o no, es el mejor profesor de la técnica de Durgan que he visto jamás. Los evaluará durante dos meses y, si pasan la prueba, están adentro. ¿Está claro? Bien.

Olumphia se enderezó y se tiró de las mangas para disimular sus nudosas muñecas. Contuvo la respiración, se arrancó otro bigote, lo arrojó a los arbustos y entró en el patio a grandes zancadas justo en el momento en que una de las dos alumnas del cuadrilátero recibía un puñetazo de la otra en la cara. La chica golpeada giró una vez sobre sí misma y se desplomó en el suelo. Olumphia cruzó el patio con la mano extendida, pasando por encima de la estudiante que gemía, sin mirarla siquiera.

Cuando Janner y Kalmar se acercaron al círculo, los cofrades retrocedieron y flanquearon al maestro de cofradía, sin molestarse en disimular la expresión de disgusto de sus rostros. Miraron a Kalmar con el ceño fruncido y parecían dispuestos a abalanzarse sobre él.

Janner sintió un cosquilleo en los brazos y los hombros ante la clara sensación de peligro. La última vez que había sentido un cosquilleo semejante en la piel fue cuando los buitres punzantes se abalanzaron sobre él y Maraly en el pico nevado de la Nariz de la Bruja. Le costó mantenerse firme y no agarrar a Kalmar y salir corriendo.

—Directora Groundwich —dijo el hombre con voz amenazadora—. No está bien interrumpir a la Cofradía Durgan. Ya hemos hablado de esto antes. Necesito privacidad y concentración.

—Profesor Clout —el tono oscuro de Olumphia era igual al de Clout, pero parecía aún más amenazador porque era al menos un palmo más alta. Además, tenía ocho bigotes—. Como directora de esta institución, me reservo el derecho a interrumpirte cuantas veces quiera. Si quieres que lo solucionemos a golpes, estoy dispuesta —se subió las mangas del vestido, mostrando sus nudosos codos, y cerró las manos en puños. Cuando los músculos de sus antebrazos se flexionaron, parecía un abomachacador sin pelaje.

—Eso no será necesario —dijo Clout, mirando de reojo a sus alumnos. Janner sospechaba que no quería perder una pelea delante de sus cofrades—. ¿Qué puedo hacer por usted, directora Groundwich? Espero que no haya venido a matricular a este muchacho escuálido y a su mascota.

Los cofrades soltaron una risita. Clout los silenció con un gesto de la mano.

—He venido a inscribir a Janner y Kalmar Wingfeather en la Cofradía Durgan. Janner es el guardián del trono de Anniera, y Kalmar el rey supremo. Oy, me oíste bien.

—Pero no tienen edad suficiente. Si ellos tienen trece años, yo soy un cesto de bayas. No lo permitiré.

—Tienen once y doce años, y nuestra larga alianza con la Isla Luminosa exige que estemos dispuestos a hacer una excepción.

—Estarán destrozados al final del día, directora. No quiero provocar la ira de su madre.

—Apuesto a que tampoco la de su abuelo —dijo Olumphia con sorna.

—No fue una pelea justa —espetó el profesor—. Su pata de palo bien podría ser un arma.

—Solo te pido que los evalúes durante dos meses, como harías con cualquier otro cofrade. ¡Oy! Por las cicatrices del mayor, sé que ha visto más acción que todos estos alumnos. Janner, ¿con cuántos Colmillos has luchado?

—¿Señora? Eh, no lo sé —Janner se sobresaltó al verse introducido en la conversación—. Uno con espada, varios con flechas. ¿Diez, quizás?

Olumphia se cruzó de brazos y pareció complacida por la sorpresa en los rostros de los estudiantes.

—¿Con cuántos Colmillos han luchado tus cofrades? —preguntó a Clout.

—Ya sabe la respuesta, directora.

—¿Con cuántos?

—Ninguno —dijo Clout entre dientes—. Bien. Permitiré que se quede el mayor. Pero no el Colmillo.

Olumphia dio un paso más hacia Clout.

—Te prohíbo que llames Colmillo al chico. Admito que lo parece. Pero sus ojos lo dicen todo. No es un Colmillo. Es el rey supremo, y merece tu respeto. Kalmar —dijo, sin dejar de sostenerle la mirada a Clout—. ¿A cuántos Colmillos has matado?

—Veintisiete —dijo Kalmar sin vacilar. Janner lo miró sorprendido. Sabía que Kalmar había disparado a muchos Colmillos en el Puente de Miller, pero no sabía que hubiera llevado la cuenta. Ahora, los cofrades cuchicheaban entre ellos. Su sorpresa se convirtió en un silencioso entusiasmo.

El profesor Clout suspiró.

—Los evaluaré durante dos meses. Pero si para entonces no están preparados, se acabó. No los consentiré solo porque sean de la realeza. Y no está permitido entrometerse. ¿Entendido?

—Entendido —dijo Olumphia.

—No te estaba preguntando *a ti* —dijo Clout. Se apartó de Olumphia y se alzó sobre los chicos Wingfeather—. ¿Entendido?

—Sí, señor —dijeron los hermanos.

—Entonces está decidido —dijo Olumphia—. Janner, Kalmar, enviaré a su madre a recogerlos esta tarde. Profesor Clout, son todos tuyos —asintió a Clout y se marchó con grandes zancadas.

En cuanto dobló la esquina del edificio y se perdió de vista, Clout dijo:

—¡Fórmense en un círculo!

Janner y Kalmar siguieron mientras los cofrades formaban un círculo y se sentaban a esperar instrucciones.

—Brosa. Larnik —dijo Clout. Los dos chicos más grandes se pusieron en pie—. Janner y Kalmar, ¿verdad?

Asintieron y tragaron saliva al unísono.

—Comiencen —el profesor Clout salió del círculo mientras Brosa y Larnik, con gruñidos escalofriantes, saltaban sobre los chicos Wingfeather y dejaban volar sus puños.

21

Una visita en la noche

A Janner le dolía la mandíbula. En realidad, no le habían dado un puñetazo en la cara (el maestro Clout lo había prohibido ya que eran novatos), pero el chico llamado Brosa le había clavado la cabeza a Janner en el suelo con la rodilla. El otro chico, Larnik, le había dado una patada en el estómago, y se había tropezado con Kalmar, golpeándose el codo. Incluso le dolía el pelo porque, por desgracia, Clout *no* había prohibido que le tiraran del cabello, y Brosa se lo había arrancado de a puñados.

A Kalmar le había ido mejor, pero solo porque Larnik era más lento y le había costado mucho atraparlo. Incluso cuando Larnik conseguía inmovilizar a Kalmar, hacía muecas al contacto con su pelaje, como si su condición de Colmillo fuera una enfermedad que no quería contraer.

Al cabo de quince minutos que a Janner le parecieron quince horas, el maestro de gremio Clout agitó una mano y los dos brutos volvieron al borde del círculo. Janner y Kalmar quedaron aturdidos, gimiendo y sin aliento en el centro del círculo, intentando ignorar las risitas de los demás cofrades.

Una vez recuperados, Clout disertó durante una hora sobre la historia de la Patrulla Durgan entre los años 230 y 262, cuando Ban Hynh se había visto implicado en una operación ilegal de contrabando de fruta. Sin embargo, en cuanto Janner y Kalmar recuperaron el aliento, Clout puso a todos los cofrades a correr y a saltar dando palmas.

Los chicos se reunieron con Leeli en la entrada de la sabuesería, y Janner cojeó con sus hermanos hasta la estatua de Connolin Durga para esperar a Nia. En su miserable estado, avanzaba tan despacio que fueron los últimos cofrades en llegar al patio. Nia saludó a Leeli y a los chicos sin ninguna muestra de lástima, lo cual hizo que Janner se molestara otra vez.

Mientras regresaban a la Colina de la Chimenea en la carreta, Janner sentía su interior tan oscuro como los moretones que ya coloreaban sus brazos. Por un momento fugaz antes de que empezara la clase, pensó que Kalmar había elegido la mejor cofradía, pero ahora sentía que lo habían tratado injustamente y quería que su madre, su hermano y su hermana lo supieran. Eligió sentarse en el banco trasero del carruaje, donde se desplomó en su asiento e hizo un mohín, esperando que se dieran cuenta de su silencio, y casi los desafió a que le hablaran.

Leeli, por supuesto, fue quien lo hizo. Se volvió y dijo:

—¿Hay algo que pueda hacer?

Era lo único que ella podía decir a lo cual él no pudiera responder con ira, y eso frustró aún más a Janner. Si ella le hubiera preguntado qué le pasaba, Janner le habría respondido con un tono perfectamente insolente. Si le hubiera dicho que se animara, él habría gruñido algo sobre lo alegre que estaría si hubiera jugado con cachorros todo el día. Si ella hubiera intentado hacer algo gracioso para animarlo, él habría ladrado que lamentaba no estar de humor para juegos.

Pero «¿Hay algo que pueda hacer?» echó agua fresca sobre su fuego. Le comunicó que a su hermana le importaba. Le dijo que se daba cuenta de que necesitaba algo, aunque no supiera qué. Le transmitió que se dolía con él.

Janner se limitó a decir: «No. Pero gracias».

Kalmar cabalgaba junto a Nia y no daba muestras de estar herido, dolorido o preocupado. Señaló varias casas, escuchó a Nia hablar de Ban Rona, le hizo preguntas sobre su juventud y siguió adelante de un modo bastante inaceptable, pensó Janner, dado lo disgustado que él mismo se sentía. Cuando Leeli se volvió hacia el frente, Janner volvió a enfurruñarse durante el resto del trayecto.

El carruaje cruzó el puente del arroyo y subió la colina justo cuando el sol lanzaba sus últimos rayos sobre el campo. La Colina de la Chimenea era hermosa, y su vista mejoró el humor de Janner. A pesar de lo mal que había ido la escuela, la visión de la vieja casa de piedra con sus ramas de árbol que salían desde el interior, salpicada de luz solar y resplandeciente de bienvenida, era un bálsamo para las magulladuras de Janner.

Freva salió de la casa con la pequeña Bonnie detrás. La sirvienta movía la cabeza de arriba abajo como un pájaro mientras tomaba las riendas de Nia, subía a su hija al carruaje y conducía los caballos al granero.

—¿Dónde está su marido? —preguntó Kalmar.

—Murió hace tres años, justo antes de que naciera Bonnie —Nia observó cómo la joven y su hija desaparecían en el granero—. Era vendedor de manzanas y viajaba de ciudad en ciudad, cuando en algún lugar entre Ban Rugan y los Valles exteriores, lo atacaron y lo mataron. Fue un hendido.

—Eso es terrible —dijo Leeli.

—Sí, lo es —respondió Nia—, y ha sido muy duro para ella.

Janner sabía que estaba pensando en Esben.

Cuando entraron en la casa, olía a festín. Bonifer Squoon, Oskar y Podo estaban sentados alrededor del fuego, rugiendo de risa, cada uno acunando una pipa en una mano y una taza de algo caliente en la otra. Podo parecía haber envejecido diez años desde aquella mañana. No parecía faltarle salud; tan solo parecía de su edad, como un anciano feliz de estar rodeado de su progenie… no como un viejo marinero que lucha cada día por mantenerse lo bastante joven como para llevar a su familia a través del peligro. Era como un sol poniente, más débil y apagado, pero con una belleza adecuada. El fuego de sus días se consumía, y Janner se sintió feliz y triste por él al mismo tiempo. Podo se alegró cuando entraron los niños, levantó su taza en un brindis y luego volvió a su conversación.

—Aséense y bajen a cenar —dijo Nia.

Leeli subió las escaleras de un salto, y Kalmar la persiguió, gruñendo como un cachorro. Janner se volvió para seguirlos, pero Nia tiró de él y lo abrazó. De algún modo, sabía cómo apretar lo suficiente para que Janner sintiera su amor, pero no tanto como para hacerle daño.

—Eres el chico más valiente que conozco —susurró. Él sintió el calor de su respiración mientras hablaba. Nia le besó la cabeza y lo envió escaleras arriba.

Mientras se lavaba y se ponía la ropa de dormir, Janner luchó por aferrarse a su rabia, pero al final se dio cuenta de que no podía. Bajó las escaleras y encontró a todos esperándolo en la larga mesa, iluminada con velas y repleta de pastel de carne de gallina.

—Mi favorito —dijo con una sonrisa que se reflejó en todas las demás caras.

—Lo sé —susurró Nia.

Durante la cena, Podo exigió que le contaran la historia que había detrás de cada moratón del cuerpo de los chicos. Murmuró cosas irrepetibles sobre Brosa y Larnik, hizo muecas de dolor ante algunas heridas y sonrió ante otras. Le preguntó a Leeli por los cachorros y por los chicos O'Sally y rugió de risa cuando supo que se había desmayado de felicidad.

Freva asomó la cabeza desde la cocina.

—Alteza, si todo está listo por ahora, iré al establo a dar de comer a los animales. Aún tengo que cepillar a los caballos.

—Estamos bien, Freva. Gracias —dijo Nia.

—Vamos, Bonnie. Dejemos a esta buena gente con su comida.

Bonnie se asomó por el respaldo del sofá, donde había estado jugando con una cabrita de juguete.

—Puede quedarse aquí hasta que termines —dijo Nia—. No es ninguna molestia.

—¡Yo cuidaré de ella! —dijo Leeli, haciéndole un lugar en su silla—. Bonnie, ven a sentarte conmigo.

Freva cedió e hizo una reverencia para salir de la habitación, mientras su hija se acercaba sigilosamente a Leeli y apoyaba la cabeza en su hombro.

—¡Janner! —dijo Oskar, aplaudiendo tan vigorosamente que le temblaba la papada—. ¡He pasado un día espléndido con Bonifer! Visitamos la biblioteca de Ban Rona. No lo vas a creer, muchacho. Estanterías hasta donde alcanza la vista, escritorios en los que puedes sentarte y trabajar durante horas sin que te molesten, galerías de mapas, pinturas y murales… Te va a encantar.

—Desde luego —dijo Bonifer—. Y hay una bibliotecaria que puede ayudarte a encontrar lo que quieras.

—Si no tienes miedo de su mirada malvada, claro —Oskar se estremeció—. Me pone los pelos de punta.

Terminaron de comer y llevaron la conversación a la chimenea, donde los adultos se acomodaron en las sillas y los niños (incluida la pequeña Bonnie) se sentaron en la alfombra. Se sentía como en los viejos tiempos en Glipwood, cuando solían escuchar las historias de Podo acerca del mar, antes de saber que su padre había sido rey, o que su abuelo había sido perseguido por dragones, o que Gnag el Sin Nombre estaba buscando las joyas de Anniera por todo Kistamos.

En muchas ocasiones desde que comenzó su aventura, Janner había deseado que las cosas volvieran a ser como antes, pero esta noche no era una de ellas. Tenía recuerdos agradables del tiempo que pasó con su familia en la cabaña Igiby, pero siempre había habido, al otro lado de la puerta, una noche embrujada por Colmillos merodeadores y un carruaje negro errante. Aquí, en los Valles Verdes, tenían el fuego, las historias y la buena comida, pero nada del miedo. La desconfianza de los vallerinos, junto con su tendencia a utilizar los puños, era un problema, pero al menos no querían matar a nadie ni llevárselo en un carruaje espeluznante.

Janner se tumbó boca arriba y cerró los ojos, sintiendo el calor del fuego en la mejilla y la suave piel de la alfombra bajo él. El dolor agudo de sus rasguños había desaparecido, el dolor persistente de sus magulladuras de la escuela se había desvanecido y una barriga llena de pastel de carne de gallina lo adormecía mientras escuchaba hablar a Oskar.

—Muchacho, Bonifer ha sido una ayuda inestimable hoy. Ha convencido a esa espantosa bibliotecaria para que me ayude a encontrar lo que necesito para completar mi traducción del Primer Libro.

Janner casi se había olvidado del Primer Libro que le había dejado su padre. Lo poco que Oskar ya había traducido parecía ser una historia de Anniera; era medianamente interesante, pero Janner no tenía energía para preocuparse en aquel momento.

Oskar se frotó las manos.

—¿No es espléndido? Si las cosas siguen yendo tan bien como hoy, creo que podríamos tener todo el volumen traducido del viejo vallerino en un mes, quizás cinco.

—Qué bueno —dijo Janner con un bostezo.

—Sin duda —dijo Bonifer, aspirando su pipa—. Estaré encantado de ayudar en todo lo que pueda. Estoy seguro de que en esas viejas hojas se esconden todo tipo de misterios e historias. Y deben ser muy importantes, o Esben no habría arriesgado todo para hacértelas llegar.

—Lo importante es que estos niños duerman bien antes de ir mañana a la escuela —dijo Nia, y los niños gimieron. La cama de Janner parecía estar a kilómetros de distancia.

—¿Puede el abuelo contarnos un cuento antes? —preguntó Leeli, subiéndose al regazo de Podo.

—Uno corto —dijo Nia, mientras miraba con dureza a Podo—. Y lo digo en serio. No puedes tenerlos despiertos toda la noche, papá. No si esperas que Janner y Kalmar se defiendan en la Cofradía Durgan.

—Sí, sí. Uno corto. ¿De qué puede ser?

—¿Por qué no les cuentas la vez que Esben y Artham corrieron una carrera de un extremo a otro de la isla? —dijo Bonifer—. Creo recordar que tenía algo que ver con un barco.

Podo rio entre dientes.

—Sí, esa es buena.

Janner se sacudió el sueño y se sentó de espaldas al fuego. Si la historia tenía que ver con su padre, quería oírla.

—Bueno —comenzó Podo—, tu madre había preparado una olla de sopa de frijoles y masa, la favorita de tu padre. También era la favorita de Artham. Se pelearon por quién se comería el último cuenco. Tu padre dijo que le tocaba a él porque era el rey. Artham dijo que la realeza no importaba cuando se trataba de sopa de frijoles y masa y, además, él era mayor.

—Se comportaban como niños —dijo Nia, intentando no sonreír.

—Bueno, una cosa llevó a la otra, y pronto se pelearon por quién iba a eliminar a la *Estrella de Plata*.

—¿Qué es la *Estrella de Plata*? —preguntó Kalmar.

—Ah. El barco más hermoso del mar —dijo Podo—. Era elegante y grácil. Pero no era un barco grande. A Esben le gustaban pequeños y rápidos. Apto para cinco o seis pasajeros como máximo. Una sola persona podía manejarlo, y Esben y Artham se turnaban para navegarlo. Bueno, en un abrir y cerrar de ojos...

Un golpe en la puerta interrumpió a Podo. Todos los presentes dieron un respingo. Podo y Nia se miraron, preguntándose por qué alguien llamaría tan tarde. Los golpes continuaron y Podo cojeó hacia la puerta. Cuando llegó, agarró el hueso de su pierna y dijo:

—¿Quién es?

—Abran la puerta —respondió una voz grave—.

—¡Es Rudric! —exclamó Nia—. Papá, déjalo entrar.

Cuando Podo abrió la puerta, Rudric entró como un remolino, ignorando la mano tendida de Podo. Iba vestido de negro de pies a cabeza, llevaba una capa y se parecía tanto a una versión gigante de la Espada Florida que Janner tuvo que recordarse a sí mismo que Gammon estaba en Kimera, no en los Valles Verdes.

—¡Nia! —dijo—. Me alegro de que estés a salvo. Tenía que asegurarme de que estaban todos adentro.

—¿Qué sucede? ¿Y por qué vas vestido como un Durgan? —preguntó Nia.

—Puede que yo sea el custodio, pero también soy el jefe de la Patrulla Durgan. Escucha —dijo echando un rápido vistazo a su alrededor—, ¿están todos aquí? ¿Están todos en la casa?

—Sí, pero... ¿por qué? —preguntó Nia.

—Acabamos de recibir noticias de la patrulla de Ban Yurga. Hay un hendido suelto en los Valles.

—¿Tan al oeste? —Podo levantó el bastón y miró por la puerta—. ¿Cómo ha llegado hasta aquí desde el Bosque Negro?

—Lo persiguen desde anoche. Se escabulló de la Guardia Durgan en los Valles exteriores. Dieron la alarma y lo persiguieron, y lo han estado cazando desde entonces. Me acaban de informar que podría estar acercándose a Ban Rona.

—¿Qué tamaño tiene? ¿Qué clase de hendido es? —preguntó Bonifer.

—No lo sé. Solo necesitaba saber que estaban todos a salvo y adentro. Los hendidos se han vuelto más audaces en los últimos años. Esto ya no es tan inusual como antes... aunque los monstruos nunca han llegado tan lejos como a Ban Rona.

—Me alegro de que hayas venido, Rudric —dijo Nia—. Gracias. Como puedes ver, estamos todos aquí.

Entonces, Janner oyó hablar por primera vez a la pequeña Bonnie.

—¿Dónde está mamá? —preguntó.

Un alarido quebró el aire. Venía desde el granero.

—¡Freva! —gritó Nia.

22

Un hendido en el patio

Rudric desapareció antes de que se apagara el grito. Podo salió cojeando tras él, blandiendo ya el hueso de la pierna y bramando maldiciones contra el mal del mundo. Janner y Kalmar se pusieron en pie en un instante, pero Nia cruzó corriendo la habitación y cerró la puerta de un portazo.

—Nadie sale. ¡Chicos! Lleven a Leeli arriba y a su habitación. Cierren la puerta y manténganse lejos de las ventanas.

Janner y Kalmar sabían que no tenía sentido cuestionarla, así que tomaron cada uno un brazo de Leeli y subieron corriendo las escaleras.

Mientras corrían, Janner oyó decir a Nia:

—¡Bonifer! ¿Dónde están las armas? Tiene que haber armas en alguna parte.

—En el armario de la cocina, creo. ¡Que el Hacedor nos ayude!

Janner cerró la puerta del dormitorio de los chicos y metió una silla bajo el picaporte. Leeli se acurrucó en la litera de Janner y cantó para sí mientras Kalmar corría directamente hacia la ventana. Janner no entendía qué pasaba afuera ni por qué su madre había dado la orden, pero la desobediencia de Kalmar despertó su ira dormida.

—Kal, *¡no!* ¡Mamá dijo que te mantuvieras alejado de la ventana! —Janner lo agarró del brazo y tiró de él hacia atrás—. ¿Por qué no puedes hacer lo que se te dice?

—¡No está cerrada! —espetó Kalmar—. La abrimos anoche, ¿recuerdas? —Kalmar echó hacia atrás las cortinas y cerró la ventana.

Janner abrió la boca para disculparse, pero no le salieron las palabras. Se sintió como un tonto.

Antes de que las cortinas volvieran a su sitio, él y Kalmar echaron un vistazo al patio iluminado por la luna, más allá de las ramas del árbol. En la sombra de los árboles, vieron una forma, una gran masa de criatura tambaleante. Era más alta que un hombre, y resoplaba y gruñía. Aunque la ventana estaba cerrada, Janner percibió un olor penetrante que le hizo pensar en sudor y basura. La criatura estaba ennegrecida por las sombras mientras se encorvaba por el patio, pero la luz de la luna brillaba en su espalda abultada y deforme; a Janner le pareció que los órganos internos del monstruo crecían a través de su piel y colgaban de su carne.

Justo antes de que la cortina tapara la ventana, Janner vio que la cosa se volvía y los miraba. Sus ojos se clavaron en los de Janner, y una sacudida como un relámpago lo golpeó tan fuerte que cayó hacia atrás y se desparramó por el suelo, derribando a su hermano. Sintió que Kalmar se retorcía a su lado y oyó cantar a Leeli, pero ambas sensaciones eran distantes y oníricas.

La cabeza de Janner se agitó, su visión se nubló y vio en su mente una mazmorra chorreante e iluminada con antorchas. Oyó lamentos y el tintineo de cadenas, y en su mente se formaron palabras. Al principio le parecieron extrañas, pero se convirtieron en algo que entendía, pronunciadas con una voz monstruosa: un gruñido profundo y burbujeante:

Los encontraré.
Merodearé por la faz de Kistamos.
Los olfatearé
dondequiera que estén
y cuando lo haga,
los sostendré con fuerza.
Para siempre.

Las palabras «para siempre» sacudieron el cráneo de Janner y la visión se desvaneció.

Se incorporó, parpadeando para alejar el dolor que sentía entre las orejas. ¿Dónde estaba? Oyó un vago golpeteo, pero no podía estar seguro de qué era. Vio a Kalmar tendido en el suelo, aturdido, y a Leeli sentada en la cama, en la oscuridad, con la mirada perdida. Un ruido sordo y constante atravesó su confusión. Alguien llamaba a la puerta. Janner recordó dónde estaba, recordó haber cerrado la puerta…

—¡Niños! ¿Están bien? —era la voz de Nia.

Janner se puso en pie con dificultad, aún inseguro de lo que había sucedido, aún conmocionado tanto por la visión de la horrible criatura del exterior como por la voz que había goteado palabras en su mente. Apartó la silla de la puerta y la destrabó. Nia irrumpió en la habitación en un torrente de luz de farol.

—¿Están bien? —abrazó a Janner, puso en pie a Kalmar y se arrodilló junto a Leeli, apartándole el pelo de la cara—. Los oí gritar. ¿Qué pasó?

—Lo vi —susurró Kalmar.

—Yo *sentí* algo: una tristeza terrible —dijo Leeli—, y... y algo caliente. Adentro. Aquí —se señaló el corazón—. No sé lo que era, pero dolía.

—¿Janner? —preguntó Nia.

—Yo lo escuché. Palabras. No sé si era la criatura... el hendido... o si era Gnag el Sin Nombre, o dragones otra vez.

—¿Qué dijo? —Nia se levantó y lo rodeó con el brazo—. Dime qué dijo.

—Dijo: «Los encontraré. Merodearé por la faz de Kistamos» —Janner hizo una pausa. No es que no recordara las palabras. Solo que no quería repetirlas—. «Los olfatearé dondequiera que estén, y cuando lo haga, los sostendré con fuerza. Para siempre».

Terminó y levantó la vista para ver a Kalmar, Leeli y Nia mirándolo fijamente, todos con la misma mezcla de sorpresa y miedo.

—Vamos —dijo Nia—. Bajemos a hablar con Rudric.

Rudric estaba sentado a la mesa intentando consolar a Freva. Tenía la cara manchada de llorar, la cofia torcida en la cabeza y el pelo alborotado. Bonnie estaba en sus brazos. Podo, Oskar y Bonifer estaban cerca, susurrando.

Toda la ligereza que había llenado la casa hacía solo unos minutos había sido sustituida por pesadez, y Janner se dijo que nunca volvería a estar a salvo. Cada vez que dejaba que su corazón creyera que estaban fuera de peligro, algo peligroso los encontraba. Cada vez. Ignoró la tranquila voz interior que le recordaba que el Hacedor lo había sostenido, lo había llevado sano y salvo a la Colina de la Chimenea a través de más peligros de los que la mayoría de la gente ve en toda su vida.

—¿Se sabe algo? —le preguntó Nia a Rudric.

—No, alteza. Estoy seguro de que pronto sabré algo de Danniby.

—La bestia se ha ido, señor —dijo un hombre que, por lo que Janner pudo ver, se había materializado en un rincón de la sala cuando se mencionó su nombre. Iba vestido de negro y permanecía inmóvil como una estatua. Janner tardó un momento en darse cuenta de que era el mismo Danniby que los había conducido a la Posada del Huerto en su primer día en los Valles.

—¡Santo cielo! —chilló Oskar, poniéndose en posición de combate—. ¿De dónde ha salido?

—Somos cofrades de Durgan, Reteep —dijo Rudric riendo entre dientes—. Nos dedicamos al sigilo.

—Algunos somos más sigilosos que otros —dijo Danniby, dirigiendo una sonrisa socarrona a Rudric.

Rudric flexionó uno de sus gigantescos bíceps.

—Solo porque nuestros músculos estorban.

—Me da igual que sean cofrades —dijo Nia poniendo los ojos en blanco—, se están comportando como niños. La pobre Freva está en estado de *shock* y tú estás desfilando. Ahora, dinos si estamos fuera de peligro. ¿Han capturado al hendido?

—No, señora —dijo Danniby—. Uno de los hombres afirma haberlo golpeado con una lanza, pero se escapó. No sé cómo algo tan grande puede moverse tan rápido. Pero pueden estar tranquilos esta noche. Los Durgan vigilan en todos los rincones de Ban Rona.

Rudric asintió y dijo:

—Danniby y yo pasaremos la noche en la Colina de la Chimenea. No pegaré un ojo, alteza —Janner se dio cuenta de que Rudric miraba amablemente a Kalmar—. El hendido estaba lastimado, así que se escabullirá de vuelta al Bosque Negro o buscará algún lugar donde morir. Es la primera vez que uno llega tan al oeste, probablemente solo porque huyó de la patrulla anoche —Rudric palmeó a Freva en el hombro—. Ella se encontró cara a cara con la cosa. Es un milagro que no la matara.

Nia le trajo a Freva una bebida caliente, y los ojos de la joven se llenaron de lágrimas.

—¡No nos haga volver a salir esta noche, alteza! —suplicó—. ¡Me miró a los ojos! ¡Le digo, señora, que no era ningún animal! Cuando me miró, me *vio*. Vio a través de mis ojos hasta la punta de mis pies —enterró la cara en el cuello de Nia y sollozó—. ¡El Hacedor tenga misericordia… ahora me *conoce*! Tengo mucho miedo, señora.

—Puedes quedarte aquí esta noche, querida. Papá, ¿puedes acostar a los niños? Que Freva y Bonnie se queden en la habitación de Leeli. Leeli, tú duermes en la habitación de los niños.

—Es una buena idea —dijo Leeli—. Puede que necesiten mi protección. —golpeó a Kalmar en la pierna con la muleta, y la tensión de la habitación se relajó un poco. Bonifer les dio las buenas noches y subió arrastrando los pies a su dormitorio, y Oskar fue a la cocina a prepararse un sándwich.

Cuando los niños estuvieron a salvo bajo sus mantas y se apagó el farol, Podo se sentó en el borde de la cama de Janner y dijo:

—Tu madre me dijo que aquí arriba sucedió algo raro.

Janner frunció el ceño y asintió.

—Sí, señor. Lo mismo raro que pasó antes con los dragones marinos.

—Solo que peor —dijo Leeli—. Esta vez, dolió.

—Entonces ¿fue el monstruo? —preguntó Podo—. ¿El hendido?

—No lo sé —dijo Janner—. La voz era como la de un monstruo, supongo. Sonaba enferma y húmeda. Dijo que nos encontraría, que nunca nos soltaría. Al principio creí que eran los dragones marinos, y luego pensé que era el hendido. Después, se me ocurrió que era Gnag el Sin Nombre. ¿Podría *ser* Gnag esa cosa de ahí fuera? ¿Podría Gnag ser en realidad un hendido del Bosque Negro?

—¿Y si *era* él? —susurró Leeli—. ¡Gnag el Sin Nombre, justo delante de nuestra ventana!

—Ese no era Gnag el Sin Nombre —dijo Kalmar.

—¿Cómo lo sabes? —preguntó Janner.

—Solo lo sé. Vi sus ojos. Era... No lo sé. Simplemente no era Gnag el Sin Nombre.

—¿Qué viste, muchacho? —preguntó Podo, y hubo un largo silencio antes de que Kalmar respondiera.

—Vi una mazmorra —la voz de Kalmar se hizo tan baja que Janner contuvo la respiración para oírla—. Las arañas trepaban por las paredes. Eran tan grandes como ratones. Había serpientes y gusanos por todas partes. Vi a gente encadenada. Todos lloraban. Y también había monstruos. Bestias encadenadas en la oscuridad, lamiendo el suelo en busca de comida. Creo que tienen tanto miedo de Gnag el Sin Nombre como nosotros.

—Puede que sea cierto, muchacho, pero los hendidos siguen siendo tan peligrosos como las vacas colmillo. Peor aún. Solo sé que me alegro de que Rudric y sus durganos estén vigilando. Mis viejos huesos están cansados y no estoy en condiciones de pasarme la noche en vela vigilando a los devoradores en la oscuridad —besó la frente de Leeli y dio unas palmaditas en la mejilla a cada uno de los chicos. A Janner le encantaba sentir la mano fría y callosa de Podo—. Ahora, a dormir. Mañana tienes que atender a tus cachorros, y ustedes tienen que aprender a agacharse a su debido tiempo. Seguro que dentro de unas semanas, Brosa y Larnik lamentarán haber conocido a los Wingfeather.

Janner intentó dormir, pero cada vez que cerraba los ojos veía al monstruo en el patio y oía sus ominosas palabras. Sabía que Leeli y Kalmar también estaban despiertos, pero nadie hablaba. Los perros ladraban a lo lejos, probablemente por el amargo olor del paso del hendido, pero de vez en cuando Janner oía la voz de Rudric que se acercaba a la ventana desde el patio, y eso lo reconfortaba.

Cuando por fin se durmió, sus pensamientos estaban en su padre, en Anniera y en Sara Cobbler.

23

La luz que dejó atrás

Sara Cobbler se moría de hambre. Pero estaba acostumbrada. Estaba acalambrada y dolorida, pero también estaba acostumbrada. Cuando Mobrik el correcumbres abrió el ataúd y la dejó salir, ya no sintió la desesperanza que ahogaba el aire de la Fábrica Tenedor. Antes había sido una más de los niños cansados que hacían sin pensar lo que el supervisor les ordenaba. Pero ya no.

Algo había cambiado el día que vio a un chico que reconoció. Un chico de Glipwood. Él aún no tenía las manos llenas de ampollas. Su piel aún no estaba cubierta de hollín. Se llamaba Janner Igiby. Sus ojos brillaban con una chispa de esperanza, y aquella tenue luz había reavivado algo dentro de ella.

Todos los niños pensaban en escapar cuando llegaron, y Sara también. Había sido desafiante, aunque no con sus palabras; la suya había sido una rebelión de silencio.

Los Colmillos habían derribado la puerta principal de su casa y la habían sacado de la cama, y ni las súplicas de su madre ni la lucha de su padre pudieron detenerlos. Sara aún podía sentir sus manos húmedas y escamosas arrancándola de los brazos de su padre, aún podía oler la podredumbre de su carne, aún podía oír sus risas siseantes. Nada de lo que había vivido desde entonces había sido tan horrible como aquella noche. Intentaba no pensar en ello, pero cuando estaba atrapada en el ataúd, era difícil pensar en otra cosa. No dejaba de ver los rostros horrorizados de sus padres contrayéndose en la distancia mientras el carruaje negro se alejaba chirriando.

En el carruaje, había gritado hasta que la voz la abandonó, y supo, en la impotencia de su propio silencio, que estaba completamente sola.

A la mañana siguiente, cuando la sacaron del carruaje y la arrojaron a los pies del supervisor, este le hizo una sola pregunta: «¿Cómo te llamas?».

Ella abrió la boca para hablar, pero ya no tenía voz con la que responder. Él le exigió que le respondiera, pero ella no pudo, y entonces aprendió a temer el látigo del supervisor.

Aquella noche, intentó escapar. No tenía ningún plan. Simplemente cruzó corriendo las puertas dobles, recorrió el largo pasillo y entró en la sala de carruajes, donde la esperaba el supervisor. Había aprendido a reconocer cuál de sus nuevas «herramientas» intentaría huir, dijo. Aquella noche, ella conoció todo el alcance de su crueldad. Nunca más intentó escapar.

Todos los niños llegaban a la fábrica aferrándose a la rebeldía o a la esperanza, pero el duro aguijonazo del látigo del supervisor, las cadenas de los jefes de mantenimiento o la larga y solitaria oscuridad del ataúd acababan por quebrar su voluntad.

Sin embargo, con Janner Igiby era distinto. Como otros antes que él, había desafiado al supervisor y a los encargados de mantenimiento, y había sido golpeado y arrojado al ataúd. Pero tras ser castigado varias veces, tras pasar días en el horrible ataúd, *siguió* intentándolo. Eso fue lo que agitó las aguas de Sara. Ningún otro niño había demostrado tanta fuerza. Sara sabía que el supervisor había intentado convertir a Janner en un jefe de mantenimiento, había intentado atraerlo con poder. Pero Janner lo había desafiado. Era como una vela que el supervisor no podía apagar.

Y después de que Janner se marchara, después de que Sara hubiera soportado su castigo por ayudarlo a escapar, se sorprendió al ver que parte de la luz de la vela de Janner aún parpadeaba en la Fábrica Tenedor. Se dio cuenta de que se reflejaba en los ojos de los otros niños y en la forma en que la miraba el correcumbres. Tardó unos días en darse cuenta de que la luz procedía de *ella*. Era ella quien la hacía brillar. Janner Igiby la había cambiado. Se había ido, pero había dejado parte de su don.

Cuando Sara pasaba por la estación de corte, pensaba en Janner e imaginaba que motas de luz rociaban el suelo por donde él había caminado, como salpicaduras de pintura brillante que solo ella podía ver. Cuando se sentaba a la mesa donde habían hablado de su huida, imaginaba trazos de oro agitando el aire donde él había estado, estelas fantasmales que la ayudaban a creer en el mundo que había fuera de aquellos muros.

Y así, sin un plan, sin un propósito y sin darse cuenta siquiera, Sara Cobbler se convirtió en esa luz para los niños que la rodeaban. Como había esperanza en su corazón, también había valor. El valor cambió su forma de moverse entre los demás prisioneros. Ahora les daba palmaditas en la espalda y les sonreía aunque tuvieran la mirada perdida. Ahora se recogía el pelo en un moño en vez de dejarlo colgar alrededor de la cara como musgo. Ahora caminaba con la espalda recta y miraba a los ojos a los jefes de mantenimiento cuando la mandoneaban. Esto los hacía sentir incómodos, y pronto dejaron de acosarla.

Antes de que llegara Janner, había reprimido el recuerdo de sus padres y de su hogar. Antes, le resultaba más fácil soportar las largas horas de trabajo si no pensaba en las calles de Dugtown, justo al otro lado del muro de ladrillo, donde la gente aún paseaba, hablaba y comía junta, aunque fuera bajo la odiosa mirada de los Colmillos. Pero ahora, mientras afilaba tenedores y espadas, acarreaba carbón, daba vueltas a las ruedas y avivaba el fuego, pensaba en el olor rancio a humo de pipa de su padre y en la risa alegre de su madre, en los libros de su habitación y en las mañanas luminosas de finales de invierno, cuando la primavera se agitaba en la hierba alta.

Un día, mientras estaba sentada sorbiendo su sopa y pensando con placer en el alocado viaje de Janner fuera de la Fábrica Tenedor, sintió que alguien le tocaba el hombro. Salió de su ensoñación con cierta dificultad y se volvió para ver a un niño pequeño. Era tan bajito que solo le llegaba al hombro mientras ella estaba sentada. Su rostro, como todos los demás, estaba sucio, y sus dientes habían empezado a ennegrecerse. Tenía las uñas llenas de suciedad y la camisa le quedaba grande y le colgaba como un trapo en un tendedero.

Pero ¡sus ojos! La estaban *mirando*. No era una herramienta, sino un niño.

—¿Puedo sentarme contigo? —preguntó, y su voz era tan pequeña y dulce como un caramelo.

—Claro que puedes —ella se rio—. Sería un honor. ¿Cómo te llamas?

El chico miró a su alrededor en busca de los jefes de mantenimiento.

—Oh, no te preocupes por ellos —dijo Sara—. A mí no me molestan. Puedes decirme tu nombre.

Se inclinó más cerca y dijo:

—Borley. Tengo siete años, creo.

—Encantada de conocerte, Borley. Me llamo Sara Cobbler. Sara le sonrió y le indicó que se sentara. El niño dejó el plato de sopa sobre la mesa, se subió al banco y se acercó a Sara. La miró y sonrió, y unos copos de ceniza se desprendieron de sus mejillas y cayeron al suelo. Apoyó un momento la cabeza sobre su hombro y Sara sintió en el corazón una alegría tan intensa que le dolía.

Cuando Sara levantó la vista, frente a ella había siete niños más, todos con sus cuencos en la mano, preguntando con los ojos si ellos también eran bienvenidos a la mesa. Las lágrimas brotaron de los ojos de Sara y dejaron brillantes estelas en sus mejillas, e hizo un gesto con la cabeza para que se sentaran, dando las gracias al Hacedor por Janner Igiby y la luz que había dejado tras de sí.

Así comenzó la silenciosa revolución de Sara Cobbler.

24

A la escuela en carruaje

Cuando Janner se despertó, lo primero en lo que pensó fue en el hendido. Quería saber si lo habían capturado o matado, y si podía hablar. Si lo que oía en su cabeza era la voz del hendido, seguramente estaba transmitiendo algún tipo de mensaje de Gnag el Sin Nombre. Por otra parte, tal vez el hendido estuviera cazando a alguien o algo, y Janner hubiera escuchado sus pensamientos.

También cabía la posibilidad de que el hendido no tuviera nada que ver con Gnag y no hablara en absoluto; tal vez el extraño destello de poder y la voz en la mente de Janner estuvieran causados por algo totalmente distinto. Cada vez que había sucedido antes, Leeli estaba tocando música, pero en Kimera, cuando intentaron que el poder volviera a funcionar, Leeli había tocado una canción tras otra y Janner se había concentrado todo lo que había podido, en vano. No podían hacerlo funcionar por sí solos. Entonces, ¿por qué había ocurrido anoche?

Durante el desayuno, Janner estaba tan sumido en sus pensamientos que Nia lo regañó por no responder a su saludo. Él se disculpó y se aseguró de darle una dosis extra de elogios a sus bollos calientes de canela. Cuando llegaron Kalmar y Leeli, Rudric también había entrado para desayunar té y un plato lleno de crujiente tocino rebozado. Se sentó a la mesa con su uniforme negro de Durgan y lo engulló, gimiendo de placer por lo delicioso que estaba el tocino. Había patrullado por la Colina de la Chimenea toda la noche, pero parecía muy despierto, sobre todo cuando Nia pasó por la habitación.

—Ni rastro —le dijo a Podo—. Es como si la bestia hubiera desaparecido. Supongo que regresó a tientas al Bosque Negro cuando nadie miraba. Si aún estuviera por aquí, se podría oler su podredumbre. Esas cosas apestan tanto que ni siquiera podemos utilizar a los perros para rastrearlas. Los mejores perros de Ban Rona olfatean una vez y se ponen a lloriquear. Así que hablo en serio cuando digo que puedes estar tranquilo. No hay ningún hendido en Ban Rona.

—¿Enviarás un guardia al menos una noche más? —preguntó Nia—. ¿Solo para estar seguros? Me sentí mejor sabiendo que Danniby y tú estaban vigilando.

—Sí, alteza. Así lo había previsto. Danniby y yo estamos a tu servicio.

Janner solo tuvo tiempo de preguntarse dónde estaría Danniby antes de que asomara la cabeza desde un armario de la cocina y dijera:

—Estaré encantado de patrullar, pero necesitaré una siesta esta tarde. Y una bidita. Me encantaría un bidita, alteza.

Nia les dio las gracias a ambos, luego aplaudió y anunció que tenían que marcharse o los niños llegarían tarde a su primer día completo de colegio.

—Pónganse esto —les dijo, y entregó a cada uno de los niños una chaqueta de tela marrón resistente. El exterior era rasposo como un saco de totatas, pero el interior estaba forrado de suave piel. Las iniciales de los niños estaban bordadas en el interior de los cuellos: JW, KW y LW —son de parte de Freva —les dijo Nia—. No podía dormir, así que trabajó en ellas toda la noche.

Los niños dieron las gracias a Freva, que de alguna manera se sonrojó y bostezó al mismo tiempo y dijo:

—No es nada, mis señores y señora. Están forradas de piel de flonejo. Dicen que a los monstruos no les gusta comérsela, así que llévenlas puestas siempre que salgan al exterior. Y si los comen, con suerte la criatura escupirá la chaqueta y podremos saber quién de ustedes fue por las iniciales.

—Es muy considerado por tu parte —dijo Nia.

—Oy —continuó Freva—. Aun así, las iniciales podrían ser difíciles de encontrar. Quizás tengamos que recomponer la chaqueta si se rompe. Las garras de ese hendido eran puntiagudas. Ah, y también tendremos que lavar los trozos, porque estarán manchados de saliva y sangre de monstruo…

—¡Freva! Esperemos que no se coman a mis hijos, ¿sí? ¿Por qué no vas a ver si Bonnie ya se despertó? —Nia la envió escaleras arriba.

—Estarán bien —les dijo Rudric a Janner y sus hermanos, quitándose las migas de la barba—. El monstruo se ha ido. Además, estoy bastante seguro de que seríamos capaces de saber quién eras sin las iniciales de la chaqueta, solo por los huesos y demás.

—¡Rudric! —espetó Nia—. ¡Nadie se comerá a estos niños!

—Claro que no —volvió a su comida encogiéndose de hombros—. Estos huevos están buenos.

—No olviden esto —dijo Nia y entregó a cada uno de los niños las mochilas raídas que les había hecho en Glipwood. Les había quitado las provisiones para aventura y en su lugar había llenado las mochilas con los accesorios escolares necesarios: libros, plumas, frascos de tinta, papel y un frasco de gadgüento para que se aplicaran después de su entrenamiento Durgan.

Cuando Janner se echó la mochila al hombro y oyó el familiar crujido del cuero y vio la mancha oscura y lisa en una correa donde tenía la costumbre de apoyar la mano, sonrió. Se sentía orgulloso por el camino que había recorrido con aquella vieja mochila: desde el Bosque de Glipwood, pasando por el Puente de Miller, por los varados hasta Dugtown, y luego de vuelta por la Ribera, por encima de la Barrera, por las Montañas Pedregosas, por Mog-Balgrik hasta las Praderas de Hielo, y luego por el Mar Oscuro de las Tinieblas. Su ansiedad por otro día en la escuela se redujo cuando pensó en lo lejos que lo había llevado el Hacedor. Podía estar lleno de cicatrices y desgastado en algunas partes, pero al igual que su mochila, creía que ahora estaba incluso mejor.

La mañana era fría porque se acercaba el invierno. El cielo del este se iluminaba, pero el sol aún no había salido por los Valles Verdes. Cuando los niños se sentaron en el carruaje, Oskar asomó la cabeza por la puerta y llamó:

—¡Janner! Quizás puedas visitar la biblioteca después de clase. Bonifer y yo trabajaremos todo el día en la traducción del Primer Libro. En palabras de Anjudar el Vago: «No tengo nada mejor que hacer. ¡Deberías venir!».

Bonifer apareció en la puerta y dijo:

—Ah, pero en palabras de Gumphrey Medio-Dedo: «Si a tu madre le parece bien, por supuesto».

Oskar se ajustó las gafas y miró a Bonifer boquiabierto.

—¡Demasiado cierto! ¡Estaba en *Morbosidad, fluidez y bilis*! No es mi obra favorita.

—¡Concuerdo! —dijo Bonifer—. No es ni tan conciso, necesario u oportuno como…

«*El ganso de Glavinpoole*», dijeron al unísono, y luego estallaron en carcajadas. A Oskar le tembló la barriga y a Bonifer casi se le cae el sombrero de copa.

—A mí me parece bien —dijo Nia, sabiendo que los dos viejos no estaban escuchando—, siempre que termine su T.H.A.G.S. —Janner gimió, pero Nia lo hizo callar—. No te quejes. He sido permisiva con los tres, pero ahora que estamos aquí y su educación vallerina está en marcha, es hora de que nos centremos también en sus estudios annieranos.

El carruaje se alejó mientras los primeros rayos de sol rompían el horizonte y cubrían de oro la tierra de cima en cima. El viaje a la escuela aquella mañana fue muy diferente al del día anterior. Esta vez, había niños por todas partes. Algunos iban con uno de sus padres, como hacían los Wingfeather, y otros se agrupaban en las esquinas, donde los recogía un largo carro comunitario tirado por una yunta de seis caballos.

Los niños de los carruajes y los vagones parloteaban, se empujaban, se llamaban unos a otros y reían, pero se detenían y miraban fijamente cuando pasaban los Wingfeather. Janner hizo todo lo posible por fingir que no se daba cuenta de cómo se reían, señalaban y susurraban. Estaba impaciente por alejarse del tráfico escolar.

Pero cuando se adentraron en Ban Rona, que bullía de actividad de todo tipo, continuaron los cuchicheos y las miradas de los adultos. Nia los ignoró y condujo el carruaje entre otros carros que transportaban frutas, pan, herramientas, cuerdas y barriles hacia el mercado del puerto. Janner vio a los tenderos que colgaban carteles de Abierto en sus escaparates mientras los perros saltaban de escaparate en escaparate, llevando rollos de pergamino en la boca o en mochilas en la espalda. Había hombres con carretillas y mujeres con burros, pero a medida que los Wingfeather se acercaban a la Fortaleza, veían cada vez más cofrades, muchos de ellos con perros de distintos colores y razas, y todos de gran tamaño.

Cuando llegaron a la escuela, el carruaje de los Wingfeather era uno de los muchos que formaban una fila que se extendía desde la puerta de la Sala de las Cofradías hasta la esquina de la Fortaleza y bajaba hacia Ban Rona. Los carruajes y las carretas avanzaban lentamente, pero nunca se detenían, ni siquiera cuando atravesaban la puerta de la escuela y rodeaban la estatua del patio.

—Que tengan un buen día, niños —dijo Nia—. Cuando oigan sonar la bocina, tendrán tres minutos para llegar a la sala principal. No lleguen tarde u Olumphia les moverá los bigotes —los miró a los ojos y sonrió—. Recuerden quiénes son. Los quiero mucho.

Janner esperó a que detuviera el carro, pero ella apenas si aminoró la marcha y dijo:

—Salgan.

Con el estómago lleno de mariposas y la mente llena de pensamientos que zumbaban como abejas, Janner saltó del carruaje en marcha. Kalmar saltó al suelo. Los chicos trotaron junto al carruaje y ayudaron a bajar a Leeli. En cuestión de segundos, el carruaje de Nia desapareció en el mar de caballos y ruedas de carreta y perros ladrando.

Entre cientos de otros niños en el caos del patio, se apiñaron las joyas de Anniera: un niño con cicatrices, una niña con muleta y un pequeño Colmillo Gris. Estaban rodeados de estudiantes, pero los Wingfeather se sentían terriblemente solos.

Antes de que sonara la primera bocina, Janner tuvo su primera oportunidad de proteger a su hermano.

25

La provocación de Grigory Bunge

—Supongo que deberíamos hacerlo de una vez por todas —dijo Janner, guiando a Leeli y Kalmar a través de la multitud hasta la puerta del edificio principal. Incluso entre el bullicio de los estudiantes sintió que resaltaba, y aunque se esforzó por no mirar a ninguno de ellos directamente, sabía que todos los miraban a él y a sus hermanos. Oía susurros, sentía sus ojos y notaba cómo la multitud se separaba a su paso.

Apenas habían llegado y ya eran un espectáculo. Janner se dijo que aquello seguramente mejoraría con el tiempo. Se acostumbrarían a Kalmar, igual que había hecho Janner (aunque una voz en su mente le recordó que conocía a Kal mejor que nadie y que aún tenía momentos de duda). Kalmar y Leeli seguían a Janner tan de cerca que le preocupaba que sus pies se enredaran y tropezaran, lo que daría a los otros chicos algo de lo que reírse.

—Es un buen truco —dijo alguien.

Janner miraba al suelo mientras caminaba, así que al principio no estaba seguro de quién lo había dicho. Ni siquiera estaba seguro de que estuviera dirigido a él.

—Dije que es un buen truco.

Unos metros más adelante había un chico pelirrojo y desgreñado. Tenía los brazos cruzados, y Janner no pudo evitar fijarse en que eran grandes para un chico de su edad. Grandes y peludos. El chico tenía la nariz chata, la frente más plana y la mandíbula cuadrada. A un lado, había otros chicos más o menos del mismo tamaño y fealdad, y al otro se sentaba un perro enorme de cabeza negra y estrecha. Cuando vio a Kalmar, curvó los labios y gruñó.

—¿Me escuchaste? —dijo el chico.

—Te escuché —respondió Janner. Decidió intentar ser amable—. Me llamo Janner. Y no sé a qué truco te refieres.

—Conseguir que tu perro camine en dos patas. Y conseguir que lleve pantalones y chaqueta. Es un buen truco.

A Janner no se le ocurrió nada que decir. Luchaba contra su miedo a los brazos grandes y peludos del chico y al perro grande y peludo; su rabia porque el chico había insultado a su hermano; su preocupación porque una pelea en el patio con tantos niños alrededor se le fuera de las manos; y su frustración por no haber llegado siquiera al edificio antes de tener que vérselas con un matón.

Resultó que no tuvo que pensar en nada que decir, porque Kalmar lo dijo por él.

—Tengo otro truco que puedo enseñarte —Kalmar gruñó y se puso delante de Janner—. ¿Qué te parece ese en el que te advierto que no vuelvas a llamarme perro nunca más?

—¡Oh! ¡También puede hablar! —dijo el chico.

Kalmar dio un paso amenazador hacia delante, y la sonrisa del chico desapareció. Hizo un chasquido con la boca, y el perro que tenía a su lado se encorvó y se preparó para saltar.

—Si te acercas un paso más, soltaré a Graw sobre ti. Mi padre me advirtió que hoy podría ver un Colmillo Gris en la Sala de las Cofradías y me dijo que me defendiera de él como quisiera.

—No tienes que defenderte de nadie —dijo Janner mientras se ponía delante de Kalmar, intentando ignorar a la multitud que los había rodeado—. No queremos pelearnos contigo ni con tu perro.

A Janner no le preocupaba tanto recibir una paliza como quedar como un tonto delante de todos los niños de Ban Rona. Deseaba que pudieran escabullirse hasta el fondo del pasillo sin ser detectados y entrar sigilosamente en clase sin que nadie se diera cuenta de que estaban allí. Pero a cada momento que pasaba, el perro y su dueño parecían más cerca de atacar, y la multitud crecía en número.

—¡Oh, basta! —dijo Leeli. Pasó por delante de Janner y se acercó directamente al perro. Dejó que le oliera la mano y luego le rascó detrás de las orejas mientras tarareaba una melodía de arpa silbante. El gruñido del perro desapareció. Movió la cola y apoyó la cabeza en el pecho de Leeli.

—¡Graw, ataca! —dijo el chico, pero el perro lo ignoró.

—¡He dicho que basta! —espetó Leeli, y golpeó al chico en la pierna con su muleta—. No sé quién eres, pero no puedes llamar perro a mi hermano.

El chico balbuceó y miró de Leeli a su perro y luego a Kalmar.

—¿Qué es esto? —dijo una voz de bienvenida. Apareció Olumphia Groundwich y la multitud se dispersó, incluido el chico pelirrojo.

—¡Grigory Bunge! Vuelve aquí ahora mismo.

—¿Sí, directora? —dijo Bunge.

—¿Qué acaba de ocurrir aquí?

—Nada, directora. Solo les daba la bienvenida a los nuevos alumnos.

—¡Ah! Qué bien. Me preguntaba quién sería el primero en ofrecerse como voluntario.

—¿Voluntario para qué, directora? —preguntó Grigory con una mueca.

—Para enseñarles el lugar.

—¡No! —dijo Janner—. Quiero decir, no, *gracias,* directora. Estaremos bien. No queremos ocasionar molestias.

Janner no quería pasar ni un segundo más con el chico. No quería pensar en lo que ocurriría en cuanto Olumphia le diera la espalda. Grigory parecía tan preocupado como se sentía Janner, pero no dijo nada.

—Janner, eres muy considerado —dijo Olumphia—. Pero creo que a Grigory le gustaría conocerte. Permanecerán juntos hasta la segunda bocina, y luego quiero que Grigory los acompañe a comer. ¿Está claro, señor Bunge?

—Sí, directora —murmuró Grigory Bunge.

—¿Está claro, Wingfeathers?

—Sí, directora —respondieron.

Olumphia dejó que los Wingfeather y Grigory Bunge se fulminaran con la mirada en el patio, ahora vacío. El perro de Grigory movía la cola y jadeaba. Grigory parecía estar sopesando la miseria de escoltar a un Colmillo Gris y el castigo que recibiría por desobedecer a la directora.

Finalmente, se encogió de hombros y se dirigió a la puerta principal.

—Vamos —dijo, como si le diera asco hablar—. Tendré que arreglar cuentas después de clase.

Con aquel pensamiento alentador, Janner empezó su primer día en la Sala de las Cofradías.

Grigory Bunge y su perro condujeron a los Wingfeather a Conferencias y Aprendizaje. No fue difícil encontrar un sitio donde sentarse, porque en cuanto Kalmar se acercó, los alumnos se escabulleron. Algunos parecían malos, como Grigory, y otros, aterrorizados. A Janner le molestaban todos. Quería subirse al estrado y anunciar que Kalmar no iba a atacar a nadie, y lo estaba considerando cuando sonó la bocina que indicaba el comienzo de la clase.

—¡Silencio! —dijo un hombre detrás de un atril en la parte delantera de la sala—. ¡Silencio, cofrades! —el hombre era alto y delgado, con un rostro pálido y estrecho. Tenía la boca hacia abajo y los miraba con los ojos entornados.

—Hoy aprenderemos —dijo con un bostezo— sobre la Guerra del 189. Fue terriblemente —volvió a bostezar— emocionante.

Janner ahogó un bostezo, al igual que otros cien cofrades.

—Imaginen que están en el campo de batalla armados con *—bostezo—* armas. Luchan contra alguien y te devuelven el golpe. Hay una gran lucha. Eso fue lo que ocurrió en la Guerra del 189. Fue, como he dicho, terriblemente emocionante —el hombre miró sus notas—. Muy bien. Sigamos adelante.

Así aprendieron sobre la Guerra del 189, la Hambruna del 235 («Imaginen que tienen mucha *—bostezo—* hambre), la Incursión de los correcumbres del 274 («Imaginen algunas cosas relacionadas con las incursiones, cofrades») y el Motín de la Manzana del 312 («Imagínenlo», fue todo lo que dijo antes de informarles que les tomaría un examen sobre ello la semana siguiente).

Kalmar estaba inquieto. Leeli miraba al techo. Janner, como le gustaba imaginar, hizo todo lo posible por escuchar, pero pasó la mayor parte del tiempo estudiando a los niños vallerinos que llenaban la sala.

Por fin, cuando incluso Janner estaba a punto de implosionar de aburrimiento, sonó una bocina.

—Ya. Bueno, ese es el profesor Nibblesticks —dijo Grigory. Su voz era apagada y no se molestó en mirar a los Wingfeather, pero al menos no se burlaba de ellos—. Lo siguiente es E.P., cuando toda la escuela esté en el campo.

—¿Qué significa E.P.? —preguntó Janner.

—Entrenamiento de Puñetazos. Es cuando todo el mundo está corriendo, luchando y dando puñetazos. Los profesores no pueden vigilar a todo el mundo ahí fuera, así que puede que entonces les dé una paliza. Vamos. Trae a tu perro.

—¡Ey! —gritó Janner, pero Grigory siguió caminando.

Kalmar gruñó, y fue necesario que Leeli usara su voz más dulce para volver a calmarlo.

26

Consigue la bota

En cuanto Janner pisó el campo, lo tiraron al suelo.

Para ser justos, la chica que chocó contra él no lo hizo a propósito. Estaba abrazándose una bota al pecho y huyendo de un tumulto de otros cofrades. Gritó: «¡Lo siento!» por encima del hombro y dejó a Janner a merced de la estampida.

Mientras Kalmar ponía en pie a Janner y lo ayudaba a sacudirse, se acercaron un hombre fornido y una mujer fornida, conduciendo dos perros fornidos.

—Deben estar atentos a quién tiene la bota —dijo el hombre fornido, presentándose a sí mismo y a su mujer como el profesor y la profesora Pwaffe. Parecían tan anchos como altos, pero sin un gramo de grasa. Tenían los brazos cortos y gruesos, el cuello era tan ancho como la cabeza y los dedos parecían salchichas.

—Oy —dijo la mujer—. Eso es básicamente todo lo que hay que hacer para conseguir la bota. Así es como llamamos al juego. Consigue la Bota. Alguien tiene la bota y todo el mundo debe buscarla. Y cuando tienes la bota, todos los demás intentan conseguirla. Así que tu tarea es no soltar la bota. Ese tipo de ahí está cronometrando el tiempo que cada cofrade tiene la bota. ¿Alguna pregunta?

Janner tenía muchas preguntas, pero antes de que pudiera hacer una sola, el profesor Pwaffe dijo:

—¡Eh, cofrades! Vamos. Consigan la bota.

Janner, Kal y Leeli se miraron.

—¿Ahora? —preguntó Kalmar.

—Eso fue lo que dije —el hombre señaló al otro lado del campo, hacia la manada de niños que seguían persiguiendo a la niña, la cual parecía estar pasándolo excelente.

—¿Pero qué hacemos cuando conseguimos la bota? —preguntó Kalmar.

—No soltarla. No es difícil —la profesora Pwaffe sacudió la cabeza con tristeza—. No son muy listos, ¿eh, Wimble?

—Todo el juego está ahí, en el título —dijo el hombre. «Consigue la Bota». Eso es todo. Así que, vayan a conseguir la bota. ¡Vamos!

Kalmar echó a correr y Janner lo siguió. Leeli, sin chistar, se echó el pelo hacia atrás y salió tras ellos tan rápido como le permitía su muleta.

—¡Espera! —dijo la profesora Pwaffe—. Tú no, muchacha.

Janner se detuvo para asegurarse de que Leeli estaba bien.

—Puedo seguir el ritmo —dijo ella con fuego en los ojos—. Estoy acostumbrada.

—Leeli tiene razón —dijo Janner—. Se sorprenderían al ver lo rápida que es.

—Hemos recibido instrucciones de la directora Groundwich —dijo la profesora, señalando a través del campo hacia una pista donde otro grupo de estudiantes se afanaba por amarrar perros a pequeños carros de madera—. Tienes que conducir un sabuestrillo.

—Dijo que tenías un don con los perros. ¿Es cierto? —preguntó la profesora.

—Sí, señora —dijo Leeli—. Solía tener un perro. Era tan grande como un caballo.

—Claro que lo era —dijo el hombre—. Grande como un caballo. ¿La escuchaste, Rosie?

—Sí, la escuché, Wimble. Creo que la *imaginación* de esta chica es tan grande como un caballo.

—¡No, de verdad! Antes era pequeño, pero le echamos agua del primer pozo y creció y creció. Se llamaba Nugget.

—Agua del primer pozo —dijo el hombre mirando a su mujer—. Niña, la directora dijo que los tres habían pasado por muchas cosas. Es triste ver que te ha afectado el cerebro.

—No te preocupes, cariño —dijo la mujer. No tienes por qué mentir aquí en los Valles.

—¡Pero es verdad! —Leeli se cruzó de brazos y miró con bronca.

—Seguro que lo es —dijo la mujer, posando una mano salchichona en el hombro de Leeli—. Ahora vamos con los sabuestrillos. ¿Te parece bien? ¿Entiendes las palabras que digo? Siento mucho que tengas el cerebro dañado.

Leeli miró a Janner en busca de ayuda, pero él solo pudo encogerse de hombros mientras la profesora se la llevaba. Janner se volvió para buscar el juego de Consigue la Bota, pero el juego lo encontró a él primero. La chica de la bota resoplaba directamente hacia él, a un brazo de distancia de la multitud.

—¡Toma! —gritó, y lanzó la bota.

Janner la atrapó sin pensar, vio que los estudiantes se lanzaban directamente hacia él, soltó un alarido y huyó. Corrió tan rápido como le permitían sus piernas de doce años. Saltó por encima de perros, troncos y barriles, derrapó entre cofrades más jóvenes y no se le ocurrió ni una sola vez abandonar la bota… no porque quisiera ganar el partido, sino porque había olvidado que la tenía. Lo único que sentía era el golpeteo de los pies sobre la hierba, el ardor en los pulmones y los gritos de: «¡Te voy a atrapar!» y «¡Dame esa bota!».

De repente, vio una forma gris por el rabillo del ojo. Kalmar trotó hasta él, sonriendo por un costado de la boca.

—¿Quieres un descanso? —preguntó.

Janner tardó un momento en comprender lo que quería decir, y entonces arrojó la bota a Kalmar como si fuera un carbón caliente. Kalmar la atrapó, soltó un aullido de alegría y se adelantó a toda velocidad. Janner trotó hasta detenerse y se agachó, respirando con tanta dificultad que pensó que iba a vomitar.

El profesor Pwaffe apareció a su lado.

—Consigue la bota.

—Ya no puedo correr —dijo Janner, jadeando.

—Tampoco puedes parar —dijo el hombre con una sonrisa—. El juego no ha terminado. Vamos. Consigue la bota.

Janner inhaló todo el aire que podían contener sus pulmones, se enderezó y persiguió la bota. Vio a Leeli en el extremo opuesto del campo, arrodillada en uno de los sabuestrillos mientras un equipo de seis perros tiraba de él al trote. Mantenía la barbilla alta y su cabello se mecía con el movimiento del carro. Otros tres equipos pasaron a toda velocidad junto a ella, haciendo chasquear las riendas, instando a sus equipos de perros a que fueran más deprisa. La profesora Pwaffe le gritaba a Leeli y gesticulaba con todo su ser, pero Leeli no mostraba ningún interés en ganar. Parecía formar parte de un desfile real.

Para cuando Janner alcanzó a la multitud que perseguía la bota, Kalmar estaba tan por delante de todos que parecía aburrido, y permaneció al frente hasta que el profesor Pwaffe hizo sonar un cuerno. Los cofrades recuperaron el aliento y bebieron agua de sus cantimploras. Kalmar y Janner se mantuvieron apartados del resto, haciendo lo posible por ignorar todos los ceños fruncidos y los murmullos. Más de una vez, Janner oyó las palabras «perro», «chucho» y «Colmillo».

—¡Ya saben lo que hay que hacer, cofrades! —dijo el profesor Pwaffe—. El ganador de Consigue la Bota se enfrenta al campeón de Tacklepum de ayer. Señor Wingfeather, eso significa que se enfrentará a Grigory Bunge. ¡Formen un círculo!

Los cofrades se reunieron en torno a un anillo blanco pintado en la hierba.

—Quizás esa no fue la mejor manera de presentarte —murmuró Janner con una palmada alentadora en el hombro de su hermano.

—Sí —Kalmar suspiró—. ¿Por qué me dejaste hacerlo? Qué buen guardián del trono eres.

—Podría haberte atrapado. Pero no tenía ganas.

—¿Qué hago ahora? Parece que Grigory el Rojo quiere comerme vivo.

Grigory Bunge se había quitado la camisa y estaba flexionando sus peludos brazos colorados para que todos lo vieran. Janner lo pensó un momento.

—Bueno, si lo único que haces es esquivarlo, solo conseguirás que se enfade y te atrape más tarde. Y si luchas y ganas, eso solo hará que se enfade y te ataque más tarde. Creo que tu única salida es dejar que te coma vivo.

—Como dije, qué buen guardián del trono eres.

—Kal, escucha —Janner se puso serio—. No uses tus dientes. Ni tus garras. Tienes que olvidar que los tienes. No puedes darles ninguna razón para llamarte Colmillo. Si vas a luchar contra él, tienes que hacerlo en sus términos. Si puedes evitarlo, ni siquiera gruñas.

Kalmar asintió.

El profesor hizo sonar su cuerno.

—Cofrade Wingfeather, no se permiten puñetazos en la zona de la cabeza, ni patadas en la zona de la cabeza, ni cosquillas en absoluto. El primero que abandone el círculo, pierde.

Los chicos entraron en el círculo. Wimble dijo «¡Vamos!» y Grigory atacó.

Una y otra vez, Kal se zafaba de las embestidas de Grigory, pero cada vez que intentaba empujarlo fuera del círculo terminaba agarrado y placado, y él mismo era arrojado más cerca del borde. Janner se dio cuenta de que Grigory se estaba cansando, mientras que Kalmar parecía capaz de seguir así durante horas si quería.

Al cabo de varios minutos, Kalmar miró a Janner encogiéndose un poco de hombros, se acercó para empujar a Grigory y se dejó agarrar. Grigory emitió un gruñido de triunfo, hizo girar a Kalmar, lo agarró por la cola y lo lanzó tan fuerte como pudo. Kalmar salió rodando del círculo, y los cofrades vitorearon.

—¡Toma *eso*, Colmillo! —se mofó Grigory, y muchos de los demás alumnos se mofaron con él.

A Janner se le revolvió el estómago. Si era su deber desafiar a cada uno que llamara Colmillo, perro o cualquier otro nombre horrible a su hermano, su estancia en la escuela sería una pelea interminable. ¿Acaso tenía que decir algo? ¿Tenía que lanzarse al ruedo y aporrear a Grigory, aunque le dieran una paliza o el profesor lo disciplinara? ¿Qué querría Artham que hiciera?

Afortunadamente, el profesor Pwaffe hizo sonar su bocina para pedir silencio, marchó hacia el círculo y agarró a Grigory Bunge de la nariz.

—Te disculparás con el chico Wingfeather o serás disciplinado antes de la clase. No toleraré ninguna palabra deshonrosa bajo mi vigilancia. No me importa si luchas contra un Colmillo, un correcumbres, un ratejón o un ratociélago, no te regodearás en tu victoria. Gana en silencio o no ganes.

—Prrrdnnnn, prrrffssrrr —Pwaffe soltó la nariz de Grigory—. Perdón, profesor.

—¿Y a tu oponente?

Grigory apenas podía disimular su aversión, pero al cabo de un momento, dijo:

—Lo siento, *Kalmar*.

Janner ayudó a su hermano a ponerse en pie y susurró:

—Bien hecho, rey Kalmar.

Después, el resto de los alumnos se enfrentaron por turnos en el círculo. El oponente de Janner era un chico de su tamaño y peso, por lo que el combate pareció durar una eternidad. Por mucho que lo intentaba, Janner no podía empujar al chico con la fuerza suficiente para sacarlo del círculo, y el chico tampoco podía mover a Janner. Al final, Janner consiguió retorcer el brazo del chico por detrás de la espalda el tiempo suficiente para empujarlo, y luego le dio una buena patada en el trasero que lo hizo salir tambaleándose del círculo. Ninguno de los demás cofrades vitoreó a Janner, pero tampoco lo abuchearon.

Cuando sonó la bocina para el almuerzo, los cofrades y los profesores dejaron lo que estaban haciendo y corrieron como locos hacia el comedor. Los perros, que ya habían sido desatados, ladraron y salieron corriendo hacia la sabuesería. Janner,

Kalmar y Leeli eran los únicos que quedaban en el campo. Los chicos estaban sucios y empapados de sudor, incluso con el aire fresco. Leeli estaba radiante.

—No fue tan malo como pensaba —dijo Kalmar, moviendo la cola.

—Fue maravilloso —dijo Leeli—. Se acomodó el pelo y miró cómo se alejaban los perros.

—Podría haber sido peor —dijo Janner—. Y ¿cuán malo podría ser el almuerzo?

El almuerzo resultó ser mucho peor que el Tacklepum, y no por culpa de la comida.

27

Tarde para el profesor Clout

En cuanto entraron en el ruidoso comedor, se hizo silencio. Ya no era lo mismo que ayer, cuando Nia y la directora Groundwich los escoltaron y les proporcionaron cierta protección. Ahora no había ningún adulto a la vista. Los profesores charlaban juntos en una sala contigua, ajenos a todo lo que ocurría en el comedor, que era el dominio de los cofrades. Janner preferiría haberse enfrentado a veinte de sus puños en el círculo que a varios cientos de sus ojos en la sala.

—Vamos —dijo Janner, dirigiéndose hacia la mesa de comida que había delante. Los Wingfeather cruzaron la sala en silencio, y todos los ojos los siguieron. Janner nunca había deseado tanto desaparecer. Tras una eternidad al final de la fila, llegaron a la larga mesa cargada con un cuenco gigante de ensalada de frutas.

Mientras llenaban sus tazones, a Janner le hormigueaba el cuello bajo el peso de todos aquellos ojos, y cuando se volvieron para buscar una mesa, nadie se movió ni un centímetro para hacerles lugar. Las joyas de Anniera cruzaron al fondo del comedor y, sin otro sitio al que ir, se sentaron en el suelo y se apoyaron en la pared.

—Tan solo coman —susurró Janner—. Ignórenlos.

Comió unos trozos de la fruta picada, aunque estaba demasiado nervioso como para sentir su sabor. Leeli se colocó de espaldas a los ojos que la observaban y se metió una uva en la boca. Kalmar se quedó mirando su cuenco de fruta sin probar bocado. Los alumnos fueron perdiendo el interés por los Wingfeather, y el ruido del comedor subió a su tono inicial.

—Deberías comer, Kal —dijo Janner.

—No tengo hambre —Kalmar apartó el cuenco y se apoyó en la pared—. Al menos, no de fruta.

—¿Qué te pasa? —preguntó Leeli.

—Nada —Kalmar se rascó detrás de una de las orejas, y Janner no pudo evitar pensar en lo mucho que se parecía realmente a un perro—, solo me siento mal porque esté pasando todo esto. Es culpa mía que tenga este aspecto.

Janner no sabía qué decir. *Era* culpa suya. Correr hacia los varados había sido decisión de Kal. Y correr hacia los varados había sido lo que causó que lo secuestraran los Colmillos.

—No lo es —dijo Leeli—. Los Colmillos te hicieron esto.

—Ojalá fuera verdad —Kalmar le dedicó una sonrisa triste—. Pero no lo es. Esto es culpa mía.

—Sí, pero no sabías que te secuestrarían los Colmillos —dijo Janner. Se comió el último bocado de fruta, se limpió una gota de zumo de melolima de la barbilla y preguntó:

—¿Seguro que no tienes hambre? Yo me muero de hambre.

Kal negó con la cabeza y empujó su cuenco por el suelo hacia Janner.

—No sabías que te enviarían a las mazmorras de las Phoob —Janner mordió un crujiente trozo de manzana—. El pelaje es la consecuencia de una mala decisión. Eso es todo. No te lo buscaste, así que no te preocupes, ¿está bien?

Kalmar parecía querer decir algo, pero no lo hizo.

Sonó el cuerno y los cofrades recogieron sus cosas de las mesas y se dirigieron a sus respectivas cofradías. Janner oyó murmullos de conversaciones sobre proyectos de carpintería en curso, platos de cocina que los alumnos planeaban perfeccionar, e incluso a una alumna alardeando de la calidad de su último libro en la encuadernación. Cuando oyó las palabras «libro» y «encuadernación», apretó los dientes para no quejarse. *Él* quería hacer un libro. Si no podía estar en la biblioteca leyendo, al menos quería estar rodeado de libros, aprendiendo a trabajar el cuero y a dar forma a las páginas. En cambio, estaba a punto de recibir otra lección de puñetazos en la Cofradía Durgan.

Mientras los Wingfeather salían del comedor, recibieron codazos y empujones con tanta frecuencia que Janner estaba seguro de que no era accidental. Los estudiantes estaban dejando claro que no eran bienvenidos.

Janner miró a Kalmar, el improbable joven rey con bigotes y cola, con la mirada fija en el suelo para evitar el miedo y el odio en cada rostro que lo miraba. La ira de Janner se desvaneció un poco. Los alumnos miraban fijamente a Janner porque era un extraño, y tal vez por las cicatrices de color rojo brillante que tenía en el cuello, pero miraban fijamente a Kalmar porque pensaban que era un monstruo, algo maligno en su presencia. La de Kalmar era la carga más pesada, y la soportaba en silencio.

El problema era que su silencio no solo era honorable, sino también impenetrable. Cada vez parecía más que Kalmar se escondía dentro de sí mismo, algo que preocupaba a Janner. Quería saber qué pensaba y sentía su hermano.

—¡Leeli! —dijo un chico sonriente al que Janner reconoció inmediatamente como Thorn O'Sally. Llevaba el pelo peinado prolijamente hacia atrás, los pulgares enganchados bajo los tiradores y estaba apoyado en un poste frente a la sabuesería, intentando, según le pareció a Janner, parecer indiferente.

—¡Hola, Thorn! —Leeli saludó y se acercó a él cojeando. Enseguida entablaron conversación sobre perros y cachorros y correas y sabuestrillos, y Leeli estaba tan emocionada que lo siguió hasta el establo de los sabuesos sin decir una palabra a sus hermanos.

Biggin O'Sally, con la barba de nuevo metida en el cinturón, dobló la esquina del edificio con cuatro cachorros sujetos con correas. Hacían cabriolas a ambos lados, moviendo la cola y olisqueando todo lo que tenían a su alcance. Cuando uno de los cachorros se adelantó, Biggin emitió un sonido con la boca —en parte susurro, en parte chasquido y en parte silbido— y el cachorro se quedó quieto y lo miró.

Biggin inclinó la cabeza hacia los muchachos.

—Buenas tardes, alteza. Hola, guardián del trono. ¿Su hermana ya está adentro?

—Sí, señor —dijo Kalmar—. Con Thorn.

—Es buena, ¿saben? —miró fijamente la puerta de la sabuesería y volvió a chasquear. Los cachorros se sentaron y movieron la cola—. Muy buena.

—¿Buena en qué, señor? —preguntó Janner.

—En hablar canidio —Biggin se acarició la barba—. ¿Nunca le enseñaron?

—No, señor —dijo Kalmar—. Siempre ha sido buena con los animales.

—Muy buena —repitió Biggin O'Sally, y luego volvió a centrar su atención en los chicos—. ¿Y qué me dicen de ustedes? ¿Alguno de ustedes habla canidio?

Janner sabía que Biggin no estaba siendo mezquino. El hombre apenas parecía darse cuenta de que Kalmar se parecía bastante a un perro.

Cuando los chicos no contestaron, Biggin dijo:

—Lo que quiero decir es que, si quisieran que estos cachorros se tumbaran y se dieran la vuelta, ¿cómo conseguirían que lo hicieran?

—Diría: «Giren», supongo —respondió Janner. Luego lo intentó, con una voz aguda como la que le había oído usar a Leeli—. ¡Giren, cachorros! ¡Giren!

Los cachorros dejaron de jadear e inclinaron la cabeza hacia Janner, pero no se tumbaron ni giraron. De hecho, Janner tuvo la sensación de que sentían lástima por él.

—¿Y usted, alteza? —preguntó Biggin a Kalmar.

Kalmar intentó mover la mano en círculo y, como no funcionó, se puso a cuatro patas y giró. Los cachorros movieron la cola y lo miraron como niños que observan a un payaso en una feria.

—Supongo que no —dijo Biggin—. Esto es canidio, chicos. Observen y aprendan —sin mirar siquiera a los perros, emitió otra serie de sonidos, y todos los cachorros menos uno se tiraron al suelo y se revolcaron. El que no lo hizo se persiguió la cola—. Todavía los estoy entrenando, pero ya se dan una idea. Su hermana logró que hicieran eso y más. Cuando ayer tocó el arpa silbante, todos los perros de la sabuesería dejaron de hacer lo que estaban haciendo y le habrían tejido un jersey si ella se los hubiera pedido. Como he dicho, es buena. *Muy* buena.

Biggin O'Sally soltó las cuatro correas y entró pavoneándose en la sabuesería. Cuando se abrió la puerta, se oyó una música de arpa silbante y los cuatro cachorros entraron aullando tras su adiestrador.

—Es buena —dijo Kalmar.

—Muy buena —acotó Janner, y se rieron. Entonces sonó una bocina y Janner se dio cuenta de que no había ningún alumno a la vista—. ¡Llegamos tarde! ¡Vamos!

Los chicos corrieron por los pasillos y sortearon los setos. Irrumpieron en el patio de la Cofradía Durgan y se detuvieron. El profesor Clout miraba a los chicos con los brazos cruzados. El resto de los cofrades estaban sentados en el suelo detrás de él, haciendo lo posible por imitar la mirada de su maestro.

—No se tolerarán los retrasos —dijo.

Los hermanos asintieron.

—Vueltas alrededor del patio hasta que les diga que paren. Comiencen —se volvió hacia su clase y comenzó la lección.

A Janner le ardían las orejas. Era injusto que los castigaran por llegar tarde, cuando había sido otro maestro quien los había retrasado. Si O'Sally no les hubiera estado hablando del lenguaje de los perros, habrían llegado con tiempo de sobra. Janner apretó la mandíbula, sacudió la cabeza y empezó a dar vueltas.

Comenzó a paso firme, consciente de que Kal estaba justo detrás de él. Podía oír las garras de su hermano rozando las losas a cada paso. Por el rabillo del ojo, Janner observaba al maestro Clout ladrando órdenes, dando lecciones a los alumnos y mostrando posturas de combate. De vez en cuando, llamaba a dos alumnos al centro del círculo para que lucharan, interviniendo de vez en cuando para corregir su técnica.

A la decimoséptima vuelta al patio, Janner empezó a pensar que Clout se había olvidado de ellos. Le ardían los pulmones y su paso había decaído hasta el trote. Kalmar le susurró una palabra de ánimo desde atrás y finalmente se puso al frente. No parecía cansado en absoluto.

Janner perdió la cuenta de las vueltas. Sentía las piernas como gelatina. Sus pies parecían ladrillos. Kalmar se alejó cada vez más hasta que le llevaba media vuelta de ventaja, corriendo hacia Janner por el lado opuesto del patio. Lo animó con la cabeza cuando sus miradas se cruzaron, pero no sirvió de nada; solo añadió frustración al agotamiento de Janner. Intentó obligar a sus piernas a reaccionar. Era el hermano mayor. Tal vez no fuera capaz de correr más que Kalmar, pero siempre se había convencido de que su punto fuerte era la resistencia. Ahora estaba claro que volvía a estar en desventaja.

El maestro Clout los ignoraba, pero los cofrades les robaban miradas de vez en cuando. Janner los vio señalar a Kalmar y cuchichear, y cuando oyó los pasos de Kalmar acercándose por detrás, la vergüenza se unió a las otras emociones oscuras.

Los chicos Wingfeather no llegaron a unirse a la clase aquel día. En un momento dado, el maestro Clout envió a un cofrade con dos cantimploras. Los chicos las vaciaron enseguida y Clout les ordenó que continuaran. Corrieron hasta que sonó la bocina, señalando el fin de las clases. Para entonces, Janner apenas podía poner un pie delante del otro, e incluso Kalmar parecía agotado. Los demás alumnos se dispersaron, y Janner se desplomó en el suelo, con la sensación de que nunca volvería a caminar. Kalmar se sentó a su lado y le entregó otra cantimplora.

Clout se acercó y los estudió un momento antes de hablar.

—No lleguen tarde —dijo, y se alejó.

28

La biblioteca legendaria de Ban Rona

Janner no dijo ni una palabra en todo el viaje de vuelta. Leeli, en cambio, fue hablando hasta por los codos. Le contó a Nia todo sobre los chicos O'Sally, en especial sobre Thorn, que le había enseñado a enganchar un perro a un arnés, a limpiar la perrera, a preparar la comida de los perros y los conceptos básicos del canidio. Dijo que el profesor O'Sally había pasado la mayor parte de la tarde observando su interacción con los perros, haciéndole preguntas sobre las distintas melodías de arpa silbante que tocaba y escribiendo notas en un librito.

—Recordé cómo el arpa silbante calmaba a los dragones marinos, así que pensé en probarlo con los perros —dijo Leeli—. Descubrí cómo… no sé… *decirles* cosas con la música. Fue fácil. El profesor O'Sally dijo que era buena —terminó mientras se sonrojaba.

Janner sintió que Kalmar lo miraba y levantó la vista para verlo pronunciar en silencio las palabras:

—Muy buena. Un atisbo de sonrisa atravesó todo el malhumor de Janner.

Cuando el carruaje llegó a la Colina de la Chimenea, lo único que Janner deseaba era un largo y fresco trago de agua y una siesta. Sus articulaciones protestaron cuando bajó al suelo y entró cojeando tras los demás. Sin embargo, en lugar de una bebida y una cama, lo recibió Oskar N. Reteep, de pie al otro lado de la puerta, con una mochila llena de libros.

—¡Janner! Ya le pedí permiso a tu madre. ¡Vamos a la biblioteca! Bonifer está esperando —Reteep pasó por la puerta escurriéndose y montó en el carruaje.

Janner miró a Podo, dormido frente al fuego con los pies en alto, y a Kalmar y Leeli, que merendaban pan y mermelada en la mesa, y luego a Oskar, que esperaba con las riendas en las manos.

Nia dijo desde la cocina:

—Lleva todo el día deseando enseñarte su trabajo sobre el Primer Libro.

Janner lanzó un suspiro y volvió a subir al carruaje con una mueca.

—¡Mi muchacho, te va a encantar la biblioteca! En palabras de Omrimund, Rey de Algo: «Prepárate. Es mejor de lo que crees».

Bajaron la colina, cruzaron el arroyo y regresaron a Ban Rona, alejándose de la Fortaleza y dirigiéndose al oeste, hacia el puerto.

Sin Kalmar en el carruaje a la vista de todos, Janner se sintió refrescantemente anónimo mientras atravesaban la ciudad. Por primera vez, pudo observar a los vallerinos hacer sus cosas como de costumbre. Cuando no fruncían el ceño o se acobardaban ante un Colmillo Gris, parecían bastante agradables, incluso alegres. Se saludaban desde los porches, jugaban con sus perros, charlaban en las esquinas y paseaban por las aceras cantando. A Janner se le levantó el ánimo. Oskar incluso se detuvo en un puesto de bocadillos y le compró una magdalena rellena y un vaso de zumo de ermentina, lo que le dio un estallido de energía y le permitió olvidar sus cansados huesos durante un rato.

Ban Rona es mucho más agradable cuando Kalmar no está cerca, pensó, y en cuanto lo pensó, se sintió culpable. *No es culpa de Kalmar*, se dijo. Pero era cierto.

—¡Ya llegamos! —dijo Oskar mientras ataba a los caballos delante de un majestuoso edificio con gordos árboles que daban sombra a la entrada. El edificio era de piedra rojiza, veteada por el tiempo, y hermoso. Tenía varios pisos, y en cada uno había un balcón donde la gente se sentaba a la sombra con pipas y jarras de sidra, leyendo libros entre las hojas.

Como Janner era un chico, y los chicos siempre piensan en trepar por las cosas, se dio cuenta de lo fácil que sería salir del balcón y trepar por las gruesas ramas; entonces vio a varias personas que lo hacían. Paseaban por las ramas de los árboles, adentrándose en la copa, donde había plataformas sujetas a las ramas. Sobre ellas había cómodas sillas y los pies colgaban del borde, donde la gente se reclinaba, absorta en historias o estudios. Cuanto más miraba Janner, más gente veía en los árboles.

Janner se bajó sin pensar en su dolor, siguió a Oskar a través de las puertas principales y entró en la biblioteca. Se quedó boquiabierto y se le puso la piel de gallina. En todas direcciones, veía pasillos repletos de estanterías. Era como Libros y Rincones, solo que cien veces más grande. En todos los rincones de la sala había escaleras que subían en espiral al piso siguiente. En las paredes, parpadeaban faroles. En los rincones había sillas acolchadas, y donde no había sillas, había escritorios.

En el centro de la sala principal, «el eje», como lo llamaba Oskar, había un poste indicador con flechas que señalaban las distintas secciones de la biblioteca. Justo delante estaba HISTORIAS SOBRE SONIDOS ESPELUZNANTES; otro cartel señalaba un poco a la izquierda y decía: HISTORIAS CON TESOROS; a la derecha, estaba HISTORIAS CON FINALES AGRIDULCES e HISTORIAS REALES (SI TE ATREVES). En el cartel más bajo, se leía: POSTE NÚMERO DOS y señalaba hacia el otro extremo del centro, donde otra señal indicaba cómo llegar a otras secciones.

—¿Puedo ayudarte?

Janner se giró. Una mujer estaba de pie donde hacía un momento había un espacio vacío. Parecía un poco más joven que Nia y llevaba un bonito vestido marrón con flores en las mangas. Tenía el pelo del color del pan tostado y lo llevaba recogido en un moño.

Janner le sonrió.

—No, señora. Es la primera vez que vengo y me encantaría echar un vistazo.

—Muy bien. Soy la señora Sidler. Soy la bibliotecaria. Si me necesitas —miró a izquierda y derecha—, estaré por aquí.

—Gracias —dijo Janner —miró a Oskar, luego oyó un susurro de movimiento y, cuando miró hacia atrás, la mujer había desaparecido.

—Hace eso —dijo Oskar—. Es espeluznante. Vamos.

Subieron las escaleras hasta el tercer piso y pasaron pasillo tras pasillo de libros con secciones como HISTORIAS DE LA PIRATERÍA EN LOS ESTRECHOS DE SYMIA e HISTORIAS DE LA PIRATERÍA DE LAS ESPOSAS DE LOS PIRATAS e HISTORIAS DE PAÍSES QUE NUNCA VISITARÁS, y finalmente pasaron bajo un arco hasta un ala de la biblioteca rotulada LENGUAS MUERTAS.

No había ventanas, así que incluso con los faroles en las paredes, el lugar estaba sombrío como una catacumba. También era más silencioso, sin el canto de los pájaros ni la brisa ni las voces sofocadas que revoloteaban por el resto de la biblioteca. Bonifer Squoon estaba sentado ante un escritorio, estudiando detenidamente un montón de notas.

—¿Puedo ayudarte? —dijo una voz. La señora Sidler entró en la luz de la lámpara, y Janner dio un respingo.

—No, señora —Janner le dedicó una sonrisa falsa—. Estoy con el señor Reteep.

—Gracias, bibliotecaria Sidler. *Seguimos* bien. Seguimos investigando lo mismo que ayer.

—¿Nada de nada, entonces? —preguntó, esperanzada.

—Te lo aseguro —dijo Oskar.

Otro crujido de su vestido y desapareció entre las sombras.

—Es muy servicial, como puedes ver —dijo Bonifer con una risita.

—Espeluznante —dijo Oskar, aplanándose el mechón de pelo a la cabeza y apretándose en una silla junto a Bonifer—. Janner, ven a ver.

La mesa estaba repleta de libros. La mayoría eran gruesos, con tapas negras hechas jirones y páginas amarillas. Había hojas de pergamino esparcidas por todos los espacios vacíos. Una vela se encontraba en la esquina de la mesa, con una cascada de cera endureciéndose a su alrededor.

En el centro del escritorio estaba el libro de Janner: el Primer Libro. Janner se sentía culpable por no haber mostrado mucho interés en él últimamente. Por mucho que lo intentara, no estaba tan entusiasmado con la traducción como parecían estarlo Oskar y Bonifer, sobre todo con las cosas que estaban ocurriendo. Pero su padre le había dado el libro, así que era importante.

El libro estaba escrito en vallerino antiguo, una lengua que Nia apenas conocía, y, por lo que Oskar sabía, era una especie de historia. Contenía escritos sobre Anyara, la antigua ortografía de Anniera, e incluso la música escrita de la «Melodía de Yurgen». La canción los había salvado cuando el propio Yurgen, el antiguo dragón marino, había salido del Mar Oscuro para matar a Podo. Leeli la había tocado con su arpa silbante y había calmado la furia del dragón. Así que, aun si nunca tradujeran otra letra del libro, ya les había salvado la vida.

Pero ahora, cuando Janner miró las mil páginas de escritura manuscrita, el corazón le dio un vuelco. ¿Qué otros misterios encerraban aquellas páginas? ¿Por qué su padre había arriesgado la vida para conseguírselo? Gracias al Hacedor por Oskar N. Reteep, pensó Janner, o el libro no habría sido más que un viejo recuerdo, un recuerdo de su padre muerto.

Bonifer dejó la pluma y se frotó los ojos.

—Janner, hijo mío, se me llena el corazón de alegría y de tristeza cada vez que te veo. Te pareces tanto a tu padre. Es más, hasta hablas como él.

Janner acercó una silla y sonrió al anciano. No sabía qué decir, así que volvió su atención al libro.

—¿Ha hecho algún progreso hoy?

—Un poco. La escritura es más descuidada en esta sección. Como si el autor lo hubiera escrito con prisa.

—Pero ayer conseguimos algunas frases —Oskar arrancó la vela de la cera y la sostuvo sobre la página—. Lee, muchacho.

Profundo, profundo, profundo en el mundo, bajo la roca y el río, bajo la sombra de la sombra, el Templo de Fuego, donde la piedra y el agua despiertan al caminante, allí desciende el Hacedor, y solo el rey puede venir.

—¿Qué significa? —susurró Janner, porque parecía correcto susurrar siguiendo la estela del antiguo texto.

—Ojalá pudiera saberlo —dijo Bonifer—. Pero no creo que lo sepamos hasta que lo traduzcamos entero.

—Nos llevará meses —Oskar soltó una risita—. ¡Meses! Entre Bonifer, yo mismo y este montón de libros, conseguiremos descifrar bien cada letra. Siento como si hubiera nacido para esto —incluso con su calva y sus mechones blancos de pelo, Oskar parecía haber rejuvenecido años, sobre todo al lado del anciano Bonifer Squoon.

—No soy bibliotecario —dijo Janner—, pero ¿puedo ayudar?

Los ancianos se estremecieron con carcajadas cargadas de flema.

—¡Claro! —dijo Bonifer cuando se hubo serenado—. Necesito consultar el séptimo volumen de *El vallerino antiguo en uso cotidiano*, que deberías poder encontrar por ahí.

Janner levantó una lámpara de la pared y pasó los dedos por encima de los viejos libros hasta encontrarlo. Lo retiró de la estantería, le sopló una capa de polvo y lo dejó sobre la mesa entre los demás. Oskar y Bonifer ya estaban acurrucados sobre el Primer Libro, discutiendo la curva de cierto carácter, comparándola con otra similar en una página anterior.

Janner deseaba ser más útil. Siguió mirando por el archivo de Lenguas Muertas todos los libros de las demás salas hasta que Oskar levantó la vista del escritorio.

—Muchacho, creo que tenemos lo que necesitamos para esta página. ¿Por qué no vas a echar un vistazo? Y no te metas en líos, o esa señora Sidler te dará un susto de muerte —Oskar se llevó una mano a un lado de la boca y bajó la voz—. Está por todas partes.

—¿Puedo ayudarte? —dijo la señora Sidler desde un rincón de la habitación. Oskar dio un salto tan violento que sus gafas cayeron al suelo—. Te oí mencionar mi nombre y pensé que podría serte de ayuda.

—¡Santo cielo, mujer! —exclamó Oskar—. ¡Estamos bien!

—Muy bien —dijo ella y volvió a hundirse en las sombras.

Janner sonrió mientras estaba en lo alto de la escalera, intentando decidir adónde ir primero.

29

Un linaje de reyes

Janner nunca había visto tantos libros en un mismo lugar. Vagaba de una habitación a otra, ojeando libros que despertaban su interés y otros que no. No podía resistirse a tomarlos de la estantería para olerlos, palpar sus páginas y hojear su contenido, sin importarle de qué trataran. Leyó unos cuantos poemas inquietantes de Adeline la Poetisa en una colección titulada *Antología de versos maníacos*; hojeó páginas de ilustraciones de alguien llamado R. Smackam, la mayoría de hadas, brujas y duendes; encontró una biografía de Connolin Durga, que se guardó bajo el brazo para más tarde; y, para su deleite, encontró toda una sección de historia de Anniera.

Uno de los libros, titulado *Un linaje de reyes*, contenía página tras página de genealogías junto con retratos de varios miembros de la corte de Anniera. Janner estaba de pie en el pasillo, con los oídos zumbándole y la piel hormigueándole, pasando páginas con dedos temblorosos. Aquí, entre todos aquellos libros, había uno sobre *su* familia, y no era solo una lista de nombres colgados en un árbol genealógico. Cada nombre aparecía con la fecha y el lugar de nacimiento y una breve biografía, y algunos incluían una galería de retratos.

Janner se deslizó hasta el suelo y contempló durante largo rato los dibujos de sus antepasados. Algunos de ellos, pensó, se parecían notablemente a Kalmar, y algunas de las mujeres se parecían a Leeli. Los Wingfeather se habían sentado en el trono durante generaciones: guardianes del trono, reyes supremos, reinas supremas (si el segundo hijo era una niña), doncellas musicales (o maestros musicales si el tercer hijo era un niño) y herederos de la tradición (que, según se enteró Janner, era el título que recibían todos los niños nacidos después del tercero). Los herederos de la tradición eran tejedores de cuentos que viajaban por el reino contando historias a todas las aldeas para mantener los relatos y los mitos de Anniera cerca del corazón de la gente.

Janner sostuvo el libro a la luz de la lámpara y estudió los rostros de una familia real del año 67. Había un rey barbudo, una mujer bajita con una espada (que era la reina, según el texto), una muchacha alta que debía de ser aprendiz de guardián del trono, un joven príncipe, un niño pequeño que chupaba un arpa silbante y un bebé en brazos de una nodriza. Era una gran familia, y el artista había plasmado tanta personalidad en sus rostros que Janner sintió como si los conociera. Al pie de la página había unas palabras: «Rey supremo Bormand Pie Rápido y familia, 67-92, Tercera Época».

Janner hojeó hasta el final del libro y descubrió, con una pizca de decepción, que había sido escrito antes de la época de su padre. Anhelaba ver otro retrato de Esben, aunque fuera de bebé. Pero en la última página, decía: «Jru y Nala Wingfeather». No podía estar seguro, pero creía recordar que esos eran los nombres de sus abuelos. No había ningún retrato, pero en la página anterior, las ramas del árbol genealógico incluían un nombre tras otro interesantes, como Samwell Durbin y Tumnus Button (nombres que le sonaban vallerinos) y nombres graciosos como Tollers Greensmith, y nobles como Lander Wingfeather (su tatarabuelo, por lo que Janner entendía).

Se sentía como si estuviera resplandeciendo de adentro hacia afuera.

—¿Necesitas algo? —dijo una voz.

Janner se había preguntado cuándo volvería a importunarlo la bibliotecaria. Pero cuando miró arriba y abajo por el pasillo, no pudo encontrarla. Se encogió de hombros, se volvió hacia la estantería y casi se sobresaltó cuando vio su cara mirándolo desde la ranura por donde había sacado el libro.

—¿Cualquier cosa? —preguntó.

—No, gracias —dijo Janner, y ella desapareció entre las sombras. Sacó unos cuantos libros más y solo vio la parte trasera de la estantería. La tocó con el nudillo y pudo comprobar que estaba hueca.

—Pasadizos secretos —se dijo—. Espeluznante.

Recorrió la biblioteca hasta que vio los rayos dorados del atardecer entrando por las ventanas y revistiendo las paredes. Dos veces vio a la bibliotecaria acercarse por detrás de otras personas para ver si necesitaban ayuda, y dos veces vio a la gente saltar del susto. Subió los escalones hasta el tercer nivel y encontró a Oskar y Bonifer ordenando papeles en pilas, tapando frascos de tinta y recogiendo sus cosas.

—¿Cómo les fue? —preguntó Janner.

—¡Otra página! —dijo Oskar—. Te digo, muchacho, que a este ritmo acabaremos muy pronto.

—Si por «muy pronto» te refieres a ocho meses, entonces tienes razón —dijo Bonifer con un resoplido. Se colocó el sombrero de copa en la cabeza y se puso en pie con cierto esfuerzo—. Janner, ¿te importaría traerme el bastón que está junto a la pared? Ahora me parece que está muy lejos.

Janner entregó el bastón a Bonifer y le mostró el libro de historia de Anniera.

—¡Ah! ¿Qué es esto? —dijo Bonifer, entrecerrando los ojos a través de un monóculo.

—Es un árbol genealógico —pasó a la última página—. Quería preguntarle si conocía a Jru y Nala Wingfeather.

Bonifer hizo una mueca de dolor. Puso una mano en el hombro de Janner y lo miró por encima de las gafas.

—Muchacho, esos son tus abuelos.

—Ya me lo imaginaba —dijo Janner—. ¿Los conocía?

Bonifer se rio.

—Por supuesto. El padre de Jru, Ortham Greensmith, era uno de mis mejores amigos. Él y yo crecimos juntos aquí, en los Valles. Cuando Madia Wingfeather llegó a los Valles siendo una joven doncella para ver el Banick Durga, Ortham se enamoró de ella. Se casaron y él adoptó el nombre de Wingfeather. Se marchó a la Isla Luminosa y me llevó con él como consejero. Desde entonces, he estado cerca de la familia Wingfeather. De hecho, estuve con él en todo momento de su reinado.

—¿Así que conoció a mi bisabuelo?

—Claro —Bonifer sonrió—. Y a tu abuelo Jru. Yo estaba al otro lado de la puerta cuando nació Jru, igual que cuando nació Esben. Puede que esto te sorprenda, muchacho, pero yo también fui uno de los primeros en tenerte en brazos.

—¿Cuántos años *tiene*? —preguntó Janner.

—Ochenta y siete.

Janner estaba bastante seguro de que eso convertía a Bonifer Squoon en la persona más anciana que había conocido. Sabía que Bonifer había sido consejero de su padre, pero no sabía que su amistad con los Wingfeather se remontaba hasta su bisabuelo.

—¿Cómo era mi bisabuela?

—¿Madia? Era encantadora —Bonifer acarició el libro, ensimismado—. Deberíamos volver a la Colina de la Chimenea. Tu madre me dijo que esta noche iba a hacer estofado de setas y patatas, y eso hace que hasta estos viejos huesos quieran darse prisa —se volvió hacia Oskar—. No olvides las páginas que hemos traducido, amigo mío. Sería una pena perder todo ese trabajo.

—En palabras de Boonta Nood…

—«Las tengo aquí, en mi bolsa» —terminó Bonifer.

—¡Justo lo que iba a decir! —Oskar se estremeció de alegría y se echó la bolsa al hombro.

Descendieron de nuevo a la primera planta mientras el crepúsculo se asentaba y teñía el interior de la biblioteca de un tono sombrío. Los vallerinos hacían fila ante el mostrador mientras un adolescente anotaba en un libro los títulos de los libros que tomaban prestados. Janner no podía ver a la bibliotecaria, pero sabía dónde estaba por los jadeos ocasionales cuando aparecía ante algún pobre lector para preguntarle si necesitaba ayuda.

Janner se acercó al mostrador cuando llegó su turno y colocó sus libros ante el chico.

—Nombre —dijo el muchacho.

—Janner Wingfeather.

El chico levantó la vista del libro de contabilidad.

—El guardián del trono. Tienes un trabajo duro, ¿verdad?

—¿Qué quieres decir? —preguntó Janner, preparado para un comentario cruel.

—Solo que ya es bastante duro ser guardián del trono —por lo que he leído, quiero decir— sin tener que lidiar con un montón de niños vallerinos enfadados que se meten con tu hermano.

—Sí.

—Hay que devolverlos dentro de dos semanas. Y yo que tú me aseguraría de llegar a tiempo, a menos que quieras que *ella* te persiga —el chico señaló a la bibliotecaria, que estaba sobresaltando a otra persona.

—Eso es algo que definitivamente no quiero —dijo Janner.

—Me llamo Owen. Nos vemos.

Janner olió el aire salado del puerto al subir al carruaje. El cielo de poniente iluminaba el agua con la última luz del día, las gaviotas acuáticas cantaban en el aire, los perros ladraban y los vallerinos paseaban por la calle en alegre conversación. Ban Rona parecía menos amenazador que hacía solo unos días.

—¿Por qué estás tan contento, muchacho? —preguntó Oskar.

—Acabo de tener mi primera conversación normal en los Valles Verdes.

—¿Con el ayudante de la bibliotecaria? —preguntó Bonifer—. Un buen muchacho. Sabes, podría recomendarte a la bibliotecaria Sidler, si quieres. Tal vez quiera tener a otro joven bibliófilo entre su personal.

—¿En serio? —dijo Janner—. ¿Qué tengo que hacer?

—Nada en absoluto. Solo tienes que pertenecer a la cofradía de encuadernación.

Janner se desplomó en su asiento.

—¿Qué sucede? —preguntó Oskar.

—No estoy en la cofradía de encuadernación.

Ya no tenía ganas de hablar, así que intentó leer las primeras páginas de *Connolin Durga*: *Servir un tazón de dolor a los correcumbres*, pero no había luz suficiente. Cerró el libro y lo tiró a un lado. Owen se equivocaba. No era difícil ser guardián del trono. Era molesto.

Estaba oscuro y hacía frío cuando llegaron a casa. Rudric estaba sentado en un banco del jardín delantero de la Colina de la Chimenea, hablando y riendo con Danniby. Cuando el carruaje se detuvo y Freva volvió a salir para conducir los caballos al establo, Rudric se apresuró a tomar las riendas.

—Freva querida, estás pálida como la luna —le dijo.

Freva murmuró y se miró los pies.

—Ay, ese granero está oscuro, mi señor.

—El hendido se ha ido, te lo aseguro.

—Mi señor, odiaba entrar ahí de noche incluso antes de ver a esa bestia.

—Está bien. Ayuda al señor Squoon a entrar mientras Danniby y yo atendemos a los caballos. Ve.

Freva le agradeció profusamente a Rudric y le ofreció el brazo a Squoon mientras este bajaba del carruaje.

Rudric sonrió a Janner.

—Oy, muchacho. Parece que has tenido un día duro.

Janner casi se había olvidado de su agotadora carrera de aquella tarde, y el recordatorio de Rudric despertó el dolor de sus articulaciones.

—Sí, señor. Hoy llegamos tarde a la Cofradía Durgan.

Rudric soltó un silbido bajo.

—Oy, eso es malo. Llegar tarde es una cosa. Llegar tarde a la clase del profesor Clout es otra. Dudo que llegues tarde mañana.

—Ni soñando —dijo Janner, y Rudric se rio mientras se llevaba a los caballos.

Era bueno tener a Rudric cerca, sobre todo ahora que Artham se había ido. Rudric no era un guardián volador del trono, pero era grande como una montaña y reía como un trueno. Con un hendido en las inmediaciones, Janner agradeció tener cerca al custodio de los Valles.

Tras una cena en la que Leeli parloteó sobre sus perros favoritos de la sabuesería y Oskar y Bonifer intercambiaron citas extrañas de libros más extraños, Janner apenas podía mantener los ojos abiertos. Kalmar parecía tan feliz como siempre, lo que puso a Janner de mal humor otra vez.

Comió sin hablar y pidió que lo excusaran. Nia le dio un beso en la cabeza y lo mandó a la cama sin recoger la mesa. Una vez en su habitación, no se molestó en encender el farol de la pared. No se molestó en leer sus libros. La mullida cama lo recibió con un montón de mantas calientes, y se durmió en cuestión de minutos.

Pero cuando Kalmar llegó a la cama, hizo ruido. Janner gimió y se tapó la cabeza con las mantas cuando el farol se encendió.

—Lo siento —susurró Kalmar—. No quería despertarte.

—Pues lo has hecho —refunfuñó Janner.

Sintió que Kalmar se sentaba en la litera de abajo, a sus pies. Janner bajó las mantas y miró a Kalmar con los ojos entrecerrados. Tenía los bigotes caídos y su nariz negra y húmeda captaba la luz de la lámpara.

—¿Qué pasa? —preguntó Janner, sonando más malo de lo que pretendía.

—Lamento lo de la Cofradía Durgan. Sé que preferirías estar haciendo libros —Kalmar se rascó la barbilla, pero no como lo haría una persona; rastrilló con las garras en un movimiento rápido y perruno—. Es que no sé qué quieres que haga. Dilo y lo haré. Odio sentir que estás enfadado conmigo todo el tiempo.

Janner suspiró. Sintió que una piedra de su corazón empezaba a moverse, pero no quería que lo hiciera. Quería seguir enfadado para que Kalmar supiera cuánto costaba ser su hermano.

—No estoy enojado contigo. Solo… solo desearía poder hacer *una* cosa que quiero. Una cosa.

—Hoy fuiste a la biblioteca.

—Sí, pero…

—Y realmente tienes alguna posibilidad de hacer amigos. Yo no la tengo. Arruiné todo. Metí la pata hasta el fondo. Y ahora tengo estas —extendió las garras—. Estoy atascado con estas cosas horribles. Atascado con esta cara —Kalmar agachó la cabeza.

La piedra del corazón de Janner se movió un poco más y estuvo a punto de rodar. Se incorporó apoyándose sobre los codos. Cuando vio que una lágrima corría a lo largo del hocico de Kalmar, le colgaba al final de la nariz y goteaba hasta la cama, la piedra se fue con ella.

—No es tu culpa —dijo Janner—. Los Colmillos lo hicieron.

—No lo entiendes —Kalmar se limpió la nariz—. Soy un pésimo rey. Soy un pésimo niño. Eso no es culpa de los Colmillos.

—¿De qué estás hablando? ¿Estás diciendo que *querías* que te secuestraran?

—No.

—¿Estás diciendo que *querías* que te metieran en el carruaje negro?

—No.

—¿Estás diciendo que *querías* convertirte en un Colmillo?

Silencio.

—¿Kal? —Janner percibió una frialdad en la habitación. Kalmar había dejado de llorar y miraba al suelo—. ¿Kal? —repitió Janner.

—Sí —susurró Kalmar.

—Sí, ¿qué?

—Sí, lo quería —Kalmar se limpió la nariz—. Solo funciona si lo deseas. Eso es lo que dijo ella.

—¿Lo que dijo quién? —Janner sintió miedo sin saber por qué, miedo de la respuesta. Con cada palabra que pronunciaba Kalmar, Janner sentía que se adentraba cada vez más en las fauces de una cueva negra.

—La guardiana de la piedra. Tenía una voz tan hermosa. En el carruaje nos dijeron que podríamos ser poderosos. Nos dijeron que conoceríamos la fuerza, la velocidad y la destreza, y que lo único que teníamos que hacer era cantar lo que ella nos dijera que cantáramos.

—¿Y lo cantaste? —preguntó Janner en voz baja.

Kalmar asintió.

Janner tenía miedo de preguntar, pero lo hizo de todos modos.

—¿Qué pasó? ¿Qué sentiste?

—Me sentí bien. Y sentí que me moría —dijo Kal al cabo de un momento—. Como si se me hubiera encogido el corazón en el pecho. Pero lo deseaba. Ella dijo que la canción no funcionaría a menos que la cantara con el corazón. Y así lo hice —a Kalmar se le quebró la voz y apartó la mirada—. Lo siento mucho.

—Entonces, ¿cómo volviste? —preguntó Janner—. ¿Puede volver alguno de los Colmillos como tú?

—No lo sé. El tío Artham me dijo que tiró la puerta abajo antes de que la guardiana de la piedra me nombrara. Dijo que los nombres tienen poder y que llegó a mí antes de que se completara el cambio. No sé cómo funciona. Me alegro de que me encontrara. No quiero ser un Colmillo, Janner. Pero hoy, cuando corríamos, y cuando luché con Grigory en el campo, sentí que aún estaba en mí. Sigue en mi sangre. Quería liberarlo.

Los ojos de Kalmar se encontraron con los de Janner, y un escalofrío recorrió la espalda del mayor. El aire entre ellos hormigueaba. Los ojos de Kalmar seguían siendo azules, pero a Janner le pareció ver manchas amarillas en los bordes. No recordaba si esto había sucedido antes. Tal vez fuera un reflejo de la luz de la lámpara.

—Creí que estaba perdido, Janner. Nunca pensé que volverías a encontrarme. Me dijeron que podía cantar la canción y luchar en el ejército de Gnag, o morir en una mazmorra fría y oscura. Tenía miedo. Y no quería ser rey. *Sigo* sin querer ser rey. No sé cómo —Kalmar tenía un nudo de la manta entre las garras y lo retorcía mientras hablaba—. No soy inteligente como tú. No conozco poemas ni historias, y no sueño con Anniera como tú. Lo único que quiero es que me dejen en paz.

Janner sintió la necesidad de consolar a su hermano, pero por alguna razón no quería tocarlo.

—¿Sabes lo que diría mamá?

—¿Qué?

—Te diría que eres el rey, te guste o no. Te diría que la sangre de nuestro padre corre por tus venas, y que es más fuerte de lo que crees. Te diría tu nombre. Tu verdadero nombre. Kalmar Wingfeather.

—Eso ya lo sé.

—Pues eres el rey. No lo olvides —Janner forzó una sonrisa—. Yo por cierto no puedo. Cada vez que me doy vuelta, tengo que protegerte de algo o de alguien.

Kalmar soltó la manta y apartó la mirada. Estaba hecha jirones. Janner vio trozos de tela bajo sus garras.

—¿Puedes protegerme de mí mismo?

Kalmar cruzó la habitación y apagó el farol, luego saltó en silencio hasta la litera de arriba.

—¿Kal?

Pero el pequeño Colmillo Gris no respondió.

Janner permaneció despierto largo rato, inquieto y asustado. A través de la ventana, vio un relámpago a lo lejos, y en algún momento antes del amanecer, el sonido de un trueno marchó sobre los Valles hasta hacer retumbar la ventana.

30

Borley y la daga

Durante días, Sara apenas pudo evitar sonreír. Trabajaba cada hora pensando en la próxima comida, que era el único momento en que podía hablar con los niños más pequeños sin llamar una atención no deseada.

Hablar con las otras herramientas —*niños,* se recordaba a sí misma— la ayudaba a creer que no estaba loca. Cada vez que la monotonía de su trabajo empezaba a adormecer su mente, recordaba que en unas horas sería como una niña normal, cuchicheando con otros niños normales. A veces, cuando sonaba el silbato de la comida, se sorprendía de cómo habían volado las horas. Otras veces divisaba, entre todas las caras sucias, a uno de los niños de los que se había hecho amiga, y esperaba a que volviera a pasar mientras las horas transcurrían penosamente.

La fluctuación del tiempo era un cambio agradable respecto al entumecimiento y la monotonía que había sido su vida antes de Janner Igiby. Su mente estaba despierta y era aguda, y eso significaba que había esperanza.

Ahora se daba cuenta de cosas. Se dio cuenta de que, una vez cada varios días, unos Colmillos se reunían con el supervisor al final de la escalera. Se dio cuenta de que el supervisor parecía agitado, más enfadado con los jefes de mantenimiento cuando la producción de armas era lenta. Una vez, vio cómo uno de los Colmillos agarraba al supervisor por el cuello y lo zarandeaba. No pudo oír lo que gritaba el Colmillo, pero después de que se marcharan, el supervisor se había enderezado el sombrero de copa, desenrollado el látigo y bajado las escaleras para gritar a todos los niños que veía. Sara se dio cuenta de que él y Mobrik, el correcumbres, se paseaban por la fábrica más que nunca, y vio las miradas de preocupación que intercambiaban cada vez que llegaban los Colmillos.

Tras la huida de Janner, ya no actuaban como los gobernantes de su dominio, sino como dos herramientas más, solo un escalón por encima de los jefes de mantenimiento. Esto hizo que Sara se preguntara quién era Janner Igiby. Le parecía extraño que los Colmillos se preocuparan tanto por la huida de un chico corriente. Pasaba horas engrasando los engranajes de la traqueteante máquina de carbón, preguntándose una y otra vez qué tenía Janner que lo hacía tan especial. Incluso llegó a imaginar que era un príncipe de algún reino lejano y que algún día volvería para rescatarla.

Al tercer día de hablar por primera vez con el niño llamado Borley, Sara se sentó en el comedor y esperó a que llegara, ansiosa por saber más de él y de sus otros nuevos amigos. Borley se sentó frente a ella y sonrió como si quisiera decirle algo. Le hizo señas a Sara para que se acercara.

—¿Qué sucede? —susurró ella.

De debajo de la camisa, Borley sacó un trozo de metal tan negro y dentado que Sara tardó un momento en darse cuenta de que era una daga que aún no había pasado por el proceso de pulido o afilado.

—¡Borley, tapa eso! —siseó, mirando a un lado y a otro para asegurarse de que ninguno de los jefes de mantenimiento estuviera mirando—. Podrías meterte en un *buen* lío por tener eso.

Los hombros de Borley se hundieron.

—Pensé que podríamos utilizarlo para salir.

—No funciona así, querido —dijo ella—. No podemos salir luchando. El supervisor nos detendría antes de empezar.

Para entonces, habían llegado otros niños más pequeños. Una niña de grandes ojos marrones y pelo negro preguntó:

—¿Entonces qué hacemos, Sara Cobbler?

—Nada, Grettalyn. No hacemos nada. Ahora mismo, lo mejor que podemos hacer es hablar. Estoy segura de que algún día saldremos de aquí, pero tenemos que tener mucho cuidado, ¿me oyes? Sería terrible que el supervisor o Mobrik pillaran a Borley escondiendo el cuchillo y lo metieran en el ataúd, ¿verdad?

Los ojos de los niños se abrieron de par en par, y todos asintieron solemnemente.

—Borley, ¿me das la daga? —preguntó Sara.

Él se la entregó por debajo de la mesa, y Sara la ocultó en la manga de su camisa. Tendría que guardarla hasta su próximo turno y luego colarla en alguna carretilla que pasara.

Entonces, oyó una voz que la hizo sobresaltarse tanto que el puñal estuvo a punto de escapársele de la manga.

—¿Qué está pasando aquí? —dijo Mobrik, el correcumbres. Estaba de pie junto al hombro de Sara, con su habitual sombrero de copa y su raído abrigo negro, cuyas colas se arrastraban por el suelo.

Los niños de la mesa bajaron la cabeza y sorbieron su sopa en silencio, actuando con tristeza y somnolencia, como Sara les había dicho que se comportaran cuando pasaran los jefes de mantenimiento. Aunque el corazón le latía con fuerza y Mobrik tenía la cara a escasos centímetros de la suya, sintió cierto orgullo por los nervios de acero de sus amigos.

—¿Qué quiere decir, señor? —preguntó con la voz más apagada que pudo conseguir.

—Te vi hablar. ¿Estabas hablando?

—Puede que sí, señor. Otras herramientas me han acusado de hablar sola. No me doy cuenta —se encorvó tanto que la barbilla casi le tocó el cuenco—. Es que estoy muy cansada —dijo, y bostezó.

—Otra vez tú —dijo Mobrik, acercándose—. Eres la herramienta que ayudó a escapar al chico.

Sara se quedó quieta y no respondió. La daga resbalaba. Dobló un poco el brazo para evitar que se le cayera, y la punta asomó por un agujero de la manga.

Sara se preguntó si debía hacer algo ahora, antes de que Mobrik descubriera la daga, o aguardar y rogar que no se diera cuenta. Era tan alta como él, así que tenía posibilidades de vencerlo. O si lo amenazaba con el arma, tal vez consiguiera que no dijera nada. También podía huir, pero sabía cómo acabaría eso… con los jefes de mantenimiento balanceándose por las cadenas de las vigas, nadie llegaba lejos. Aun así, por un momento pensó que podría ser su única oportunidad. Estaba rodeada de aliados, tenía una daga y el supervisor no estaba por ninguna parte.

Entonces, recordó la paciencia con que Janner había planeado su huida. Había pasado días en el ataúd esperando el momento perfecto; contaba con la ayuda de Sara; tenía las manzanas para sobornar al correcumbres… y aun así, casi lo habían atrapado. También recordaba lo horrible que había sido su castigo por ayudarlo, y sabía que no podía hacer pasar por lo mismo a Borley, a Grettalyn ni a ninguno de los demás. No, si iba a hacer algo, tenía que ser en sus propios términos.

Rogó al Hacedor que Mobrik no se diera cuenta de la pequeña punta negra de metal que sobresalía de su manga. Él entrecerró los ojos ante Sara, y ella estaba segura de que la vería. Si quería tener la ventaja de la sorpresa, se le acababa el tiempo. El corazón le retumbaba en el pecho.

Entonces, Borley eructó.

Mobrik lo miró y dijo:

—Grosero. Luego se alejó escabulléndose.

Borley agachó la cabeza hasta que estuvieron seguros de que el correcumbres había atravesado la puerta, y entonces todos resoplaron de risa.

Sara pensaba deshacerse del puñal a la primera oportunidad, pero aquella noche, al acostarse, lo guardó en un rincón a los pies del catre. En su mente se estaba formando un plan, del que pensó que incluso Janner Igiby estaría orgulloso.

Se preguntó dónde estaría y susurró una plegaria por su seguridad mientras se sumía en un sueño reparador en el que soñaba con un castillo, un río y un caballo sobre una colina cubierta de hierba.

31

La advertencia de Olumphia y la estrategia de Bunge

A la mañana siguiente, llovía y llovía sobre los Valles Verdes. Nia y los niños subieron al carruaje con impermeables con capucha que apenas servían para mantenerlos secos. El arroyo al pie de la Colina de la Chimenea era un rápido rugiente, tan alto que las olas espumosas se deslizaban sobre el puente. Cuando Nia cruzó con el carruaje, Janner expresó su preocupación por la posibilidad de que se lo llevara la corriente, pero Nia le recordó que el puente llevaba cientos de años en pie y había resistido muchas tormentas de ese tipo. Kalmar estaba callado, como era habitual en él, sobre todo por la mañana.

Se unieron al tren de carruajes que avanzaba hacia la Sala de las Cofradías, y una vez más, Janner sintió el calor de las miradas de los otros niños. Incluso con Nia presente, apenas disimulaban sus miradas de repugnancia y desconfianza. Janner no entendía por qué su madre prefería permanecer en silencio; parecía impermeable tanto a la lluvia como al odio. Cuando rodeó la estatua del patio, se despidió de los niños, dijo: «Recuerden quiénes son», y siguió cabalgando.

Janner, Kalmar y Leeli no tuvieron problemas para abrirse paso entre los niños hasta la escuela, porque donde caminaban, se abría ante ellos una burbuja de espacio. Los cofrades se apartaban con silbidos y murmullos de: «No dejes que te toque» y «Huelen a perro».

Janner se quedó mirando el suelo empapado y pensó en lo agradable que había sido estar en la biblioteca sin Kalmar; durante unas horas casi había creído que era un chico común y corriente. Seguía perturbado por lo que Kal le había contado la noche anterior, seguía sintiendo un atisbo de frustración por lo de la cofradía de encuadernación y, lo peor de todo, tenía miedo, miedo de mirar a su propio hermano a los ojos. Temía ver aquellas manchas amarillas que se arrastraban por los bordes del azul, porque si estaban allí, significaban algo que Janner no quería imaginar.

Cuando cruzaron el umbral para salir de la lluvia y entrar en la escuela, Grigory Bunge sacó el pie e hizo tropezar a Kalmar. El suelo ya estaba resbaladizo, así que cuando Kal cayó, sacudió a Leeli lo suficiente como para arrastrarla con él. Su muleta se deslizó y se revolcó sobre el suelo mojado. A Grigory no pareció importarle haber provocado la caída de Leeli y no hizo ningún movimiento para ayudarla. El suelo estaba sucio por todas las botas mojadas, y el vestido de Leeli quedó cubierto de barro.

Janner la ayudó a levantarse y limpiarse un poco, intentando controlar su ira y decidir si pelear o gritar o buscar tranquilamente a un profesor y dejar que disciplinara al chico Bunge.

Kalmar, sin embargo, ya había tomado su decisión. Se puso en cuatro patas, enseñó los dientes a Grigory Bunge y gruñó.

El sonido silenció la habitación. Los niños de la sala retrocedieron con miedo en los ojos. Incluso Grigory Bunge parecía asustado. Janner apenas reconoció a su hermano. La forma en que se le curvaba el hocico hacía que sus colmillos parecieran más largos, y el pelaje de la nuca y la cabeza estaba levantado y tembloroso.

—¡Kalmar, no! —dijo Janner.

Se interpuso entre Bunge y el lobo, dándose cuenta al hacerlo de que él también tenía miedo de Kalmar. Recordó sus cicatrices, el fuego brillante del dolor en los hombros, las piernas, el cuello y la espalda cuando Kalmar había luchado contra él en el agua. Sus sentidos le dijeron que ya no tenía a Kalmar delante: era un Colmillo Gris, hasta la médula.

—¡Kalmar, soy yo! —dijo Janner—. ¡Cálmate!

Pero los ojos de Kalmar seguían clavados en los de Grigory. Leeli se adelantó cojeando y, con voz temblorosa, tarareó una melodía al oído de Kal.

El gruñido lobuno vaciló y una oreja se crispó. El lobo apartó la mirada de Grigory y se centró en Janner, parpadeó un par de veces y en un instante volvió a ser Kalmar. Janner lo tomó de la mano y lo puso en pie, y la tensión se filtró por la sala.

—Mantén a tu perro atado, Wingfeather —se burló Grigory.

—Es difícil con todas las ratas sueltas por el pasillo —respondió Janner.

Grigory Bunge sonrió con maldad y levantó los puños. Janner se preparó para recibir una paliza.

—¡Oy! ¿Qué está pasando aquí? —Olumphia Groundwich se abrió paso entre la multitud y, en cuestión de segundos, los cofrades se dispersaron. Tenía las manos en las caderas y le temblaban los bigotes. Miró el vestido embarrado de Leeli y dejó escapar un gritito ahogado—. ¡Bunge! ¿Fuiste tú?

—No era mi intención, directora —Bunge puso cara de preocupación—. Leeli, ¿no es verdad? ¿Te encuentras bien? Siento *muchísimo* lo que sucedió.

—Entonces, ¿por qué no me ayudaste a levantarme? —preguntó Leeli.

—Tenía miedo del… del… de *él* —Grigory señaló a Kalmar y fingió tener miedo—. Me gruñía, directora. Pensé que podría atacarme.

Olumphia señaló con su largo brazo hacia el pasillo y dijo:

—Apártate de mi vista, Bunge. Llegarás tarde a clase.

—Sí, directora. Lo siento, directora —Grigory se apresuró a pasar junto a Janner y le dirigió una mirada de oscuro regocijo.

—Vamos. No queremos llegar tarde otra vez —murmuró Janner. Se echó la mochila al hombro y se dispuso a seguir a Grigory hasta la sala de conferencias.

—Alto ahí, cofrades —ordenó Olumphia—. A mi oficina, Wingfeathers. Tenemos que hablar.

Mientras la seguían hasta el despacho, a Janner le hervía la sangre. Una vez más, estaba metido en un lío, y una vez más, no era culpa suya. ¿Por qué no castigaban a Grigory?

Olumphia cerró la puerta tras los niños y les dijo que se sentaran. Se sentó ante su escritorio y los miró largamente a los tres. Janner estaba decidido a no disculparse, así que se dedicó a contar los bigotes de la profesora. Casi se echó a reír cuando se dio cuenta de que los que ella se había arrancado el primer día ya habían vuelto a crecer.

—Su madre —empezó Olumphia, con la voz entrecortada por la emoción— está en grave peligro.

La terquedad de Janner se desvaneció.

—¿Qué quiere decir?

—¿Es acaso el hendido? —preguntó Leeli—. ¿Ha vuelto?

Kalmar no dijo nada. Se quedó mirando el brazo de la silla y rascó la veta de la madera con la garra del índice.

—No, no es el hendido. Se trata de algo aún peor. ¡Oy! Hablo de ti, Kalmar.

Levantó la vista y lo miró con los ojos entrecerrados.

—Nunca le haría daño a mi propia madre.

—No directamente —dijo Olumphia.

Kalmar se cruzó de brazos.

—En absoluto.

Olumphia respiró hondo y pareció no saber qué decir.

—Directora Groundwich —dijo Leeli—, no quiero faltarle al respeto, pero se equivoca. Kalmar no le haría daño. Jamás.

—No lo entienden, cofrades. Quiero mucho a su madre, pero hizo una tontería.

—¿De qué está hablando? —preguntó Janner.

—*Turalay* —la barbilla de Olumphia tembló—. En el consejo. Su sangre está en el gran árbol. Declaró ante el consejo y los siete jefes que respondería por ti, Kalmar. ¿Entiendes lo que eso significa?

—Que si quebranto la ley, ambos seremos castigados —dijo Kal—. Pero yo no soy un criminal. No voy a infringir ninguna ley.

—Ah, niño —dijo Olumphia sacudiendo la cabeza—. No es tan sencillo. Cuando llegaste, sabía que los cofrades tardarían un tiempo en acostumbrarse a ti. Para ser sincera, yo también sabía que me llevaría algún tiempo. Si no fueras el hijo de mi querida amiga, desconfiaría de ti tanto como los demás —Kalmar hundió su garra en el brazo de la silla—. Comprende, Kalmar, que te enfrentas a nueve años de dolor e ira. Incluso antes de que llegara la Gran Guerra y los Colmillos mataran a nuestros hijos, los Valles Verdes eran poco acogedores con los forasteros. Para bien o para mal, lo llevamos en la sangre.

—Pero si Kalmar no infringe ninguna ley, ¿cómo es que Mamá está en peligro? —preguntó Janner.

—Aún me pitan los oídos de tantos gritos que tuve que soportar de los padres de esos cofrades. He tenido que escucharlos todos los días desde que llegaron. Les molesta que les haya permitido venir a la escuela. Creen que he puesto a sus hijos en peligro y están decididos a hacer algo al respecto.

—¿Qué harán? —preguntó Leeli.

—Bueno, para empezar, les dirán a sus hijos que los provoquen. Esa es la intención de Grigory Bunge. Su padre quiere ver que los expulsen de la Sala de las Cofradías. Si te peleas con su hijo, dirá que un Colmillo Gris intentó matar a un vallerino. Si le haces un solo rasguño a ese niño Bunge, el consejo le creerá. Te meterán en el calabozo durante años.

Janner tragó saliva mientras la implicación se desplegaba en su mente. Kalmar no tenía que robar un caballo ni dañar la propiedad de la ciudad. Si los vallerinos querían encerrarlo para siempre, lo único que tenía que hacer era arañar a uno de sus hijos.

—Y si te arrojan al calabozo, muchacho —dijo Olumphia con voz tensa—, tu madre irá contigo. La querida Nia estará encadenada en la oscuridad, con frío y sola. ¿Lo entiendes? Si hubieras atacado al chico Bunge hace un momento, eso es lo que habría sucedido.

Janner y Leeli miraron a su hermano. Kalmar miró fijamente a Olumphia, aturdido hasta la quietud.

—Eso significa que nada de peleas para ti, Kalmar, excepto en clase —continuó Olumphia—. Incluso entonces, *debes* contenerte. Nada de dientes. Nada de garras. No les des ningún motivo para acusarte.

—Sí, señora —dijo Kalmar—. Lo siento. No me había dado cuenta...

—Ya, ya —dijo ella, agitando una mano—. No es necesario. No has hecho nada malo. Son esos tontos de los Bunge los que deberían disculparse. Y ustedes dos —se volvió hacia Leeli y Janner— deben vigilar en todo momento. Leeli, si ves a Kalmar al borde de una pelea, toca ese arpa silbante o lánzate entre ellos o algo. ¡Oy! Janner, eres un guardián del trono, así que esto será más difícil para ti. Estás acostumbrado a proteger a tu hermano. Ahora te pido que protejas *de él* a payasos como Grigory Bunge. Y una cosa más —dijo Olumphia, inclinándose hacia delante y golpeando el escritorio con los dedos. Frunció los labios, lo que hizo que sus bigotes sobresalieran en nuevos ángulos—. Te ruego que no le digas nada de esto a tu madre. Al menos, durante un tiempo.

—¿Por qué? No le ocultamos nada —dijo Janner.

—Eso está bien. Y esto no es ningún secreto. Es solo que temo que si se entera de esos rumores, se encenderá como una hoguera y asaltará la ciudad hasta encontrar a los culpables.

—¿Qué tiene eso de malo? —preguntó Kalmar.

—Lo último que necesita tu familia son más problemas. Algunos de los vallerinos que no están contentos contigo (Nibbick Bunge, por ejemplo) son gente poderosa que piensan que Rudric debería haberte negado refugio aquí. Creen que traerás a Gnag y a todo su ejército sobre nosotros.

—Pero Gnag no sabe que estamos aquí —dijo Leeli.

—Todavía no lo sabe. En cualquier caso, no importa lo que pensemos tú o yo. Importa lo que piensen los vallerinos. Conozco a tu madre tan bien como tú. Puede que incluso mejor. Es feroz cuando se trata de sus seres queridos, y perseguirá a cualquiera que represente una amenaza para su hijo. Si Nia les mete las narices en la cara, como es posible que haga, no se defenderán solo con los puños. Reunirán el apoyo de sus amigos y harán que las cosas en Ban Rona sean aún peores para ustedes. Si creen que las cosas van mal ahora con todo este asunto del Colmillo Gris, esperen a que toda la familia se convierta en marginada.

—No le mentiré a Mamá —dijo Janner.

—Eres un buen muchacho —dijo Olumphia con una sonrisa orgullosa—. Nia hizo un excelente trabajo con ustedes tres. No les pido que mientan. Solo te pido, Kalmar, que no te metas en líos durante el tiempo que haga falta para que esos vallerinos se den cuenta de que no vas a empezar a engullir a sus gallinas y cerdos en medio de la noche. Eso es todo. Y cuanto menos sepa tu madre de chicos como Grigory Bunge, mejor. La libertad de tu madre (y quizás su *vida*) depende de ello. La tuya también —Olumphia estudió a los niños para asegurarse de que lo habían entendido—. Ahora, a las clases. Hoy aprenderán la historia del Aguacalle. Uno de los temas favoritos del profesor Nibblestick.

Dejó de llover a tiempo para la clase de E.P., pero el campo estaba lleno de barro. Debería haber sido más divertido, pero ahora que Janner sabía que había alumnos que querían provocar a Kal, estaba más tenso que nunca. Se mantuvo cerca de su hermano, diciéndole una y otra vez que ignorara las burlas, que recordara su nombre y que mantuviera las garras bajo control.

Los Wingfeather volvieron a sentarse en el suelo durante el almuerzo, y comieron sin hablar. Los hermanos dejaron a Leeli en la sabuesería sin encontrarse con Biggin O'Sally, así que llegaron al patio de la Cofradía Durgan con tiempo de sobra.

El profesor Clout saludó a los chicos con una inclinación de cabeza y no los trató de forma diferente a los demás alumnos, aunque todos eran al menos una cabeza más altos que Janner y dos más que Kalmar. Clout los hizo luchar junto con los demás. Criticaba sus movimientos y les sugería diversos agarres y bloqueos, y al final del día, Janner empezó a disfrutarlo a su pesar.

Sin embargo, cada vez que Kalmar estaba en el círculo, Janner se ponía tenso, dispuesto en todo momento a intervenir si oía algún gruñido o veía algún diente. Pero no tenía por qué preocuparse; Kalmar se dejaba vencer en todos los combates, aunque eso significara salir herido más de una vez.

Cuando sonó el cuerno al final de la jornada, los chicos corrieron a buscar a Leeli a la sabuesería y la encontraron con un cachorro en brazos. Ya era tan grande como Nugget (Nugget antes del agua del primer pozo, en todo caso), pero seguía teniendo el suave pelaje marrón y blanco, la cara bonita y el agudo aullido de un cachorro. Thorn O'Sally estaba sentado a su lado en un banco de la puerta de la sabuesería, haciéndole cosquillas al cachorro detrás de las orejas.

—Hola —les dijo—. Le conseguí un cachorro a su hermana. Ustedes también pueden tener uno, si quieren. En cuanto estén listos —sacó un peine del bolsillo y se echó el pelo hacia atrás—. Leeli ya sabe tanto canidio como yo, y llevo aquí toda la vida. Es muy buena, ¿saben? Muéstrales.

Leeli se sonrojó y dejó al cachorro en el suelo. Al igual que Biggin O'Sally, hizo con la boca una serie de ruidos rápidos, de susurro-chasquido-silbido, y el cachorro giró en círculo, se puso sobre las patas traseras y ladró tres veces.

—Dile que ladre siete veces —dijo Thorn.

Leeli hizo otro sonido y el cachorro ladró exactamente siete veces. Janner y Kalmar aplaudieron y sacudieron la cabeza, asombrados.

—Ayy, ¿aprendió el canidio de su hermano perro? —dijo una voz.

Janner se volvió y vio que Grigory Bunge se alzaba sobre él. Había traído a una pandilla de amigos, todos ellos más grandes y fuertes que Janner y Kalmar.

A ver si le enseñamos al chucho a hacerse el muerto, ¿eh, chicos? —dijo Grigory.

La pandilla aulló, ladró y se rio en la cara de Kalmar. Janner se interpuso entre ellos.

—¡Fuera de aquí! —Leeli punzó a Bunge con su muleta—. ¡Dejen en paz a mi hermano! —pero los chicos solo aullaban más fuerte—. Thorn —dijo—, ve a buscar a tu padre. Rápido.

—No está aquí. Ha salido a entrenar con un sabuestrillo. No volverá hasta dentro de una hora —Thorn no parecía asustado, pero la forma en que miraba a los matones le dijo a Janner que sabía que estaban en apuros—. Janner. Kalmar. Ellos son nueve y nosotros solo tres. No sé si ahora es un buen momento para pelearse.

Grigory hizo callar a su banda con un gesto de la mano.

—No tengo nada contra ti, O'Sally. Solo con el perro. Y su hermano, si es tan tonto como para meterse —se inclinó y acercó su cara a la de Kalmar—. ¿Estás enfadado, perrito? Apestas como si estuvieras enfadado.

—Sí, estoy enfadado —Kalmar miró a Grigory a los ojos. Entonces salió un gruñido de lo más profundo de su garganta.

—Leeli, toca algo, rápido —dijo Janner—. Kalmar, esto es lo que quieren, ¿recuerdas?

El gruñido continuó, y Grigory sonrió más, ansioso por el ataque.

—Grigory, por favor —dijo Janner—. Déjanos en paz. No queremos luchar contigo ni con tus amigos.

Entonces, Janner oyó otro chasquido —en canidio— y de la sabuesería salió el hermano mayor de Thorn, Kelvey, junto con una jauría.

Leeli abandonó su melodía de arpa silbante y silbó y chasqueó algo a los perros. Estos gruñeron y rodearon a la pandilla de chicos: quince perros enormes, listos para abalanzarse.

—Una palabra mía y atacarán —Leeli se acercó cojeando a Kalmar. Hizo otro sonido y los perros ladraron al unísono; varios de los chicos saltaron al oírlo, y Leeli no pudo evitar sonreír—. Ahora, déjanos en paz a mis hermanos y a mí.

—No hace falta que nadie ataque a nadie —Grigory se encogió de hombros—. Estamos aquí por nuestros perros, eso es todo.

—Están en la perrera —dijo Kelvey, que se apoyaba en el marco de la puerta de la sabuesería—. Dense prisa o mi padre hablará con la directora.

Grigory se encogió de hombros y condujo a sus muchachos al interior, y cada uno de ellos se aseguró de chocar con Kalmar al pasar.

—Será mejor que te vayas —dijo Kelvey—. Volverán a salir en un minuto, y también tendrán a sus perros. Las cosas podrían ponerse feas, y rápido.

Kalmar y Janner agradecieron a Thorn y Kelvey su ayuda, y los Wingfeather se apresuraron hacia el patio, con el cachorro de Leeli pisándole los talones.

—Tarde o temprano ocurrirá, y no tendremos ayuda —dijo Janner—. ¿Qué haremos entonces?

32

Un descubrimiento en el valle

Si Janner no estaba seguro de contarle a su madre su conversación con Olumphia Groundwich, al verla, se dio cuenta de que debía esperar. Por primera vez en *mucho* tiempo, Nia estaba de un excelente humor.

Saludó a los niños con una sonrisa que la hacía parecer diez años más joven, y luego condujo el carruaje más allá de la Fortaleza y señaló Ban Rona y el lejano puerto. Las nubes se habían abierto para revelar un cielo azul, y la luz del sol pintaba las colinas de un verde vibrante que contrastaba con el resplandor de color de las copas de los árboles. El humo salía de las chimeneas, los barcos se mecían en el muelle, y el sol era cálido en el aire frío.

—Esta ciudad siempre ha sido tan bonita en otoño —dijo Nia, respirando hondo—. Nunca pensé que la verían. El Hacedor está lleno de sorpresas —con un suspiro, sacudió las riendas y los caballos se pusieron en marcha.

Cuando llegaron a casa, Rudric estaba esperando. Estaba sentado en un caballo enorme, con las manos cruzadas sobre el cuerno de la silla. A su lado había otro caballo, ensillado y pisando la hierba. Bonifer, Oskar y Podo estaban reclinados en sillas de jardín, dormitando a la luz del sol con pipas colgando de la boca. Janner suponía que no había planes para visitar la biblioteca aquel día; Oskar y Bonifer llevaban dos días trabajando sin descanso, y el clima parecía haberlos adormecido.

—Cuando quieras —le dijo Rudric a Nia sin mirar siquiera a los niños. Le sonrió de un modo que hizo que Janner se sintiera un poco avergonzado, aunque a Nia no pareció importarle en absoluto. Soltó lo que Janner habría llamado una risita si no la conociera mejor. Nia Wingfeather no soltaba risitas. Pero sin decir una palabra a los niños, montó en el caballo y los dos bajaron trotando la colina.

Leeli condujo a su cachorro al interior, arrullándolo para que encontrara comida y preguntándole cómo debía llamarse. Dejó a Janner y Kalmar en el jardín delantero.

—Vamos —dijo Kalmar, dejando la mochila en los escalones de la entrada—. Quiero enseñarte algo.

No esperó respuesta. Janner tiró su bolsa a un lado y corrió por la casa para alcanzarlo.

En un instante, pasó de pensar en Grigory Bunge, Rudric, Olumphia y otras muchas preocupaciones a no pensar en nada más que en la hierba brillante y húmeda y en la amplitud de la tarde. Kalmar trotó por el césped trasero, pasando junto al granero y el corral de las cabras, hacia la pradera abierta que había más allá. Los campos, las colinas y los valles boscosos se extendían hasta donde alcanzaba la vista de Janner.

Kalmar se dio vuelta para asegurarse de que Janner lo seguía, dio un grito de emoción y se alejó a toda velocidad. Janner no podía alcanzarlo, pero lo veía más adelante, siempre sobre la siguiente elevación o en la siguiente curva, deteniéndose de vez en cuando para asegurarse de que Janner se acercaba.

Janner saltó una valla de madera, sorprendiendo a una familia de cabras salvajes y echándolas a correr. Siguió el rastro de Kalmar por un camino de carretas cubierto de hierba de la pradera, pasando junto a un destartalado esqueleto de granero donde un gallo se encaramaba a una viga.

Justo después del viejo granero, el terreno se desvanecía y Kalmar no estaba por ningún lado. Cuando Janner llegó al último lugar donde había visto a su hermano, se detuvo en seco, con los pulmones encendidos. El campo caía por una pendiente de hierba tan empinada que podría haber sido un barranco. Janner se recordó que no había rocarachas gigantes en los Valles Verdes, según la *Criatupedia* de Pembrick. Al pie de la colina había un estanque con algas verdes en los bordes, rodeado de maleza, pero ningún Kalmar.

—¡Kal! —llamó Janner entre jadeos—. ¡Sé que estás ahí abajo!

Janner casi esperaba verlo salir de debajo del agua, empapado y cubierto de una sustancia viscosa verde. Volvió a escrutar el valle, esta vez más despacio. Estaba seguro de que Kalmar había venido por aquí. Pero aparte del estanque, no había ningún lugar donde pudiera esconderse.

—Kal, ¿dónde estás?

—Aquí mismo —dijo Kalmar. Parecía estar cerca, pero su voz sonaba apagada.

Janner bajó por la pendiente, preparándose para que Kalmar saltara y lo asustara.

—Cada vez más cerca —dijo Kalmar, provocándolo.

Janner se dirigió hacia el estanque, resbalando y cayendo de bruces en los lugares más escarpados. Giró en un lento círculo hasta que estuvo mirando hacia donde acababa de llegar. Entonces, lo vio.

Al pie de la colina, cubierta de maleza, estaba la boca de una cueva de la que corría un hilo de agua que alimentaba el estanque. La ladera de la colina se inclinaba sobre la entrada, de modo que quedaba oculta para cualquiera que no estuviera en el fondo. La cabeza de Kalmar asomó entre la maleza.

Janner sonrió.

—¿Cómo encontraste esto?

—¿Qué crees que hice mientras estabas en la biblioteca: meter las narices en algún libro? —Kalmar le hizo un gesto a Janner para que se acercara—. La encontré ayer. Quería enseñártela.

Janner se arrastró por la maleza empapada y se metió bajo el saliente de hierba. Olía a tierra mojada y a un olor penetrante y nauseabundo, como a moho, pero no podía ver más allá de unos metros en la penumbra. Esperó a que sus ojos se adaptaran y pronto vio que, un poco más adelante, el techo se elevaba lo suficiente para que pudiera ponerse de pie. Janner se limpió las manos llenas de lodo en los pantalones y miró a su alrededor.

—¿Hasta dónde llega? —susurró.

—¿Por qué susurras? —le susurró Kalmar en respuesta.

—No lo sé —susurró Janner, y se rieron.

Los hermanos se adentraron en la cueva, sorteando el pequeño arroyo, hasta que la luz verde de la entrada les pareció incómodamente lejana.

—Ojalá tuviéramos un farol o algo —dijo Janner—. No veo nada.

—Yo veo bien. Se extiende varios pasos más y luego gira en una esquina. Voy a comprobarlo.

—¡Espera! —dijo Janner, no porque estuviera preocupado, sino porque quería ir con él. Pero ya era demasiado tarde. Janner oyó a Kalmar avanzar raspando, hablando de vez en cuando sobre la altura del techo o sobre un pez que se agitaba en un charco. Janner no quería ser un Colmillo, pero le habría venido bien poder ver en la oscuridad. Se apoyó en la húmeda pared y esperó durante varios largos minutos. No le importaba tanto la oscuridad, pero no le gustaba estar solo. Kalmar se había alejado del alcance de sus oídos, y el hedor y el silencio goteante lo desconcertaban.

—Callejón sin salida —dijo Kalmar, justo delante de la cara de Janner.

Janner se sobresaltó, su pie resbaló y cayó de bruces en el charco. Kalmar se echó a reír a carcajadas y Janner también, y la cueva resonó, quizás por primera vez desde que se creó Kistamos.

Cuando salieron arrastrándose, el sol se hundía en el oeste, proyectando una sombra sobre el pequeño valle. Estaban mojados y embarrados, pero ninguno de los dos lo notó, ni les habría importado. Habían ido a explorar una cueva, lo cual era mucho mejor que la limpieza.

En la cima de la colina, el sol les sonreía y les secó la ropa en el camino de vuelta a casa. Hablaron de pequeñas cosas, como sus comidas favoritas, lo mucho que desearían saber canidio y las técnicas que habían aprendido aquel día en la Cofradía Durgan. Cuando llegaron a la Colina de la Chimenea, Janner se olvidó de que su hermano era un Colmillo Gris. Kalmar era simplemente Kalmar.

Cuando entraron, cubiertos de barro seco, Nia se quedó boquiabierta y los empujó escaleras arriba para que se asearan y se cambiaran. No les preguntó dónde habían estado ni cómo se habían ensuciado, y Janner estaba seguro de saber por qué. Toda la atención de su madre estaba en el hombre inmenso que charlaba con Podo junto a la chimenea. Rudric se quedó a cenar.

Janner se fue a la cama aquella noche con una ligereza en el corazón que luchaba contra la frustración que le producía su hermano. Oyó a Leeli en la habitación contigua, cantándole a su cachorro para que se durmiera. Kalmar también debió oírla, porque empezó a roncar en cuestión de segundos.

La mente de Janner iba demasiado deprisa para que pudiera dormir, así que se levantó de la cama. Buscó las cerillas, encendió el farol y sacó el diario y la pluma de la mochila. Hacía mucho tiempo que no escribía, y tenía muchas cosas en las que pensar. Sentarse ante el escritorio y escribir era la mejor manera que conocía de ordenar sus ideas.

Aún no sabía qué pensar de su conversación con Kalmar la noche anterior sobre su transformación en las mazmorras de las Phoob. Sabía que Kalmar tenía un carácter impulsivo. Sabía que era propenso a tomar decisiones precipitadas, que además solían ser decisiones *equivocadas*. Pero había una diferencia entre el error y el mal, ¿no? Kalmar no solo había juzgado mal; había querido algo muy oscuro en su corazón. Había *querido* hacerlo. Cuando Kalmar cantó la canción en la mazmorra de Phoob, no solo había renunciado a la posibilidad de ser rescatado, sino que había decidido abrir una parte profunda de su corazón a una poderosa negrura. Janner le había dicho a Kal que la sangre de Esben era más fuerte que aquella negrura, pero ahora no estaba seguro. ¿Seguía siendo cierto aunque Kalmar hubiera invitado a la negrura a entrar?

Janner también se preguntó por la canción que la guardiana de la piedra le había hecho cantar a Kalmar. Ya había visto antes poder en la música, en el poder de Leeli para calmar a los dragones, para hablar con los perros de la sabuesería y, lo más extraño de todo, para despertar la magia que unía a los niños Wingfeather y permitía a Janner oír las extrañas voces. Entonces, tenía sentido que también existiera música con un poder oscuro, lo bastante oscura y poderosa como para convertir a un chico en Colmillo.

Si eso era cierto, significaba que todos los Colmillos habían sido alguna vez personas normales y corrientes, y que no se habían visto obligadas a ello. Lo habían elegido. Kalmar dijo que la guardiana de la piedra le había dicho que solo funcionaba si él lo deseaba. Así que los Colmillos eran personas que lo habían aceptado, que habían abrazado la transformación, que se habían puesto la piel de lagarto o de lobo como un disfraz que nunca podrían quitarse.

¿Y el tío Artham?

Janner pensó en la primera vez que lo conoció como Peet el calcetín. Peet estaba loco como una cabra y llevaba calcetines hasta los codos para ocultar las garras en que se habían convertido sus manos. Si la transformación se debía a la voluntad de Artham no solo de cantar algo de música negra, sino de decir las palabras *en serio*, entonces comprendía un poco mejor la locura de su tío.

Pero solo las manos de Peet habían cambiado. ¿Significaba eso que solo había *empezado* a cantar la canción? ¿Acaso había cambiado de opinión? Eso no parecía tan grave como para que se volviera loco por ello. Debía de haber algo más, alguna herida más profunda que volviera loco al poderoso Artham P. Wingfeather. Tal vez fuera lo que temía en el Bosque Negro. Si se trataba de un bosque poblado de criaturas tan aterradoras como la cosa que se tambaleó por el patio aquella noche, Janner podía entender cómo alguien se volvería loco si se perdiera en él, vagando en la oscuridad con todos aquellos monstruos grumosos y hambrientos.

Aun así, no podía encontrarle sentido al Artham que conocía ahora, el Artham con la envergadura de unas alas brillantes. Por alguna razón, cuando rescató a Kalmar en la mazmorra de Phoob, se había convertido en algo más, y no menos. Eso significaba que el poder que Gnag el Sin Nombre y su guardiana de la piedra habían liberado en la música podía hacer algo más que deformar y torcer. Podía hacer algo más que destruir.

Podía transformar algo retorcido en algo próspero.

Podía tomar lo que estaba torcido y hacerlo bello.

Podía sanar.

Janner se apartó del escritorio y miró a su hermano, que roncaba en su cama, durmiendo plácidamente unas horas antes de tener que enfrentarse a otro día de miradas, burlas y crueldad. Janner se sintió humilde y triste a la vez. Fueran cuales fueran las heridas de su corazón por la traición de Kalmar, fueran cuales fueran las heridas de su carne por las garras y los dientes de Kalmar, fuera cual fuera la pérdida de libertad que sufría como guardián del trono, quedaban empequeñecidas por la carga de su hermano. La de Kalmar era, por mucho, la carga más pesada, a la que se aferraba aunque le doliera: la vergüenza.

Janner oyó a Artham en su mente, lo vio mientras saltaba hacia la guarida de las rocarachas, una palabra latía en él como un corazón palpitante: *Proteger. Proteger. Proteger.* ¿Y qué había hecho Janner? *Quejarse. Quejarse. Quejarse.*

Janner apretó los dientes. No quería que esa fuera su historia. No quería que esa fuera la palabra que lo definiera. Anhelaba liberarse de ella y ponerse algo mejor. No sabía cómo, pero tenía que encontrar la forma de acabar con los problemas de la escuela. Era un guardián del trono y tenía que detener a Grigory Bunge y a cualquiera que amenazara al rey supremo de Anniera.

Janner se despertó en algún momento de la noche con la cabeza sobre el escritorio y la pluma en la mano. Tenía el corazón pesado como una piedra, porque se le había ocurrido la solución a su problema en la Sala de las Cofradías. No veía otro camino. Apagó la linterna y se metió bajo las sábanas sin darse cuenta de que la cama de Kalmar estaba vacía.

33

Un ajuste de cuentas con Bunge

A la mañana siguiente, Kalmar se quedó dormido y no bajó a desayunar. Nia envió a Janner arriba a buscarlo y, tras muchas sacudidas y pellizcos, por fin se despertó y salió dando tumbos hacia el carruaje con los demás.

Leeli había llamado a su perro Baxter en honor al niño de uno de sus cuentos favoritos, y viajaba en el carruaje con el cachorro en el regazo. Durante todo el camino hasta la escuela le habló, y Baxter parecía entenderle. Intentó enseñar a Janner a pronunciar en canidio la orden «siéntate en mi regazo», pero por más que chasqueaba la lengua, el perro lo ignoraba.

—Kal, ¿quieres intentarlo? —preguntó Leeli—. Apuesto a que te saldría muy bien.

—¿Qué se supone que significa eso? —espetó Kalmar.

—Solo que siempre te has llevado bien con los perros No sé.

—Kal, no le hables así a tu hermana —dijo Nia desde adelante—. Sabes que ella no se burlaría de ti.

—Lo siento —Kalmar se encorvó en el asiento y se volvió hacia la carretera. Janner sabía que su hermano se estaba endureciendo para el día que tenían por delante. Ni siquiera habían llegado a la Sala de las Cofradías y ya había empezado la lucha. Cuando se encontraron con el tráfico de carruajes, y con ello las miradas de niños y adultos por igual, Kalmar se encorvó aún más, como si pudiera plegarse y volverse invisible.

Janner sabía que la templanza de Kal no podía durar. Cualquiera se quebraría si toda una escuela de niños presionara lo suficiente. Y Kalmar no era cualquiera. Su condición de Colmillo lo hacía lo bastante fuerte como para superar a cualquier matón de la escuela —quizás también a cualquier profesor—, lo cual haría que fuera aún más difícil no contraatacar.

Janner sabía lo que tenía que hacer, y no quería. No era impulsivo como Kalmar. Tenía que pensar las cosas. El problema era que pensar era exactamente lo incorrecto en este caso. Si pensaba demasiado, nunca lo llevaría a cabo.

—Vayan, chicos —dijo Nia al rodear la estatua. Janner saltó al suelo justo después de Kalmar, y los hermanos levantaron a Leeli y Baxter por encima de un charco y le entregaron la muleta a la niña.

—Nos vemos esta tarde, niños. Recuerden quiénes son.

En cuanto se hubo ido, Janner oyó la risa de Grigory Bunge.

—¡Oy! —dijo Grigory—. Buenos días a la niñera, al niño perro y a la niña que no sabe andar.

Cayó un relámpago y una lluvia fría.

A Janner se le encogió el corazón. Había esperado que hubiera al menos un poco de tiempo antes de tener que actuar, pero Bunge estaba esperando. Janner miró a su alrededor en busca de ayuda, pero la directora Groundwich no aparecía por ninguna parte. Los padres que conducían los carruajes por el patio miraban a todas partes menos a los Wingfeather.

—Te estoy hablando a ti, Colmillo —dijo Grigory.

Janner suspiró y dejó caer su mochila. Había llegado el momento.

Antes de que Grigory supiera qué lo había golpeado, Janner giró sobre sí mismo, rugió algo ininteligible y se lanzó de cabeza contra el chico. Fue como arrojarse contra una pared, pero Janner oyó el aire que salía de los pulmones de Grigory, y los dos se desplomaron. Janner blandió los puños salvajemente, gruñendo como un animal. Recibió varios puñetazos, que apenas sintió, y devolvió varios.

Rogó que pudiera resistir incluso en su rabia, pues no golpeaba para defenderse a sí mismo, sino a su hermano, a su hermana y a su madre. No luchaba por un insulto insignificante, sino por su honor e incluso por su libertad. Grigory Bunge, lo supiera o no, estaba haciendo algo más que intimidar: estaba librando una guerra contra las joyas de Anniera, hijos del rey.

Janner no sintió nada más que una ira al rojo vivo durante un rato, y luego sintió las garras de Kalmar arrastrándolo lejos del desconcertado matón. Una multitud se había reunido y permanecía bajo la lluvia observando cómo Janner se retorcía en las garras de su hermano.

—¡Deja en paz a mi hermano! —gritó Janner—. ¡No quiero luchar contigo, pero lo haré si es necesario, Grigory Bunge! Y eso va por el resto de ustedes!

—Janner lanzó su desafío a todos los cofrades del patio. Se soltó del agarre de Kalmar y avanzó a grandes zancadas, golpeándose el pecho con un puño y gritando—: Soy el guardián del trono de Anniera, y Kalmar está a mi cargo. ¿Me oyen? ¡He luchado contra Colmillos y trols! ¡He caminado por las Montañas Pedregosas y navegado por el Mar Oscuro! ¡He estado a la sombra de Yurgen y he mirado al dragón a los ojos! —los relámpagos rasparon las nubes mientras Janner se ponía de pie bajo la lluvia y gritaba. Lanzó un dedo a la cara aterrorizada de Grigory—. El Hacedor nos ha traído sanos y salvos hasta aquí, Grigory Bunge, y no temeré a ningún *cofrade* de los Valles Verdes. Si insultas al rey supremo o a la doncella musical, te las verás con el guardián del trono. ¿Entendido?

Grigory miró a los otros niños.

Janner saltó hacia delante y puso la cara en la de Grigory. Sabía que el niño podría golpearlo hasta dejarlo en el fango si lograba recuperarse de la sorpresa, así que la única arma de Janner era su locura.

—*¿Entendido?* —dijo Janner entre dientes apretados.

Finalmente, Grigory asintió y balbuceó:

—S-s-sí.

—Sí, *guardián del trono Wingfeather* —gruñó Janner.

—Sí, guardián del trono W-Wingfeather.

Janner se apartó de Grigory y volvió hacia Kalmar y Leeli. Las rodillas le temblaban tan violentamente que necesitó toda su fuerza de voluntad para mantenerse en pie. El rostro de Leeli apareció, y pronunció unas palabras que fueron como agua fría derramada por sus venas. Sonó la bocina de la escuela y Janner sintió de nuevo la lluvia, oyó el parloteo de los alumnos que entraban arrastrando los pies y se dio cuenta de que le sangraba la nariz. Grigory se había ido.

Janner no sabía por qué, pero sentía ganas de llorar. Se limpió la nariz con la manga y trató de evitar mirar a sus hermanos, pero no pudo porque Kalmar y Leeli estaban delante de él, sin importarles la lluvia. Leeli tomó una de las manos de Janner.

Kalmar y Leeli lo abrazaron, y él no pudo contener las lágrimas por más tiempo.

Después, las cosas parecieron ir mejor. Cuando se corrió la voz sobre la pelea con Grigory, la actitud de los cofrades cambió hacia los Wingfeather. Mientras que antes se habían quedado mirando y murmurando, ahora los ignoraban por completo. Habría sido mejor que los trataran con amabilidad, pero la indiferencia en este caso era igual de buena. El vínculo entre Leeli, Kalmar y Janner se fortaleció. Cuanto más se apoyaban el uno en el otro, más fuertes eran.

La clase de aquella mañana fue tan aburrida como la del día anterior, pero Janner pasó el tiempo escribiendo en su diario, y E.P. fue un gigantesco partido de tacklebol, una actividad que siempre mejoraba su humor, por muy mal que se sintiera. Leeli andaba por sabuestrillos por el campo mientras Janner y Kalmar jugaban. Las joyas de Anniera volvieron a sentarse en el suelo durante la comida, pero, por primera vez, la sala no se quedó en silencio cuando entraron.

En la Cofradía Durgan, las cosas fueron aún mejor. Era una clase más pequeña, y los hermanos aprendían rápido. El profesor Clout era duro pero justo, y pronto los demás cofrades los trataron con respeto. Aún parecían incómodos cuando luchaban contra Kalmar, pero a ninguno le gustaba verse superado, así que aprendieron a desestimar su incomodidad si querían ganar.

Así fueron las cosas durante semanas.

Olumphia Groundwich vigilaba a los Wingfeather. Janner la veía de vez en cuando, espiando en las clases o mirándolo en el pasillo mientras hablaba con otros profesores en voz baja. A veces, le guiñaba un ojo o le movía los bigotes. En cuanto a Grigory Bunge, evitaba a los Wingfeather, y a veces Janner pasaba días enteros sin verlo.

Cuando se cruzaba con él en E.P. o en el comedor, Grigory le hacía un rígido gesto de asentimiento y seguía su camino.

La mayoría de los días, Janner visitaba la biblioteca después de clase y se sentaba en un rincón a leer o a trabajar en su T.H.A.G.S. mientras Bonifer y Oskar traducían línea tras tediosa línea del Primer Libro. Janner les preguntaba por sus progresos, pero estaba mucho más interesado en libros como *Cuentos terribles de los males de Shreve* y *Omer y el dragón lunar*, ambos recomendados por Owen, el aprendiz de archivero, y que Janner devoró en cuestión de días.

Tras varias semanas en los Valles Verdes, la familia Wingfeather empezó por fin a adaptarse a la rutina. Hacía meses que sus vidas en Glipwood habían dado un vuelco, así que el cambio fue bienvenido. Nia y Freva preparaban un delicioso desayuno cada mañana; Podo dormía una siesta matutina; Nia llevaba a los niños a la escuela y a menudo compraba verduras en el mercado del puerto mientras estaba fuera (un día volvió con la noticia de que el mástil del *Enramere* había sido reparado y los kimeranos navegaban de vuelta a Skree); Bonifer y Oskar pasaban horas y horas en la biblioteca; y Rudric encontraba motivos para venir a la Colina de la Chimenea tan a menudo como le era posible. No tardaron en darse cuenta de que el custodio de los Valles le había echado el ojo a Nia Wingfeather.

A Janner le llevó un tiempo, pero acabó aceptando la idea de que su madre tuviera un nuevo amor. No estaba seguro de cómo funcionaría (¿seguiría Nia siendo la reina de Anniera si estaba casada con el custodio de los Valles? ¿Era la reina, igualmente, ahora que Kalmar era técnicamente el rey?), pero le caía bien Rudric, y creía que incluso su padre querría que Nia encontrara un buen marido.

Cada día que pasaba, la Colina de la Chimenea se parecía más al hogar que Janner siempre había deseado. Pensaba cada vez menos en Anniera, en parte por los fuertes lazos de Nia con los Valles y en parte porque, bueno, Anniera era una ruina humeante. Algunos días, cuando el viento era favorable, podía olerla. Había supuesto que era la chimenea de algún vecino hasta que Rudric le dijo lo contrario. Le dijo que el olor era diferente, más penetrante, como si la propia isla, y no solo los árboles, estuviera ardiendo. Pronto, Janner pudo notar la diferencia. Se sentía mal cuando la olía, pero el viento venía del sur con tan poca frecuencia que era raro que pensara en Anniera.

El tiempo se volvió frío y Janner por fin se permitió creer que había encontrado un hogar donde estaba a salvo de Colmillos Verdes y Colmillos Grises y vacas colmillo y abomachacadores y cualquier otra cosa *con* colmillos.

Fue entonces cuando desapareció el primero de los cerdos, y de casa en casa corrió el rumor de que otro hendido andaba suelto por la ciudad.

34

Revelaciones en la Taberna de Gully

Un hombre llamado Paddy Durbin Thistlefoot salió una mañana a dar de comer a sus cerditos y encontró la puerta abierta y otro cerdito desaparecido. Los demás animales dormían y, una vez más, no había señales de intrusos ni de ataques. La cerda resopló satisfecha, como si no se hubiera dado cuenta de que faltaba otro de su prole.

Paddy contó una y otra vez los siete cerditos que quedaban, para estar seguro, e incluso se metió en el corral y pateó todos los terrones de barro por si el cerdito estaba muerto y cubierto de bazofia. Su última medida fue consultar a su mujer, Ooma, para asegurarse de que habían tenido once cerditos y no siete. No era bueno en matemáticas, y con siete cabras, cuatro caballos, treinta y dos ovejas, dieciocho gallinas, cinco perros y ocho niños a su cargo, era posible que hubiera contado mal la camada de cerditos.

Había encontrado un cerdito menos cada mañana durante los últimos cuatro días, y ahora que el número se había reducido a siete, sospechaba. En su débil mente, se formó la idea de que algo iba mal.

La primera helada del año yacía en el suelo cuando Paddy Durbin Thistlefoot entró en Ban Rona, todavía con sus botas de trabajo, para informar a la Patrulla de Durgan de la desaparición de al menos *un* cerdito. No estaba seguro, pero tenía que ser al menos uno.

Podo Helmer había empezado a cabalgar hasta la ciudad después de su siesta de después del desayuno para «roer el cartílago», como él lo llamaba, con los lugareños en una cantina llamada la Taberna de Gully. Le dijo a Nia que iba por la compañía y las noticias, pero ella sabía que era porque aborrecía la infusión que ella le preparaba. Él la había animado amablemente a oscurecerla, pero ella nunca conseguía hacerla lo bastante fuerte para el gusto de Podo.

Una mañana, antes del amanecer, lo sorprendió en la cocina, en ropa de dormir, echando polvo negro en el infusor a la luz de las velas.

—No quería molestarte —le dijo—. Em, estaba despierto, así que pensé que hoy lo haría yo.

Ella no se molestó en decirle que estaba usando pimienta en vez de granos de frijol molidos. Contempló divertida cómo Podo echaba la pimienta en el agua, apenas pudo contenerse mientras esperaba a que la infusión se realizara, y despertó a la casa con sus carcajadas cuando Podo levantó la taza a su salud, bebió un sorbo y escupió un lodo negro y picante por toda la pared.

Podo había cabalgado hasta la Taberna de Gully todas las mañanas desde entonces, y el lugar estaba justo enfrente de las oficinas de la Patrulla de Durgan. Podo estaba sorbiendo un espeso brebaje de alubias negras y escuchando a medias a su nuevo amigo Lennry Gardensmith cotorrear sobre la calidad superior de la receta de pastel crujiente de manzana de su mujer, cuando vio a Paddy Durbin Thistlefoot salir de la oficina de la patrulla. Thistlefoot cruzó la calle, con los puños cerrados, e irrumpió en la Taberna de Gully exigiendo infusión de alubias.

—La más fuerte que tengas —dijo, quitándose las botas llenas de barro en la puerta.

—¿Qué te pasa? —preguntó Lennry.

—No me creen, eso es —Paddy acercó un taburete a la mesa donde estaban Podo y Lennry—. Dijeron que mis cuentas no cerraban. Les dije que podía ser cierto, pero que no creía que pudiera contar mal cuatro mañanas seguidas. Les pareció bastante gracioso —dio un sorbo largo y ruidoso a su infusión de alubias y sacudió la cabeza—. Pero cuanto más lo pienso, más seguro estoy de que ayer tenía ocho cerditos. Y el día anterior tenía uno más. ¡Diez!

—Eso no está bien —dijo Lennry.

—¿Eh? —Paddy contó con los dedos y movió los labios.

—Dijiste que ayer tenías ocho, y el día anterior uno más que eso. Eso suma nueve, no diez.

—No es verdad —dijo Paddy—. Mírame los dedos. Uno, dos, tres —contó hasta ocho y extendió un dedo más—. Ocho más uno. Son diez. Diez cerdos.

—Te has olvidado del nueve —dijo Lennry.

—¿Qué es el nueve? —preguntó Paddy.

—Está entre el ocho y el diez.

Paddy arrugó la frente y asintió lentamente.

—Nueve. Tienes razón. Me olvidé de ese —él y Lennry alzaron sus tazas para brindar por las matemáticas y bebieron—. El caso es que me faltan cerdos. La Patrulla Durgan dijo que no era asunto suyo si no había pruebas, y que yo no sabía contar. Pero te digo que desde hace cuatro días mis cerditos se están reduciendo.

—¿Se están reduciendo? —preguntó Lennry, sorprendido.

—No, tienen más o menos el mismo tamaño. El *número* es cada vez menor. Tenía once. Ahora tengo siete.

—¡Ah! Menos mal. Creía que el mundo se estaba volviendo raro.

Podo escuchó todo esto con vago interés hasta que Paddy Durbin Thistlefoot se inclinó hacia delante y bajó la voz.

—¿Sabes lo que pienso? Creo que se trata de un hendido.

—¿En Ban Rona? —se burló Lennry—. No vienen tan al oeste.

—Uno lo hizo este otoño. ¿Te acuerdas?

—Es cierto. Pero lo espantaron. Si hubiera un hendido suelto en Ban Rona, estaría haciendo algo peor que robarte unos cerditos. Esas cosas pueden engullir un caballo. Mi primo vive en los Valles exteriores y vio cómo ocurría una vez.

—Si eres tan listo, ¿qué se está llevando mis cerditos?

Lennry se encogió de hombros.

—Podrían ser lobos.

Podo sintió que miraban en su dirección al pronunciar la palabra *lobos*. Tardó un momento en comprender por qué. Hacía tiempo que no oía hablar de problemas con Kalmar en los Valles, y había supuesto que por fin habían dejado de preocuparse por el pelaje del muchacho. No sería bueno que aquellos dos charlatanes vallerinos iniciaran nuevos rumores.

—Pah —dijo Podo—. Los lobos andan en manada. No se cuelan en los corrales ni se tragan un cerdito entero. ¿Había alguna señal de lucha?

—Ninguna —dijo Paddy.

—¿Huellas? —preguntó Podo.

—Difícil saberlo en medio del lodo.

—Entonces, yo diría que tienes buitres punzantes.

Lennry jadeó.

—¿Buitres punzantes?

—¿Qué es un buitre punzante? —preguntó Paddy.

—No lo sé —dijo Lennry— pero suenan malos.

—Sí —dijo Podo—. Lo son. Terriblemente malos. Picos afilados como cuchillas. Garras como puñales. ¿Y lo peor?

—¿Sí, sí? —dijeron Lennry y Paddy.

Podo dio un sorbo a su brebaje de alubias y enarcó una de sus pobladas cejas.

—El ombligo.

—No —dijo Paddy con un escalofrío—. No en un pájaro.

—Sí. En un pájaro. Vientre carnoso y calvo como el que tenía mi madre, y justo ahí, en el centro, un ombligo mirándote como un ojo arrugado. Te mantendrá despierto por la noche, te lo aseguro.

Lennry entrecerró los ojos.

—Si es un buitre punzante, ¿por qué no hemos visto ninguno antes? ¿Y qué te hace estar tan seguro de que es eso lo que se está llevando a los cerditos de Thistlefoot?

—¿Quién sabe? Son tiempos extraños en Kistamos, ¿verdad? —Podo miró al cielo a través de la ventana—. Podría ser un nuevo patrón migratorio o algo así. Yo fui pirata, si mal no recuerdan. Lo sé todo sobre patrones de migración y aves y cosas así.

Podo sabía que aquello no tenía sentido, pero funcionó. Lennry y Paddy entornaron los ojos por la ventana como si un buitre punzante fuera a atravesarla en cualquier momento.

Podo continuó:

—Y dijeron que no había huellas, ¿verdad? ¿Ningún alboroto? Fuera lo que fuese lo que se llevó a los cerdos, tuvo que abalanzarse sobre ellos y arrancarlos sin hacer ruido. Solo un buitre punzante podría hacerlo.

—Oy —dijo Paddy—. Solo un buitre punzante podría hacer eso —hizo una pausa—. ¿Y estás seguro de que tienen ombligo? ¿Absolutamente seguro?

—Sí —dijo Podo.

—Eso es más raro que los cerditos que se encogen —dijo Lennry.

—Esto no me gusta —dijo Paddy, dejando una moneda sobre la mesa y terminándose su brebaje de alubias—. Ni un poco.

Podo se despidió de sus amigos y cabalgó a casa con un nudo de preocupación en las tripas. El número de cerditos no era lo único que disminuía últimamente. También había disminuido el número de gallinas en el gallinero de la Colina de la Chimenea.

35

Una lección de sigilo

—¡Durganos! —dijo el profesor Clout—. La mejor forma de ser más astuto que los correcumbres es pensar como ellos. Su trabajo hoy consiste en tomar a hurtadillas una manzana de este árbol sin que yo me entere.

Janner y Kalmar estaban sentados en la oscuridad con los demás cofrades durganos, vestidos de negro. Habían pasado dos meses, y Clout había concedido a los chicos Wingfeather el honor de ser miembros de pleno derecho de la Cofradía Durgan, dándoles uniformes. No había sido fácil, sobre todo para Janner. Nunca había corrido tanto ni había hecho tantas flexiones, abdominales o lanzamientos en su vida. Sentía los brazos más fuertes, enfrentarse a alumnos más grandes en el círculo de batalla lo había convertido en un buen luchador, e incluso era capaz de seguirle el ritmo a Kalmar cuando corrían.

La negativa del profesor Clout a permitir cualquier cosa que no fuera la excelencia resultaba frustrante a veces, pero en las raras ocasiones en que pronunciaba una palabra de aprobación —y en las aún más raras en que sonreía—, el corazón de Janner se hinchaba de orgullo. Todos los cofrades de Durgan querían a su profesor, incluso cuando los castigaba con vueltas o trabajos forzados. Cuando los alumnos de otras cofradías manifestaban su desagrado por Clout, los cofrades de Durgan expresaban su lealtad y los desafiaban a duelos de lucha sancionados (que ningún alumno era tan tonto como para aceptar, porque todos sabían que los Durgan eran los mejores luchadores de la escuela). Los cofrades de Durgan se comportaban con orgullo, y cada vez que se volvían arrogantes, el profesor Clout disciplinaba a sus alumnos sin vacilar.

—Quiero que se dispersen más allá del patio y se escondan —ordenó Clout—. Imaginen que son correcumbres que intentan despojarme de la fruta que tanto me ha costado ganar. Yo vigilaré el árbol, igual que la Patrulla Durgan en los Valles exteriores. Lo único que tienen que hacer es entrar a hurtadillas, tomar una manzana y colocarla en esa cesta de ahí. Si los atrapo, quedan fuera. El primer cofrade que lleve una manzana a la cesta del centro del patio sin que yo lo golpee con mi bastón no tendrá que correr con los demás. Además, no tendrá ningún moretón de mi bastón y podrá quedarse con la manzana. ¿Está claro?

Los cofrades asintieron y se inquietaron, impacientes por empezar. El profesor Clout había comenzado a dar una clase nocturna a la semana para entrenar a los cofrades en el sigilo, y esos días Janner y Kal podían ponerse el uniforme y practicar Sigilo Silencioso, Escalada por las Sombras y Acecho Nocturno. Kal no llevaba botas, pero tanto él como Janner iban vestidos de negro, con guantes, capa y capucha. Parecía un elaborado juego de zibzy nocturno.

Las capas de los cofrades ondeaban al viento de principios de invierno mientras esperaban a que Clout diera la señal.

—Les doy dos minutos para elegir una posición. Comiencen —dijo, y se puso de espaldas mientras los cofrades se dispersaban.

Janner cruzó corriendo el patio y se ocultó tras un muro bajo. Se bajó la capucha y se asomó por el borde. Apenas podía ver la figura sombría de Clout bajo la forma oscura del manzano mientras levantaba el cuerno y soplaba. Janner miró a su alrededor para ver cuál podría ser la estrategia de los demás cofrades. Algo golpeó cerca y oyó un grito ahogado. Uno de los cofrades ya había sido atrapado por Clout y se frotaba el muslo mientras cruzaba el patio y se sentaba cerca de la canasta para esperar el resto del partido.

No se veía a Clout por ninguna parte. El manzano estaba desprotegido, pero parecía imposiblemente lejos. No había forma de cruzar el patio sin ser visto.

Janner avanzó sigilosamente para asomarse alrededor de un arbusto y se encontró cara a cara con Morsha MacFigg, una chica de quince años con una cara bonita. Ahora no parecía tan bonita porque la había embadurnado de barro.

—¡Fuera de aquí, Wingfeather! —susurró—. Este es mi escondite.

—Lo siento —dijo Janner, retrocediendo.

Chocó con otra persona: Churleston James, un chico de catorce años.

—¡Fuera, Janner! Tengo un plan y tú no formas parte de él.

—Lo siento —volvió a decir Janner.

Se escabulló del muro bajo hacia uno de los edificios de piedra que bordeaban el patio. En cuanto estuvo a salvo en las sombras, oyó dos golpes rápidos y vio a Churleston James y a Morsha MacFigg cruzando abatidos el patio para sentarse con los demás que habían sido descubiertos. El profesor Clout había ido y venido y Janner no llegó a verlo. Janner ya contaba seis niños a los que habían golpeado con el bastón y cada pocos segundos oía a alguien decir: «¡Ay!».

—*Psst.*

Janner levantó la vista.

Kalmar estaba en el tejado del edificio, con dos orejas de lobo asomando por el borde.

—¿Qué hacemos?

—No lo sé —susurró Janner—, pero creo que tenemos más posibilidades si trabajamos juntos.

—Eso mismo estaba pensando yo —dijo otra voz desde detrás de un arbusto espinoso en la esquina del edificio.

—¿Quién es? —susurró Janner.

—Joe Bill —fue la respuesta—.

—Solo funcionará si uno o dos de nosotros se sacrifican —susurró Janner—. Tenemos que distraer a Clout y dejar que el otro agarre la manzana.

—¡Pero yo no quiero que me peguen! —dijo Joe Bill—. Eso suena como si doliera.

—Te van a aporrear de cualquier manera —dijo Janner—. Mira, puedes ser *tú* quien se lleve la manzana. Kalmar y yo seremos la distracción. ¿De acuerdo?

—No soy tan rápido como Kalmar —dijo Joe Bill al cabo de un momento.

—Nadie lo es —respondió Janner.

—¡Silencio! ¡Ahí viene! —siseó Kalmar.

Los tres muchachos contuvieron la respiración cuando pasó una sombra, silenciosa como el humo y baja hasta el suelo.

Cuando Clout había pasado, Joe Bill dijo:

—Debería hacerlo Kalmar. A mi modo de ver, si no lo hace él, no lo hará nadie.

—Estoy de acuerdo. ¿Kal?

—De acuerdo, si están seguros. ¿Qué hago?

—Joe Bill y yo flanquearemos el manzano. No creo que Clout espere que nadie venga directamente a través del patio. Cuando venga a atraparnos, emprende la carrera.

—Una carrera *furtiva* —dijo Joe Bill.

Janner esperó a oír otro golpe desde más lejos y dijo:

—¡Ahora!

Joe Bill y él se arrastraron por el perímetro del patio en direcciones opuestas. Janner avanzó lentamente, escuchando con tanto esfuerzo que lo único que oía era el zumbido de sus oídos. Cuando llegó al extremo del muro bajo, a tiro de piedra del manzano, se preparó para correr.

—¡Ay! —dijo alguien desde el lado opuesto, más alto que los demás—. ¡Soy Joe Bill, y eso duele, profesor!

Janner saltó. Sabía que Clout lo atraparía antes de que llegara al manzano, pero no le importaba si eso significaba que Kalmar conseguía pasar. Tal y como esperaba, la forma encapuchada de Clout surgió como de la nada. Janner intentó esquivar el bastón, pero fue demasiado lento.

Sintió un pinchazo en la parte posterior de la pierna y Clout le susurró:

—Siéntate, Janner.

Janner vio el más leve movimiento cerca del árbol y supo que Kalmar había cruzado el patio y trepado a las ramas. Ahora solo tenía que llevar la manzana a la cesta. Janner se sentó con los demás cofrades y observó a ver qué pasaba, sonriendo a pesar de las punzadas en la pierna.

—Buen trabajo, Joe Bill —susurró Janner, y la sonrisa de Joe Bill se mostró entre las sombras de su capucha. Según la cuenta de Janner, solo quedaban dos cofrades. No podía comprender cómo Clout se las había arreglado para marcar a casi todos sus alumnos y vigilar el manzano al mismo tiempo, todo ello sin hacer ruido.

Después de lo que pareció mucho tiempo, Clout sorprendió a alguien en la oscuridad, justo detrás del árbol, y a Janner se le paró el corazón. Pero en lugar de Kalmar, apareció Quincy Candlesmith, abatido por haberse acercado tanto al árbol solo para ser golpeado con el bastón. Janner estudió las ramas oscuras y finalmente divisó una mancha negra que apenas se movía. Kalmar seguía allí, y Clout no tenía ni idea.

Tras otro largo silencio, Kalmar hizo su jugada. Se descolgó de la rama solo con el mínimo movimiento de su capa y corrió hacia la cesta. Janner estaba a punto de ponerse en pie de un salto y felicitar a Kalmar cuando se oyó un susurro de movimiento por detrás. Kalmar se lanzó hacia la cesta y arrojó la manzana, pero el profesor Clout blandió su bastón y la apartó de un golpe en el último momento, en una explosión de jugo y trozos de fruta.

Kalmar aterrizó en cuclillas y dio un puñetazo en el suelo. Los alumnos se pusieron en pie cuando se acercó el profesor.

—Arriba, Kalmar —dijo Clout, y Kalmar se unió a los demás—. Ha sido el ejercicio más débil de sigilo que he visto en todos mis años como profesor. Los atrapé a la mayoría en los dos primeros minutos de la lección.

Los cofrades arrastraron los pies y agacharon la cabeza.

—Si quieren estar en la Cofradía Durgan, será mejor que aprendan a controlar la respiración. Eviten que les crujan las articulaciones… sobre todo tú, Larnik. Sonaba como si estuvieras friendo tocino. Tienes que saber cuándo quedarte como una estatua y cuándo avanzar con sigilo. Patético desempeño, todos ustedes. Clout sacudió la cabeza ante los cofrades y los observó retorcerse.

—¡Kalmar! ¡Janner! ¡Joe Bill! ¡Un paso al frente!

Janner se acercó con los otros dos, preguntándose qué había hecho mal.

La voz de Clout era amenazadora.

—¿Por qué no le cuentan a la clase lo que hicieron?

—Se nos ocurrió un plan, señor —dijo Janner.

—Un plan —Clout fulminó con la mirada a Joe Bill—. ¿Qué tienes que decir, muchacho?

—Fue idea de Janner, señor.

—¿Y cuál era ese plan, Janner? Cuéntaselo a la clase. Vamos.

—Pensé que nuestra única posibilidad de conseguir la manzana era trabajar en equipo. Dividir su atención. Supuse que si nos iban a marcar a todos, mejor que nos marcaran por alguna razón, que nos sacrificáramos para que al menos uno de nosotros tuviera éxito. Kalmar es el más rápido de nosotros, así que Joe Bill sugirió que fuera él quien tomara la manzana.

—¿Qué tienes que decir, Kalmar? —ladró Clout.

—Casi funciona, señor.

—¿Quieren saber lo que pienso? —preguntó Clout. Nadie habló, así que dijo—: ¡Clase! ¿Quieren saber lo que pienso?

—Sí, señor —dijeron todos.

—Creo que es patético —dijo mirando con desprecio a los cofrades—. Patético que en veinte años de enseñanza en esta cofradía, ningún cofrade haya estado tan cerca de meter la manzana en la cesta como Kalmar Wingfeather —una sonrisa se dibujó en el rostro de Clout. A Janner siempre le sorprendía lo diferente que parecía aquel hombre cuando no fruncía el ceño—. Esa última aproximación a la canasta fue una de las mejores jugadas furtivas que he visto en un cofrade. Y solo ocurrió porque estos tres chicos trabajaron juntos. No es raro que los cofrades se den cuenta de esa ventaja después de dos o tres partidos, pero *nunca* en el primero, ¡y en menos de dos minutos! —Clout les dio una palmada en la espalda a cada uno, cosa que Janner nunca le había visto hacer—. Sobresaliente, muchachos. Pueden retirarse por esta noche —luego su sonrisa desapareció—. ¿Y los demás? ¡Patéticos! ¡Veinte vueltas! ¡Vamos!

Después de despedirse de Joe Bill, los chicos esperaron a Nia en el patio. Pero en lugar de un carruaje, un caballo atravesó la puerta atronadoramente y relinchó al rodear la estatua, echando vapor por la nariz a grandes bocanadas. Rudric se alzaba en la silla de montar y sonreía a través de su barba a los hermanos, que aún tenían razón de asombrarse ante el gigantesco hombre. Llevaba el uniforme completo de la Patrulla Durgan.

—¡Oy, Wingfeathers! Qué lindos trajes llevan. Es difícil no estar guapo de negro, ¿verdad? —Rudric agitó su capa y guiñó un ojo—. Su madre me ha enviado a buscarlos. La cena estará caliente y lista cuando volvamos. ¡Arriba!

Rudric levantó a Janner como si fuera un muñeco de peluche.

—¿Por qué llevas tu traje de Durgan? —preguntó Janner mientras Kalmar saltaba detrás de él.

—El consejo se ha reunido hoy para hablar de los animales desaparecidos —dijo Rudric—. Es peor de lo que se pensaba.

—¿Cuán grave es? —preguntó Kalmar—. Oí que solo eran ratejones.

—Si son ratejones, hay cientos de ellos —dijo Rudric—. Granjero tras granjero se presentaron y denunciaron la desaparición de sus animales. Impresionante. Cochinillos, flonejos, gallinas. Algunos denunciaron la desaparición de cabras.

—¿Cabras? —preguntó Janner—. Parece que una cabra sería demasiado grande para un ratejón.

—Oy —dijo Rudric—. Además, un ratejón dejaría algún rastro. Sea lo que sea lo que se lleva a estos animales, es escurridizo. Su abuelo cree que son buitres punzantes, según Paddy Thistlefoot.

—No hay buitres punzantes en los Valles Verdes —dijo Janner—. El abuelo lo sabe.

Rudric lanzó una mirada de sorpresa.

—¿Eh? Bueno. Quizás Thistlefoot entendió mal. Sea como sea, vamos a resolver este misterio. Por eso la Patrulla Durgan está de guardia. Tenemos que cazarlo antes de que se coma a todos los animales de Ban Rona. Y hablando de comida… —Rudric hizo girar el caballo y lo espoleó al galope—. La cena de su madre está esperando.

Janner se agarró a los pliegues de la capa de Rudric y se estremeció ante la velocidad y la fuerza del caballo, el aire frío, la seguridad con que Rudric cabalgaba. Las capas de los muchachos chasqueaban al viento mientras atravesaban a toda velocidad Ban Rona y las colinas. El aire de principios de invierno hacía brillar las estrellas y picaba las manos de Janner.

Llegaron a la Colina de la Chimenea y cenaron, y entonces llegó Danniby con su uniforme de Durgan e informó a Rudric que la patrulla estaba reunida en la Fortaleza y esperaba órdenes.

—Deséennos suerte, Wingfeathers —dijo Rudric mientras se excusaba—. Tenemos que atrapar a un ratejón volador esta noche.

—Ya les digo —dijo Podo eructando—, es un buitre punzante. Ya verán.

Aquella noche, algo despertó a Janner. Se sentó en la cama, con el corazón palpitante, asustado sin saber por qué. Se sacudió el sueño y escuchó el crujido de la casa, el revuelo del viento en el exterior, el arañazo de las ramas desnudas en la ventana. Eran sonidos inquietantes, pero no inusuales. Aun así, algo no iba bien, y no sabía qué.

Miró hacia la ventana y recordó la voz que había oído aquella noche, cuando el hendido lo había visto: *Te olfatearé dondequiera que estés. Cuando lo haga, te sostendré con fuerza.* Janner se estremeció y volvió a acurrucarse bajo las sábanas, intentando descifrar qué lo inquietaba.

A la mañana siguiente, mientras engullía sus tortitas calientes y sus huevos, se dio cuenta de dos cosas: Kalmar parecía agotado, y Kalmar no comía. Que pareciera cansado no era tan sorprendente. Con los T.H.A.G.S., la escuela, las tareas domésticas y ahora las clases nocturnas de la Cofradía Durgan, ambos chicos estaban agotados. A Janner también le costaba levantarse cada mañana.

Pero Kalmar *siempre* tenía hambre. ¿O no? Ahora que Janner lo pensaba, no recordaba la última vez que Kal le había pedido a Leeli el resto de la sopa o se había comido a hurtadillas una galleta cuando Janner no miraba o lo habían pillado en la despensa con la boca llena de magdalenas.

Fue entonces cuando Janner se dio cuenta de lo que le había preocupado al despertarse por la noche. No era un sonido, sino un silencio. No había oído roncar a Kalmar.

Janner no sabía lo que significaba, pero no le gustaba cómo lo hacía sentir.

36

Sabuesos chasqueantes y nieve

Aquel día, durante el almuerzo, los niños Wingfeather se sentaron con Joe Bill, Morsha y Quincy, sus amigos de la Cofradía Durgan, junto con Thorn y Kelvey O'Sally. Un fuego rugía en el hogar situado en la cabecera de la sala, pero apenas aliviaba el frío que hacía en el resto del salón, así que los cofrades comieron con los abrigos puestos.

En cuanto hubieron dado las gracias al Hacedor por la comida, Morsha dijo:

—¿Se enteraron? Anoche la patrulla descubrió qué se ha estado llevando el ganado.

—¿Qué era? —preguntó Janner, deteniéndose a medio masticar un bocado de cazuela de carne de gallina.

—¿Un ratejón?

—Peor —dijo Morsha con deleite.

Yo también lo escuché, pero no lo creo —dijo Thorn mientras mordisqueaba una manzana—. No explica lo de las ovejas.

—Claro que sí —dijo Kalmar.

—¿Y *tú* cómo sabes lo que era, Kal? —preguntó Janner, molesto porque parecía ser el único de la mesa que no lo había oído.

Kalmar se encogió de hombros y se metió una salchicha en la boca.

—Alguien me lo contó más temprano.

—Yo me enteré en el pasillo después de las clases —dijo Leeli—. Concuerdo con Thorn. A mí tampoco me parece que tenga sentido.

—Que alguien me diga de qué están hablando —dijo Janner.

—Mi mamá dice que ha visto uno de cerca —dijo Morsha—, y sin duda podría matar a una oveja.

—¿UN QUÉ? —gritó Janner.

Todos los cofrades de la mesa se echaron hacia atrás y enarcaron las cejas mirándolo, incluidos Leeli y Kalmar.

—Alguien está de mal humor —murmuró Joe Bill mientras untaba salsa dulce de fresa en una galleta.

—Un perro —dijo Thorn.

—No solo un perro —declaró Morsha—. Un sabueso chasqueante. Mucho más grande. Dientes más largos.

—No son *tan* grandes —dijo Kelvey—. Además, los sabuesos chasqueantes cazan en manada. Solo había un conjunto de huellas.

—¿Encontraron huellas? —preguntó Janner.

—Oy —dijo Kelvey—. Pá me dijo que la Patrulla Durgan encontró un montón de plumas y partes de gallina fuera del gallinero de Waverby, junto con claras huellas de patas que se alejaban. Lo rastrearon durante kilómetros y kilómetros, adentrándose en los valles boscosos, antes de perder el rastro.

—Pero ¿no lo atraparon? —preguntó Janner.

—Todavía no —Joe Bill sorbió la salsa de fresa donde le había goteado en la mano—. Pero lo harán. La Patrulla Durgan tiene a los mejores rastreadores de Kistamos.

—¡Oy! —dijo Morsha, chocando su taza de zumo de ermentina contra la de Joe Bill—. ¡Durganos!

—Sigo pensando que un perro no podría hacer todo eso —dijo Leeli.

—No sabes todo sobre los perros —le dijo Kalmar—. No veo qué tiene de extraño que un perro salvaje se coma una gallina.

—Tranquilo, Kal. Creo que solo dice que *un* perro no podría comerse tantos animales —dijo Thorn—. Y toda una jauría de perros salvajes entrando a hurtadillas y llevándose gallinas y cerditos e incluso ovejas, todo ello sin dejar rastro… bueno, no es muy común que digamos. Nunca había oído nada igual.

—Bueno, me alegro de que se haya acabado. Lo han resuelto —dijo Kalmar mientras limpiaba su plato—, y ahora todo el mundo puede volver a lo que estaba haciendo.

Aquel día, en la Cofradía Durgan, Clout echó un vistazo al cielo y dijo: «Nieve».

Unos treinta minutos después, el cielo se tiñó de gris, se levantó viento y cayeron en torbellinos las primeras ráfagas del año.

Clout condujo a los cofrades a uno de los edificios adyacentes al patio y sacó una llave de uno de sus bolsillos.

—La nieve significa que ha llegado la hora de la siguiente parte de su entrenamiento —dijo mientras introducía la llave en la cerradura, la giraba y abría la puerta. Condujo a los cofrades al interior, luego cerró la puerta tras ellos y los sumió en la oscuridad—. ¡Brosa! ¡Ven!

—Sí, profesor —Brosa avanzó a trompicones por la oscuridad, pisando los pies de algunos compañeros y chocando con otros estudiantes mientras intentaba encontrar a Clout. Una cerilla encendida iluminó el ceño fruncido del profesor Clout, que no estaba ni cerca de donde se encontraba Brosa.

—¡Estoy aquí, chico! Toma estas cerillas y enciende los faroles. Encontrarás diez. Date prisa.

Mientras Brosa encendía los candiles y revelaba más y más de la habitación, Clout dijo:

—Bienvenidos a la Guarida del Sigilo. Construida hace doscientos años por las cofradías de canteros y carpinteros, ha sido el campo de entrenamiento invernal de los mejores durganos que los Valles Verdes han conocido jamás. Aquí aprenderán no solo a ser más astuto que los correcumbres, sino también a escalar muros, sorprender a sus enemigos, reunir información y moverse entre las sombras de los Valles, todo ello sin hacer ruido.

El profesor Clout se cruzó de brazos y observó a los cofrades, dándoles tiempo para asimilar lo que veían. Había plataformas y pasadizos, paredes bajas con ventanas y escaleras que conducían a puentes de cuerda en lo alto. Una de las paredes estaba provista de clavijas y pequeños salientes para trepar. Mirara donde mirara Janner, había cuerdas, postes, plataformas y mil formas más de romperse un brazo o una pierna. Era precioso.

—¡Chewbing! Sube a lo alto de esa pared y tráeme el arma que prefieras. No te caigas, o tu madre nunca me lo perdonará —Chewbing tragó saliva y corrió hacia el muro—. ¡Larnik! Tú y Morsha diríjanse al laberinto de túneles y busquen la salida. El primero que llegue dará la mitad de vueltas. ¡Janner! Toma una honda y monta guardia en la saliente de ahí arriba mientras los demás intentan pasar a hurtadillas. ¡Kalmar! ¡Joe Bill! Tiendan una emboscada a cualquiera que salga primero del laberinto de túneles, Larnik o Morsha. Intenten inmovilizarlos y atarlos con esa cuerda de ahí.

Clout dio las órdenes y los cofrades obedecieron, sin poder disimular sus sonrisas. Janner tomó la honda, pensando en lo tonto que era por haber querido alguna vez unirse a la cofradía de encuadernadores.

Los cofrades de Durgan treparon y se arrastraron durante una hora bajo la supervisión de Clout, antes de que este ordenara los mismos ejercicios con las luces apagadas. En la oscuridad de la Guarida del Sigilo, sin una sola ventana, los cofrades tropezaron, resbalaron y chocaron entre sí tan a menudo que al final todos tenían miedo de moverse. Janner no recordaba la última vez que se había divertido tanto.

Cuando sonó la bocina y la escuela terminó, Janner y Kalmar salieron de la guarida y se encontraron con que la nieve había cubierto el suelo. Los Valles Verdes se habían vuelto blancos.

Se reunieron con Nia junto a la estatua nevada y esperaron a Leeli en la nieve. Cuando el patio se hubo vaciado de carruajes y Leeli seguía sin aparecer, Nia pidió a Janner que la fuera a buscar a la sabuesería.

Justo cuando Janner bajó del carruaje, Leeli llegó con un tren de perros enjaezados a un sabuestrillo. Las ruedas habían sido sustituidas por patines que se deslizaban sobre la nieve con un agradable silbido. El carro estaba decorado con ornamentos de color púrpura y blanco y llevaba el nombre de Leeli en una letra elegante. Ella tenía las mejillas sonrosadas por el frío y llevaba un abrigo de piel con la capucha tan ceñida a la cara que se le fruncían las mejillas al sonreír. Baxter lanzó un aullido y se colocó en el carro junto a Leeli, con las patas delanteras apoyadas en la barandilla.

—¿Qué es esto? —preguntó Nia.

—Mi sabuestrillo —Leeli chasqueó la lengua y los seis perros se sentaron.

—¿*Tu* sabuestrillo? —Nia bajó del carruaje para inspeccionarlo.

—Thorn y Biggin O'Sally lo encargaron a la carpintería el mes pasado, solo para mí. Lo terminaron hoy. Quieren que entrene a los perros del sabuestrillo —se sonrojó y jugó con un botón de su abrigo—. Dijeron que ya era hora de que tuviera mi propio sabuestrillo. Dijeron que era bien buena.

—*Muy* buena —corrigió Nia, dando patadas a los patines del trineo pequeño para probar su fuerza—. No «bien» buena.

—Así es como hablan —dijo Leeli.

—Está bien para ellos. No para una doncella musical —Nia montó en el carruaje—. Parece sólido. Bien hecho. Los cofrades de la carpintería lo hicieron *muy* bien. Ahora —dijo, asegurándose de que los chicos estaban sentados—, vamos a ver lo rápido que es. ¡Arre!

Janner y Kalmar casi se caen de sus asientos cuando los caballos se lanzaron hacia delante. Janner miró a Leeli por encima del hombro y la saludó mientras se alejaban a toda velocidad. Ella pareció sorprendida por un momento, y entonces Janner vio que movía la boca y oyó a los perros aullar. La nevada era tan espesa que Leeli desapareció entre remolinos de rizos blancos cuando atravesaron la verja, pero Janner oía a los perros y sabía que Leeli los seguía de cerca.

Nia se rio mientras el carruaje atravesaba las calles a toda velocidad. Kalmar chilló y se agachó en su asiento, con la nariz contra el viento, aullando a la nieve. En aquel momento, parecía más un lobo de lo que Janner lo había visto jamás, y Janner lo adoraba por ello, porque en aquel momento a Kalmar le importaba un bledo lo que pensaran los vallerinos.

Los caballos estaban agotados cuando cruzaron el puente al pie de la Colina de la Chimenea. Nia los encauzó y se giró en su asiento.

—¿La oyen? —preguntó, y todos escucharon. Janner solo oía el viento y el goteo del agua en el lecho del arroyo. A Nia se le desencajó la cara—. Debería volver a buscarla.

—Mira, mamá —Kal señaló dos líneas paralelas en la nieve que pasaban por encima del puente y subían por la colina—. Nos ganó.

Cuando doblaron la curva y subieron al césped delantero, encontraron a Leeli aflojando las correas del último perro y rascándole detrás de las orejas. Freva saludó a Nia y a los chicos, y luego condujo el carruaje hasta el granero, murmurando cuánto le disgustaba la nieve.

Nia se agachó con calma y recogió un montón de nieve en forma de bola. Apuntó a Leeli y lanzó. La bola de nieve golpeó a Leeli en la espalda y explotó, y ella se giró con la boca abierta.

—Ese es tu premio por ganar —dijo Nia. Lanzó otra bola de nieve—. Y esa es porque sí.

Kalmar, Janner y Leeli intercambiaron una mirada confusa. Janner no tenía ni idea de qué se le había metido a su madre, pero intuía que era un momento inusual, que había que aprovechar al máximo.

Kalmar y Leeli ya estaban lanzando bolas de nieve a Nia cuando Janner ladeó el brazo. Se detuvo, impresionado por la belleza de su madre. El pañuelo rojo brillante de Nia estaba salpicado de copos de nieve y hacía juego con las mejillas sonrosadas. Las líneas de las comisuras de sus ojos estaban arrugadas por la risa en vez de por la preocupación, y sus dientes brillaban mientras reía. Nunca había visto a su madre tan hermosa ni tan juguetona, y dudaba que durara. Era un atisbo de quién había sido antes de que su padre muriera, antes de que incendiaran su casa, antes de que su reino cayera y sus hijos fueran perseguidos. Se dijo que debía escribir ese momento para recordarlo. Luego, lanzó la bola de nieve.

Cuando los cuatro estuvieron agotados y el frío se les había metido en las botas, los cuellos y las mangas, se sentaron en el césped delantero, entre los perros felices por la nieve.

—¿Todo el invierno será así? —preguntó Leeli, apoyándose en un sabueso gris al que llamaba Bounder—. ¿Como Kimera?

—No. Tanta nieve es una rara sorpresa en Ban Rona. Más al este, cerca de las montañas y del Bosque Negro, se pega al suelo durante semanas.

—Bueno, espero que se quede —dijo Leeli—. El sabuestrillo es mucho más rápido con patines que con ruedas. No creo que te hubiera ganado con las ruedas puestas, al menos no por tanto. Pellizcó el brazo de su madre y se rio, pero Nia no le siguió la corriente. Janner ya se daba cuenta de que el momento de ligereza estaba pasando.

—Niños —dijo Nia—, necesito hablar con ustedes de algo.

Los niños se incorporaron al oír el tono sombrío de su voz.

—¿Qué sucede? —preguntó Janner—. ¿Tenemos que irnos otra vez?

—No, no. Nada de eso —Nia sonrió, pero sus ojos estaban extrañamente tristes—. Tengo que hablarles de Rudric y de mí. Hemos estado de novios.

Los tres niños se miraron entre sí, luego a Nia, y estallaron en carcajadas.

—¿Creías que no lo sabíamos? —dijo Kalmar—. Apenas si te das cuenta de que existimos cuando él está cerca.

—Y *siempre* está cerca —dijo Leeli.

Nia se rio y sacudió la cabeza.

—Se me olvida lo listos que son. Pero hay más —su sonrisa desapareció y los miró a los ojos. Janner pensó por un momento que parecía asustada, pero luego descartó esa idea. Nia Wingfeather nunca tenía miedo—. Me ha pedido que me case con él.

En el silencio que siguió, Janner se sorprendió al sentir una punzada de dolor en el pecho. Sabía que debería alegrarse por ella. Rudric le caía bien. Pero, por alguna razón, cuando Nia dijo aquellas palabras, Janner oyó algo muy distinto. La escuchó decir: «Tu padre está realmente muerto». La oyó decir: «Voy a dejarlo ir». Oyó: «Nunca volveremos a casa. Que arda Anniera. Se acabó».

Las lágrimas saltaron a los ojos de Janner. Sintió la mirada de su madre sobre él, y le quemó la piel. Se oyó sollozar mientras se ponía en pie tambaleándose, y luego echó a correr.

Corrió a ciegas por la nieve, sin saber ni importarle en qué dirección. Su corazón estallaba de rabia y tristeza y vergüenza y dolor que tenía que poner en algún sitio. Así que corrió. Le dolían las mejillas de frío. Le goteaba la nariz y detestaba cómo sonaba, balbuceando palabras sin sentido. Quería que su padre estuviera vivo, que amara a su madre, que le devolviera la juventud a Nia, como había visto hacía un momento. Cayó al suelo y se convulsionó entre sollozos, sin importarle la nieve que tenía en la cara.

Quería estar solo, y quería que lo encontraran. Quería que su familia lo ignorara, que mostrara su indiferencia y que eso alimentara su ira, y al mismo tiempo suplicaba al Hacedor que vinieran a levantarlo del suelo helado. Y en medio de todo ello, sintió la presencia del Hacedor de forma tan palpable que el propio viento parecía ser su aliento y los copos de nieve su tacto. Janner supo que no estaba solo, ni podía estarlo, por mucho que corriera.

Entonces, sintió unas manos en la espalda y los brazos, y oyó la voz de Kalmar en su oído, diciendo: «Estoy aquí».

Kalmar lo levantó hasta dejarlo sentado y estudió el rostro de Janner con ojos húmedos y tristes. Janner no vio ningún rastro de amarillo allí. Solo azul.

—Ella no lo entiende, ¿sabes? Para ella, lleva muerto nueve años. Pero es como si lo hubiéramos encontrado este verano, en la casa del árbol del tío Artham. Y ahora es como si volviera a morir.

Janner se limpió la nariz y asintió. Estaba agradecido por no tener que explicarle nada a su hermano.

—Tan solo lo extraño —dijo—. Y sé que parece una tontería, ya que soy demasiado joven para recordarlo. Pero a veces es tan real en mi mente, que es como si aún estuviera por aquí. Cuidándonos.

—Lo sé —dijo Kal—. Pero no está. Y mamá lleva sola nueve años. *Nueve años.* Janner, me gusta cuando está así. Más ligera, quiero decir. Creo que necesita a Rudric. Es como un remedio o algo así.

Janner se enjugó la nariz. Le espantaba la idea de enfrentarse a todo el mundo con la cara llena de mocos y los ojos hinchados y rojos.

—Probablemente, debería ir a disculparme.

—Sí.

Janner se estremeció cuando una ráfaga de viento atravesó su abrigo y llegó a todos los lugares húmedos por las lágrimas o la nieve.

—Vamos. ¿No te estás congelando?

Kalmar miró las ráfagas como si hubiera olvidado que estaba de pie sobre la nieve.

—En realidad ya no siento el frío, Janner. Solo hambre.

Para gran alivio de Janner, la sala principal estaba vacía, salvo por Leeli y Nia. Se sentaron juntos en el sofá, mirando el fuego. Janner dijo: «Lo siento», y se produjo otra oleada de lágrimas, pero esta vez eran lágrimas mejores, derramadas en los brazos de su madre.

Los tres niños y su madre charlaron largo rato junto al fuego. Tras una cena apagada, Janner se desplomó en su litera, pensando en Rudric y en su padre y en cómo las cosas podían doler y sanar al mismo tiempo.

Entrada la noche, Janner se despertó con el sonido sordo de alguien llamando a la puerta principal. Salió de la cama y entreabrió la puerta para escuchar y asegurarse de que todo iba bien. Se dio cuenta de que todos estaban en la cama, pero el piso de abajo brillaba enrojecido por las brasas de la chimenea.

Oyó la voz de Rudric afuera, seguida de un breve aullido de viento cuando Nia le abrió la puerta. Janner oyó el murmullo de sus voces y la calidez de su tono, y supo que su madre le estaba contando a Rudric lo que había ocurrido. Oyó las palabras: «Lo siento, Nia», y ella dijo: «Todo va a estar bien».

Al cabo de unos instantes, Nia preguntó:

—¿Qué haces fuera tan tarde?

—He venido a despedirme.

—¿Qué quieres decir?

—Estaré de viaje unas semanas. El jefe de Ban Hynh me ha informado que hay problemas en los Valles exteriores. Los correcumbres están activos y se rumorea algo peor.

—¿Qué?

—Colmillos. Dos niños informaron que anoche avistaron un Colmillo Gris en su patio trasero. Los granjeros de todas las colinas están asustados y furiosos. Exigen que se tomen medidas. He reunido a mis mejores hombres y me esperan en la Fortaleza. Detesto tener que irme. No siempre es fácil ser un custodio de los Valles.

—Tampoco siempre es fácil amar a uno —dijo Nia, y Janner oyó un crujido que le indicó que se estaban abrazando—. Ten cuidado, Rudric. Vuelve pronto. Tenemos una boda que planear.

Janner oyó un largo silencio y de pronto sintió que se entrometía. Volvió de puntillas a la cama y se dio cuenta una vez más de que Kalmar no roncaba. Se puso de pie en su litera y se asomó a la oscuridad, escuchando. Vio la silueta de Kalmar bajo las mantas, pero no oyó ninguna respiración, así que alargó la mano y dio un codazo a su hermano.

Pero su hermano no estaba allí. Janner arrancó la manta y encontró una colcha enrollada a modo de señuelo. Kalmar no estaba por ninguna parte.

Janner corrió hacia la ventana y echó la cortina hacia atrás, susurrando: «No, no, no, no». Abrió la ventana y se encogió de frío. Había dejado de nevar y las colinas estaban cubiertas de un blanco inmaculado, como el glaseado de un pastel.

Unas huellas de pisadas, vívidas bajo la brillante luna, salían del montón de nieve que había bajo la ventana, pasaban junto al granero y se adentraban en la noche.

37

El ejército de Sara se alista

—Mañana es el día —le susurró Sara Cobbler a Borley. Este se dio la vuelta en su catre y sonrió. Sus ojos brillaban contra el hollín de su cara.

—Espera mi señal. ¿De acuerdo?

—Estaré listo —dijo Borley.

Sara zigzagueó entre las camas del pasillo de literas hasta otro catre y apretó el dedo del pie de una niña.

—Hola, Veera.

—Hola, Sara Cobbler —susurró la niña.

—Que duermas bien. Mañana es el día.

—¿Va a dar miedo? —susurró Veera. Se metió la manta bajo la barbilla.

—Sí —dijo Sara—. Pero creo que va a funcionar.

—Yo también —dijo Veera, y cerró los ojos.

Sara se preguntó si creía sus propias palabras. ¿Realmente pensaba que iba a funcionar, o estaba actuando por desesperación, poniendo en peligro la vida de tantos niños? Llevaba dos meses trabajando, así que no era una decisión precipitada. Había tenido tiempo de sobra para dar marcha atrás, replantearse el plan, disuadirse o ser descubierta. Pero, que ella supiera, ni el supervisor, ni Mobrik, ni los encargados de mantenimiento se habían dado cuenta de que ella y su pequeña banda de niños habían estado robando puñales, espadas e incluso tenedores.

La idea se le había ocurrido la noche en que Borley le enseñó a Sara la daga que había robado. Le había preguntado por qué no podían utilizarla para escapar, y ella se había quedado en la cama haciéndose la misma pregunta durante horas. No funcionaría si solo lo intentaba una persona. Lo sabía. Pero ¿y si todos los niños se alzaban en armas? ¿Tendría tiempo el supervisor de pedir ayuda? ¿Lo tendría Mobrik?

Había escondido la daga de Borley en su litera y vigilado a los encargados de mantenimiento durante dos días antes de robar otra. Los encargados estaban apostados en los extremos de las cintas transportadoras y en cada estación, y se suponía que debían llevar la cuenta de las hojas e inspeccionarlas en busca de desperfectos. Pero Sara se dio cuenta de que incluso los más antiguos y malos solían estar demasiado distraídos para hacer bien su trabajo. Hablaban entre ellos y siempre estaban pendientes de Mobrik. Sabían que no disponían de mucho tiempo antes de que los correcumbres les informaran que habían sido ascendidos fuera de la fábrica (como decía el supervisor), así que se preocupaban menos por su trabajo y nunca se daban cuenta si faltaba una espada o una daga.

Incluso la aparición periódica del supervisor en la fábrica beneficiaba a Sara. El malvado hombre de los guantes sin dedos pisoteaba los pasillos y las máquinas, haciendo sonar su látigo y escupiendo maldiciones a los niños. Sara agachaba la cabeza cuando él estaba cerca, pero mientras afilaba, cortaba o pulía en su puesto, observaba a los jefes de mantenimiento. Veía lo asustados que estaban de él. Veía cómo se les iban los ojos y cómo solo fingían contar las cuchillas en los barriles.

Sara se negó a que su pequeño ejército recogiera armas. No podía soportar la responsabilidad de que los atraparan y los golpearan o los metieran en el ataúd. Así que ella tomaba una cuchilla al día. Cuando atisbaba a Mobrik en el otro extremo de la humeante sala, revoloteando por las vigas o las estanterías metálicas, y cuando estaba segura de que los jefes de mantenimiento estaban ocupados, se metía los trozos de metal en la manga.

Al principio, había estado terriblemente nerviosa y se había convencido a sí misma, a lo largo de su turno, de que la habían visto y de que el supervisor saldría de detrás de una pila de carbón con sus dientes parduscos y sus ojos inyectados en sangre. Le temblaban las manos mientras trabajaba y seguía temblando durante la comida hasta que llegaba a su catre y deslizaba la daga bajo la almohada.

Después de la primera semana, su confianza había aumentado, pero era más cuidadosa que nunca por una buena razón: se había quedado sin espacio para esconder las armas de forma segura en su litera y había tomado la difícil decisión de esconder algunas también en la de Borley. Él había estado ansioso por ayudarla.

—No puedes decírselo a *nadie*, Borley —había susurrado Sara mientras bebían su sopa—. Y no puedes jugar con ellas. Haz como si no estuvieran ahí, ¿está bien?

Él había asentido y dicho:

—Cualquier cosa por ti, Sara Cobbler.

Cuando los bordes del catre de Borley se habían forrado de armas, cuidadosamente ocultas bajo el colchón y entre los pliegues de su manta, Sara le había pedido ayuda a Grettalyn y, en unas semanas más, a Veera. Pronto perdió la cuenta de cuántos nombres conocía.

Sara no los había reclutado. Habían acudido a ella, en silencio, inocentemente, atraídos por algo que Sara no podía nombrar. Lo único que sabía era que, antes de que llegara Janner Igiby, no había pensado en escapar porque no había pensado en nada en absoluto. Su mente se había entumecido. Cualquier esperanza de escapar había sido aniquilada por la abrumadora futilidad de un escape. ¿Cómo podía escapar una niña cuando había chicos y chicas con cadenas para pegarte, un supervisor con un látigo, un espía correcumbres y solo una salida? Pero Janner Igiby había demostrado que era posible, y algo que se había dormido en el corazón de Sara Cobbler ahora había despertado.

Muchos de los niños lo percibieron, acudieron a ella y se sintieron reconfortados. Pero algunos esclavos la ignoraban. Ella les sonreía cuando pasaban y a veces les preguntaba sus nombres, pero ellos solo le devolvían una mirada vacía y seguían adelante. Intentó despertarlos, pero no pudo llegar a todos. Algunos se acobardaban ante los encargados de mantenimiento y se arrastraban hacia sus catres en silencio, por muchas veces que Sara lo intentara.

Pero los demás, los que se atrevían a creer, le devolvían la sonrisa. La seguían. Le guiñaban el ojo desde el otro lado de la estación de afilado o cuando pasaban con carretillas de carbón. En la mesa donde confabulaban, ella les decía que se callaran, que se mordieran la lengua siempre que hubiera algún jefe de mantenimiento cerca y que nunca hablaran entre ellos en la fábrica. Y una vez que se lo prometían en nombre del Hacedor, se inclinaba hacia delante, miraba a izquierda y derecha, y les contaba historias.

Les hablaba de la audaz huida de Janner Igiby. Les recordaba la luz del sol, tan fácil de olvidar en la humeante oscuridad. Les recordaba que tenían nombres. No eran herramientas en una fábrica, les decía, sino hijos e hijas, hermanos y hermanas. Eran Borleys y Grettalyns y Maddies y Yerbiks, niños que tenían que luchar para recordar que había un mundo fuera de la Fábrica Tenedor, donde brillaba el sol. El supervisor quería que olvidaran, les decía. Así era como los controlaba. Si recordaban, eran fuertes, decía Sara.

Les preguntaba por sus padres, por sus casas, por sus amigos antes de que se los llevara el carruaje negro o los secuestraran las viejas y los mendigos de Dugtown. Al principio, los niños no querían recordar, pero Sara siguió preguntando, a pesar de sus lágrimas y su soledad por sus padres y sus casas. Les enseñó que la nostalgia era buena, porque les ayudaba a recordar el mundo fuera de la fábrica.

Y ahora, había llegado el momento. Sara se deslizó de catre en catre, vigilando a Mobrik y a los jefes de mantenimiento. Su siguiente turno estaba a punto de empezar, así que susurró a cada uno de los niños que estaban en la cama que estuvieran preparados. Les dijo que mañana sería el día, que sí, que creía que funcionaría. Sabía que sus amigos eran muchos, pero aquella noche se sorprendió de cuántos catres visitó y cuántos nombres conocía.

Un chico con una campana desfiló por la habitación, anunciando el siguiente turno. Era hora de que Sara se enfrentara a otra noche en la estación de afilado. Mientras tomaba los guantes de la litera, se le ocurrió que ya no había vuelta atrás. No habría forma de hacer correr la voz a su pequeño ejército si el plan cambiaba. Iba a ocurrir mañana, pasara lo que pasara.

Se levantó de la cama y chocó con uno de los jefes de mantenimiento.

—Disculpa —dijo Sara, fingiendo que acababa de despertarse.

—Te he estado observando, herramienta —dijo el chico. Era una cabeza más alto que Sara, delgado pero fuerte, y le faltaba un diente delantero. Sostenía una cadena en un puño y la balanceaba de un lado a otro. Sara miró rápidamente al suelo. Tuvo que recordarse a sí misma que debía actuar como una herramienta de fábrica, no como una niña—. Llevo mucho tiempo observándote.

—Disculpa —repitió ella e intentó esquivarlo. Él se hizo a un lado y le cerró el paso.

—Mírame —dijo.

Sara no podía esquivarlo y no podía mirarlo. Temía que si él la miraba a los ojos, sabría al instante que tramaba algo. La denunciaría a Mobrik y se acabaría todo. Si la arrojaban al ataúd o la castigaban, los niños no sabrían qué hacer. Borley era lo bastante osado y tonto como para intentar hacerlo sin ella, y ella no podía permitirlo.

—Dije que me *mires* —el jefe de mantenimiento le agarró la cara y la obligó a levantarla.

Sara no podía fingir más. Lo miró a los ojos, pero no como una herramienta de fábrica. Decidió no ocultar su despertar, sino derramarlo sobre él. Si él veía la luz en ella, tal vez despertaría algo de compasión en él y la dejaría marchar. Era un riesgo terrible, pero no sabía qué más hacer. Lo obligó a que la viera como una chica, como alguien a quien podría haber conocido antes de la Fábrica Tenedor, alguien de quien podría haber sido amigo. Si llevaba algo del fuego de Janner, rogó para que atravesara los escasos centímetros que los separaban y se abriera paso a través de sus ojos hasta llegar a su alma.

Él parecía dispuesto a dar la alarma o a golpearla, pero al cabo de un rato la soltó y dijo:

—Ponte a trabajar, herramienta —luego se alejó.

Sara jadeó y luchó por controlar el temblor de sus piernas. Luego atravesó las puertas, cruzó el comedor y entró en el estruendo y el ruido metálico de la fábrica por lo que esperaba que fuera la última vez.

38

Huellas de lobo en la nieve

Incluso con guantes, una bufanda alrededor de la cara, una capa extra de ropa interior y su uniforme de Durgan, Janner se encogió de frío cuando aterrizó en el montón de nieve que había bajo su ventana. Permaneció un rato agazapado para asegurarse de que nadie de la casa se movía, pero solo oía su respiración y el ulular de un búho moteado en uno de los árboles.

Pensó en las lecciones del profesor Clout sobre sigilo: *evita siempre que te crujan las articulaciones; escucha antes de moverte; sé paciente; presta atención a las criaturas nocturnas: si se mueven, te mueves tú.* El búho le dijo a Janner que era seguro escabullirse. Haciendo todo lo posible por pisar las huellas de Kalmar, salió de la sombra de la casa a la luz de la luna llena.

Las pisadas de Janner eran ensordecedoras en aquel silencio nevado, y se sintió expuesto, en especial porque iba todo de negro. Era una mancha de tinta en una página en blanco. Seguro que había uniformes Durgan blancos para escabullirse por la nieve, pensó, pero no tenía elección. Esta era la ropa más abrigada que tenía.

Las huellas eran fáciles de ver, aunque una espolvoreada de copos frescos suavizaba su contorno. Eso significaba que aún nevaba cuando Kalmar se marchó. Janner siguió las huellas más allá de la casita de Freva y Bonnie hasta el granero. La puerta estaba lo bastante abierta como para que Janner pudiera colarse sin hacer ruido. Permaneció un momento en la oscuridad perfumada de heno, escuchando. «¡Kal!», susurró, pero la única respuesta fue un bufido de uno de los caballos. Pasó sigilosamente junto a los establos y encontró la puerta trasera abierta. Había caído una pequeña capa de nieve y las huellas de Kalmar la atravesaban, pasando junto al corral de las cabras y la perrera donde Leeli guardaba a sus perros del sabuestrillo. Los perros se despertaron y movieron la cola cuando Janner se acercó, pero no ladraron.

Janner se detenía cada pocos pasos para escuchar. No sabía cuánto tiempo llevaba Kalmar fuera ni lo cerca que podía estar. Al fin y al cabo, era posible que tan solo se hubiera escapado para retozar en la nieve. Era una noche preciosa, y quizás no podía dormir, tal vez se había escabullido por la ventana porque no quería despertar a nadie. Pero Janner sabía de algún modo que no era la primera vez. ¿Y las demás noches?

Más allá del granero, las huellas giraban a la izquierda y volvían a rodear la parte delantera de la Colina de la Chimenea. Seguían el sendero, pero a un tiro de piedra a la derecha de este, pasando de árbol en árbol a medida que descendían por la colina. Janner pudo ver dónde los cascos del caballo de Rudric habían surcado medias lunas en la nieve al ir y volver de la casa. Al pie de la colina, el rastro de Kalmar no conducía al puente, sino a la orilla del arroyo. Janner dio gracias a la brillante luna, pues de lo contrario no habría podido ver las piedras que Kalmar utilizó para cruzar a saltos.

En cuanto Janner puso un pie en la orilla opuesta, oyó un estruendo a lo lejos. Su corazón dio un vuelco y vio una forma grande, oscura y humeante coronando la colina procedente de Ban Rona: caballos. El estruendo de los cascos aumentó de volumen a medida que se acercaban a Janner. Se escabulló por la orilla del arroyo y se ocultó a la sombra del puente justo cuando pasaban disparados. Janner contó al menos veinte caballos, cuyos jinetes vestían de negro, con las empuñaduras de las espadas y los martillos tintineando y brillando a la luz de la luna. Eran Rudric y la Patrulla Durgan, que se dirigían a los Valles exteriores. Se fueron tan rápido como habían llegado.

Janner salió de la sombra del puente, aún conmocionado por el paso de los caballos, y volvió a encontrar las huellas de Kalmar. No anduvo por el camino, sino que se mantuvo a la derecha, en el lado opuesto del arroyo, hasta subir la gran colina y salir del valle. Janner llegó a la cima y vio Ban Rona abajo, cada tejado suave y blanco, cada rama de árbol perfilada por la nieve. El rastro de Kalmar bajaba por la carretera y giraba a la izquierda, hacia la ciudad.

Entrar con sigilo en la ciudad era menos difícil en cierto modo: para empezar, había muchos escondrijos. Las huellas de Kalmar pasaban de un arbusto a un seto, de un banco del parque a una valla de piedra. Janner lo fue siguiendo, tal y como las huellas indicaban que había hecho Kalmar. Pero arrastrarse por la ciudad era más difícil en otros sentidos: cada ventana que daba a la calle era como un ojo que lo observaba pasar. Janner percibía la presencia dormida de personas en las casas. Se preguntó qué diría si lo descubrían. ¿Y adónde iba? Cuanto más seguía Janner el rastro de su hermano, más lo asaltaba el pavor. Lo aterrorizaba lo que encontraría al final.

Atravesó un patio delantero, se detuvo detrás de un árbol gordo, y luego caminó de puntillas hasta una mesa de jardín en el borde del patio, donde Janner esperaba encontrar a Kalmar escondido. En cambio, el sendero cortaba a la derecha, entre dos casas y hacia un callejón oscuro. Janner sintió un cosquilleo en los oídos, pero no oyó nada. No vio huellas que salieran. Tenía miedo de seguir, no estaba seguro de querer saber qué le esperaba al final del callejón. Sin embargo, tenía que saberlo. Había llegado hasta aquí. Era demasiado tarde para dar marcha atrás.

Janner se adentró en las sombras del callejón y esperó, escuchando, intentando prestar atención a cada uno de sus sentidos. Oyó poco más que el crujido y el ruido sordo de los barcos que se mecían en el puerto. Olió una pizca de humo de chimenea, pero poco más; el frío y la nieve ocultaban los olores habituales a barro y caballo y el aliento salado del océano. Cuando sus ojos se adaptaron, inspeccionó el callejón y no vio nada inusual: cubos de basura, cajas, una vieja rueda de carreta rota, algo hecho de malla metálica en un armazón de madera, rastrillos y palas colgando de las paredes de piedra a ambos lados, todo cubierto de nieve.

Al fondo del callejón había una estructura de algún tipo, pero Janner no se daba cuenta de qué era. Las huellas de Kalmar conducían directamente a ella.

39

Lo que Janner encontró en el callejón

Silencioso como un susurro, Janner puso los pies sobre las huellas de Kalmar, de uno en uno, acercándose cada vez más a la parte trasera del callejón. Cuando estaba a medio camino, vio que la estructura era un gallinero. Tenía nueve pequeñas puertas cuadradas con una ventana de malla metálica enmarcada en el centro de cada una. El gallinero se alzaba unos metros sobre cuatro patas, y debajo había un espacio abierto donde se apilaban viejos tablones de madera junto a unos botes de leche vacíos.

Janner podía oír los latidos de su propio corazón mientras se acercaba sigilosamente. Se esforzó por controlar la respiración. ¿Por qué tenía tanto miedo? Solo era Kalmar.

Janner llegó al gallinero sin hacer ruido. Las huellas de Kal conducían debajo de él. Un montón de plumas blancas salpicadas de sangre ensuciaba la nieve, como si alguien hubiera vaciado una almohada y la hubiera rociado con zumo de bayas. Janner apretó los dientes contra las repentinas ganas de vomitar.

Justo cuando reunía valor para asomarse a las sombras bajo el gallinero, la mano de Kalmar salió disparada y agarró a Janner por la pierna. Sus garras se clavaron y Janner cayó. El pequeño Colmillo gruñó y saltó sobre Janner. Clavó el hocico en la cara de Janner y enseñó los dientes. Tenía pequeñas plumas clavadas en sus oscuros y húmedos bigotes.

Janner se quedó paralizado de miedo. Intentó ver más allá de la nariz negra, la sangre y los terribles dientes. Intentó ver los ojos de Kalmar en la oscuridad. Necesitaba ver su color y profundidad, para saber si su atacante era un Colmillo Gris o Kalmar Wingfeather. Una de las manos húmedas de Kalmar estaba en la frente de Janner, sujetándolo contra el suelo, y la otra le rodeaba la garganta. Janner solo oyó un gruñido que era aún más monstruoso por su suavidad controlada.

—Kalmar —susurró Janner—. K-Kalmar, soy yo. Soy Janner.

Al cabo de un momento, Kalmar se llevó las manos a la boca para acallar un gemido. Se lanzó hacia atrás, de nuevo bajo el gallinero, derribando los botes de leche. Janner se puso en pie y se limpió la sangre de gallina de la cara y el cuello. Ahora podía olerla, era como metal y sopa quemada. La cola de Kalmar sobresalía de las sombras, temblando en la nieve. Estaba llorando.

—¿Kal? ¿Qué pasa? —susurró Janner. Avanzó hacia él, como si se acercara a un animal herido—. ¿Qué estás haciendo?

—Lo siento —gimoteó Kalmar—. No era mi intención.

—No pasa nada. Voy a entrar contigo. ¿Puedo hacerlo?

Kalmar asintió desde lo más profundo de las sombras. Janner distinguió el brillo de sus ojos. Se agachó y se sentó junto a su tembloroso hermano, intentando no pensar en los huesos de gallina esparcidos bajo él. No se le ocurría nada que decir, así que rodeó a Kalmar con el brazo y susurró su nombre. Por muy asustado que estuviera Janner, Kal era el que lloraba.

Finalmente, Kalmar se incorporó y se secó los ojos.

—Lo arruiné todo. No pensaba que la nieve pararía tan pronto.

—¿Qué quieres decir?

—Cuando me fui, seguía nevando. Pensé que cubriría mis huellas. Pero cuando llegué, ya había dejado de nevar. Empecé a marcharme y vi mis huellas, y me di cuenta de que conducirían directamente a la Colina de la Chimenea, y sabrían que fui yo. Lo arruinaría todo.

Janner se quedó helado. *Turalay.* Cuando atraparan a Kalmar, atraparían a Nia. Janner había estado frotando el hombro de Kalmar para tranquilizarlo, pero apartó el brazo. Las implicaciones gritaban en su mente. Nia iría al calabozo. Perderían la Colina de la Chimenea. Los exiliarían de los Valles. Nia no podría casarse con Rudric. Todo porque Kalmar tenía hambre de carne cruda. Todo porque no podía controlar sus impulsos.

Kal tenía razón. Lo había estropeado todo.

Janner se apretó la frente y rechinó los dientes, tratando de pensar, tratando de permanecer callado, tratando sobre todo de no desatar su enojo contra Kalmar, en parte porque temía volver a despertar al lobo. Sabía que esa era una lucha que no podría ganar.

—No sabía qué hacer. Llevo horas aquí, pidiéndole al Hacedor que me ayude. Pidiéndole que me cure. Ya no quiero ser un Colmillo, Janner. Solo quiero irme a casa.

—No puedes volver a casa. Seguirán el rastro.

—Pero ¿qué hago?

—No lo sé —Janner agachó la cabeza y trató de pensar—. ¿Entonces fuiste tú? ¿Todos esos animales?

—Sí.

—¡Pero si había cientos! ¿Tanta hambre tenías?

Kalmar guardó silencio un momento. Luego dijo:

—No me los comí todos.

—¿Y eso qué significa? ¿Los mataste solo por diversión? Janner deseó que hubiera más luz para que Kalmar pudiera verle la cara. Quería que supiera que le daba asco. Entonces recordó que sus ojos de lobo *podían* ver en la oscuridad. Bien.

—No los maté por diversión. No lo entenderás a menos que te lo muestre.

—¿Mostrarme qué?

—¿Podrías venir conmigo? ¿Por favor?

—¿Adónde? ¿Por qué?

—Por favor —dijo Kalmar.

—¿Qué daño puede hacer? —murmuró Janner—. Ya lo estropeaste todo.

—Lo sé —susurró Kalmar, y salió de debajo del gallinero con una gallina muerta en una mano y esperó a Janner en la esquina de la casa.

40

Huesos y huesos

Janner ya no se molestaba en seguir las huellas de Kalmar. Ya no importaba. Por la mañana, el dueño de la gallina descubriría el desorden sangriento del gallinero, llamaría a la Patrulla Durgan y seguiría las huellas directamente hasta la Colina de la Chimenea. No sería difícil averiguar que eran las huellas de Kalmar, y entonces se aclararía el misterio.

Janner deseó que volviera a nevar, lo suficiente para borrar el rastro, para borrar el conocimiento del terrible hambre de Kalmar... pero no había ni una nube en el cielo. De hecho, el cielo estaba más despejado de lo que Janner lo había visto jamás. Las estrellas rivalizaban con la luna en brillo y parecían estar lo bastante cerca como para arrancarlas del cielo como manzanas de un árbol. Los chicos podían intentar cubrir sus huellas, pero los Durgan no eran estúpidos. Sería obvio que alguien había removido la nieve.

Janner también pensó en huir. Pero, claro, eso lo haría aún más evidente, y probablemente no salvaría a Nia del calabozo. Aunque no la detuvieran, sus hijos serían fugitivos y no volvería a verlos.

No había nada que hacer, salvo llevar su afligido corazón a través de la nieve hacia lo que Kalmar tuviera que mostrarle. Cada paso era una despedida silenciosa de la Colina de la Chimenea, y cada minuto lo acercaba más al final de la paz que había encontrado allí.

Kalmar no decía nada. Tenía la cabeza gacha y la gallina muerta dejaba intensas motas de sangre en la nieve. Condujo a Janner de vuelta por donde habían venido, y cuando coronaron la última colina de las afueras de la ciudad, Janner pudo ver a lo lejos el empinado tejado blanco como la nieve de la Colina de la Chimenea. Kalmar se detuvo y contempló el valle iluminado por la luna.

—Es tan bonito —dijo. La escarcha se le pegaba a las puntas de las orejas y espolvoreaba el pelaje que le enmarcaba la cara; el vapor le salía del hocico en pequeñas ráfagas; su capa negra de Durgan captaba la luz de la luna; su frente ensombrecía sus ojos con misterio; tenía la espalda encorvada como si cargara con un gran peso, y Janner percibió su lucha por soportarlo y su pena por tener que soportarlo. Incluso con la gallina muerta colgando de su garra, brillaba con una gracia digna de un rey. Sonrió, y Janner sintió el repentino impulso de inclinarse.

Las emociones de Janner oscilaban como un péndulo entre la ira y el asombro, la pena y la confusión. Un momento lloraba la muerte de su padre y al siguiente se alegraba por Rudric; un momento estaba asustado y al siguiente enfadado; y ahora se sentía sobrecogido por la innegable verdad de la realeza de Kalmar. No pudo hacer otra cosa que contener la lengua y seguirlo.

Los muchachos siguieron el camino hasta el arroyo, cruzaron el puente y subieron a la Colina de la Chimenea, donde dormían Podo, Bonifer, Nia y Leeli. Pasaron sigilosamente junto a la casa y, por un momento, Janner pensó que Kalmar iba a meter la gallina muerta adentro. Pero pasaron la Colina de la Chimenea y se deslizaron junto a la cabaña de Freva y el granero. Los perros de Leeli se agitaron al sentir el olor de la carne de gallina y observaron cómo los hermanos se arrastraban por encima de la valla y bajaban al prado.

Janner no tardó en perder la orientación, sobre todo con la nieve repintando el paisaje. Tenía la sensación de que se dirigían hacia el este, pero no podía estar seguro. Kalmar olfateó el aire y se adelantó sin vacilar, y ahora que estaban en la escasez de la pradera ninguno de los dos se molestó en hacer silencio.

Pronto se alzó ante ellos el desvencijado esqueleto del granero abandonado, y Janner lo reconoció. Recordaba haber visto un gallo encaramado a sus vigas, pero ahora el gallo había desaparecido, como muchos de los animales de los Valles. Un tiro de piedra más allá del viejo granero, la tierra caía hasta un estanque, un óvalo negro sin congelar en el cuenco blanco del valle.

Kalmar lo estaba llevando a la cueva.

Janner la imaginó en la tierra bajo sus pies, oscura y goteante, un lugar vacío a salvo del viento y la luz del sol y de todo lo bueno. Sintió su hueca presencia bajo la colina. Janner había leído sobre guaridas como esta, lugares donde los monstruos hacían sus hogares, lugares donde las rocarachas atraían a los animales para engullirlos, lugares donde los abomachacadores chupaban el tuétano de los huesos de los lobos y dormían en el hedor de la putrefacción. Ahora, supuso, era la guarida de Kalmar.

El lobito saltó ladera abajo y miró a Janner desde allí. Janner quería salir corriendo, volver a la Colina de la Chimenea, meterse bajo las mantas y rogar que todo aquello fuera una pesadilla. Lo que Kalmar tuviera que mostrarle en la cueva era algo que Janner no quería ver.

Se encontró bajando la colina tambaleándose sin querer, como si sus piernas conocieran su necesidad de respuestas y lo arrastraran a pesar de su miedo. Llegó abajo cuando Kalmar se agachaba por la entrada. Janner vio su cola desaparecer en la oscuridad. Echó una última mirada al estanque, a la luna que se hundía y a las estrellas silenciosas, y luego se arrastró hacia el interior de la cueva.

En cuanto atravesó el techo bajo y se puso en pie, se vio azotado por un terrible hedor. Tuvo arcadas, se tambaleó hacia delante y sintió que algo se rompía bajo sus botas. Oyó un ruido como de ramas que se quiebran y supo que había huesos por todas partes. La visión de Janner se apagó en la oscuridad total, y luchó por mantenerse en pie. Lo último que quería era caer a aquel sórdido suelo.

Kalmar agarró el codo de Janner para estabilizarlo y le dijo:

—Parece como si fueras a vomitar.

Janner se zafó del agarre de Kal y se inclinó con las manos sobre las rodillas.

—Aquí huele fatal —jadeó—. ¿Cómo puedes soportarlo?

—Ya verás —Kalmar volvió a tomar a Janner por el codo—. Yo te guiaré. Unos metros más y tendrás que pasar por encima del pequeño arroyo.

Janner se enderezó y se tapó la boca y la nariz con el cuello de la capa. Eso ayudó un poco. Pasó por encima del agua y dejó que Kalmar lo condujera más adentro. El olor empeoró, como si cada vez estuviera más húmedo y caliente. Parpadeó para ahuyentar las lágrimas y dijo a través del paño que le cubría la cara:

—¿Qué has hecho?

—Lo único que se me ocurrió hacer —respondió Kalmar—. Gira a la derecha y agáchate un poco. Ya casi llegamos.

Janner tanteó la esquina y se agachó, sin dejar de crujir los huesos a cada paso.

Entonces, lo oyó.

41

Lo que Janner encontró en la cueva

En algún lugar de la oscuridad, algo respiraba. Pero no era una respiración común y corriente. Traqueteaba, burbujeaba y resollaba, y ahora que Janner la oía, su mente no le permitía oír nada más.

—Quédate aquí —Kalmar soltó el codo de Janner y se adentró en la cueva.

El pánico chisporroteó en el pecho de Janner, y habría echado a correr de haber sabido qué camino tomar. Bien podía estar en el fondo del océano o enterrado en una tumba. Si se hubiera puesto en cuatro patas, habría podido salir, pero eso significaría arrastrarse por el suelo resbaladizo y plagado de huesos.

Kalmar murmuró unas palabras indistinguibles y el ritmo de la respiración de aquella cosa cambió. Gruñó y resopló. Kalmar dijo algo más, y la cosa gorgoteó algo parecido a una palabra. Entonces Janner volvió a sentir la mano de Kalmar en el codo.

—¿Listo?

—¿Es lo que creo que es?

—¿Qué crees que es?

—Un hendido —susurró Janner.

—No es solo *un* hendido —dijo Kalmar—. Es el que vimos. Desde la ventana.

Janner intentó recordar cuánto tiempo había pasado desde que lo habían visto. Dos meses, por lo menos. No mucho después de que habían llegado.

—Lo encontré en la cueva —dijo Kalmar—. Estaba herido.

—¿Herido? ¿Cómo? A Janner le costaba despejar la mente lo suficiente como para recordar detalles de aquella noche de hacía tantas semanas.

—La Patrulla Durgan. ¿Recuerdas que Rudric nos dijo que lo habían herido? Dijo que volvería corriendo al Bosque Negro o buscaría un lugar donde morir —Kalmar hizo una pausa—. Pues aquí es. Te enseñé la cueva, ¿recuerdas?

—¿Y esta cosa estaba aquí aquel día?

—Sí. Quería mostrártelo, pero me asusté. Pensé que te enfadarías conmigo.

—Deberías habérselo contado a alguien, Kal.

—Pero si se lo decía a alguien, vendrían aquí y lo matarían. No podía dejar que lo hicieran. Vi sus ojos. Aquella noche, desde nuestra ventana, ¿recuerdas? Vi algo en sus ojos que me asustó más que nada —Kalmar tragó saliva y susurró—: Me vi a mí mismo.

El hendido gruñó. Janner oyó crujir los huesos y un sonido parecido al de revolver fideos en una olla, y se dio cuenta de que la cosa se movía, se arrastraba más cerca.

—No podía dejar que muriera, Janner. Y yo no podía dejar que lo mataran. ¿Qué debía hacer?

—*Se está acercando* —dijo Janner.

Hubo un chasquido de huesos. El hendido resopló y chilló a pocos metros de distancia. Janner sintió su aliento en la cara. Imaginó carne flácida y colmillos retorcidos. Lo vio en su mente, acercándose con su nudosa mandíbula abierta.

—Tuve que ocuparme de él —continuó Kalmar—. Todo empezó con animales salvajes. No era difícil cazar un flonejo o una gallina en la pradera. Nadie se daba cuenta. Incluso encontré algunas cabras salvajes. Pensé que podría ayudarlo a mejorar y convencerlo de que volviera al Bosque Negro. Pero estaba más herido de lo que pensaba. Tenía una punta de lanza clavada en la espalda. Se la saqué e intenté vendarle la herida, e incluso utilicé un poco de ese gadgüento que te dio Mamá. Pero durante días, sangró y sangró. Creí que iba a morir.

Janner lo oyó olfatear a pocos centímetros de distancia. Sabía que si alargaba la mano, sentiría la piel húmeda de su cara mientras lo olía. Janner deseaba más que nunca huir, pero sabía que era inútil.

—Pero no murió. Sigue herido, pero mejoró un poco. Y cuanto mejor estaba, más hambre empezó a tener. Fui de caza hasta los valles boscosos, cerca de Ban Yorna, pero no pude encontrar más animales salvajes. Sé que estaba mal, pero tienes que creerme, Janner. No podía dejar que muriera de hambre. Y no podía dejar que lo mataran.

Janner sintió que algo húmedo y frío le tocaba un lado de la cara. Fue todo lo que pudo soportar. Gritó y se precipitó hacia atrás, estrellándose contra la pared y luego contra el suelo. El hendido gimió y se retiró al fondo de la cueva.

Janner se sentó en el lodo del suelo, jadeante, limpiándose la mejilla con el dorso del guante.

—Kalmar, quiero salir de este lugar. Ahora mismo.

Kalmar suspiró.

—Podemos irnos. Solo quería que supieras por qué me llevé a los animales. Lamento todo esto.

—Por favor, Kal. Sácame de aquí.

Kalmar habló al hendido.

—Tengo que irme. Ya nadie va a alimentarte. Ya estás bien, así que es hora de volver al Bosque Negro.

El monstruo gruñó.

—¿Comprendes? Tengo que irme. No puedo volver.

Gruñó algo que parecía una pregunta. Sin duda, la cosa no podía entender lo que decía Kal. ¿O sí?

—Por favor, vuelve al Bosque Negro. Allí no te harán daño y hay comida de sobra. Es casi de día, así que espera hasta la noche y vuelve. Por favor —la voz de Kal temblaba de emoción—. Adiós.

El hendido aulló lúgubremente y se acercó, y Janner supo que Kalmar lo abrazaba, llorando en su hombro. El aullido del monstruo se convirtió en un gemido lastimero, y la cueva pareció estremecerse con el sonido de la tristeza.

Janner oyó que Kalmar se apartaba, y entonces el lobito le tomó la mano y tiró de él para ponerlo de pie.

Cuando los muchachos doblaron la esquina, un atisbo de luz azul pálido se hizo visible un poco más adelante. El hendido lloraba y lloraba, pero cuando llegaron a la salida, el monstruo apenas se oía.

Janner se dejó caer sobre manos y rodillas, tan contento de salir que ya no le importaban los huesos del suelo. Salió a duras penas, tragando aire limpio como si hubiera estado bajo el agua. Un momento después, se dio cuenta de que la luz no procedía en absoluto de la luna. Una banda de oro se veía en el este. Había amanecido en los Valles Verdes.

Kalmar apareció, con la cara resbaladiza por el barro y las lágrimas, y se sentó sobre sus ancas.

—Siempre me daba un chapuzón en el estanque. Para quitarme el olor —dijo Kal, mirando el agua fría.

Los chicos se sentaron un momento en el silencio del día despierto. A Janner no se le ocurría nada que decir. No culpaba a Kalmar. Al fin y al cabo, solo tenía once años. Ya era bastante difícil sobrevivir, incluso sin Gnag el Sin Nombre y Colmillos arruinándote la vida a cada paso. Janner intentó imaginar qué habría hecho él en lugar de Kalmar, y dudaba que hubiera sido muy distinto. Lo hecho, hecho estaba. Ahora tenían que llegar a casa y contárselo a Nia. Ella sabría qué hacer.

Janner dijo:

—Vamos, Kal. Volvamos a la Colina de la Chimenea mientras podamos.

Kalmar inclinó la cabeza y la apoyó en los antebrazos, todavía sorbiéndose la nariz.

—¿Qué va a pasar?

—Solo el Hacedor lo sabe —Janner vio un destello de movimiento en lo alto de la colina—. Pero tenemos que volver a casa ahora mismo.

Oyó el chasquido de una ramita en la maleza junto al estanque. La Patrulla Durgan los había encontrado. Si no eran los Durgan, *alguien* los había encontrado. Se había acabado.

Cuando el primer rayo de sol alcanzó la cima de la colina, Janner vio un rostro que reconoció, estirado con perversa satisfacción: Grigory Bunge.

El muchacho se puso en pie, y Janner vio que sostenía un arco con una flecha ya clavada en la cuerda. Hubo movimiento en algún lugar a la izquierda. Eso significaba al menos tres personas. Probablemente más.

Iban a tender una emboscada a Kalmar, y Kalmar iba a luchar. Si eso ocurría, los Durgan matarían al Colmillo Gris entre ellos. Y no solo eso, si el hendido se enteraba y acudía en ayuda de Kal, quién sabe qué podía suceder.

Solo podía hacer una cosa.

—Kalmar, no luches contra mí.

Kal levantó la cabeza y entrecerró los ojos.

—¿Qué se supone que significa eso?

—¡Ahora! —gritó alguien, y los vallerinos se precipitaron colina abajo.

42

Sara y el jefe de mantenimiento

Sara debería haber estado agotada al final de su turno. Llevaba ocho horas de pie junto a la amoladora, entre un chorro de chispas, con escasos descansos para beber y comer. Le dolía la espalda, tenía las manos entumecidas por la vibración constante y estaba tan sucia que parecía hecha de hollín y mugre. Pero en cuanto sonó el timbre y los niños empezaron a entrar y salir por las puertas, tembló de ansiosa emoción.

Se había preguntado mil veces durante el turno si era una tonta, y mil veces se contestó a sí misma: sí, era una tonta, pero prefería morir como una tonta antes que vivir media vida en una niebla desesperanzada e indefensa. Y estaba dispuesta a arriesgarse por los niños que confiaban en ella. Quería que supieran que era mejor luchar y perder que hundirse en la nada bajo la malvada sonrisa del supervisor.

Se unió a la fila de esclavos y se dirigió al comedor. Sin embargo, en lugar de comer, continuó hacia la sala de literas, directo a su catre. Pero había algo raro. Cuatro encargados de mantenimiento se apoyaban en las paredes con sus cadenas y tubos, observando a los niños con recelo. El chico que la había detenido antes estaba entre ellos, y Sara fingió no verlo. No tuvo que mirar para saber que la estaba observando.

Se cruzó con muchas caras conocidas: Borley, Veera, Grettalyn y los demás, todos ellos mirando al suelo como deben hacer las buenas herramientas. Rogó que ninguno de ellos le dijera nada. Pero, como espías profesionales, pasaron sin una sola mirada que los delatara. Se sentía terriblemente orgullosa de su valor, sobre todo sabiendo que todos llevaban armas escondidas entre la ropa.

Sara llegó a su catre y se estiró como si fuera a tumbarse. Había planeado colarse en la sala de literas, tomar su daga y seguir a los del próximo turno hasta la planta de la fábrica sin que nadie se diera cuenta. Pero con el chico mirando, no podía.

Se tumbó en el catre. Allí estaba su daga, justo donde la había escondido. El resto de las armas de su litera habían desaparecido, se las había llevado su pequeño ejército en algún momento del turno. Deslizó la daga por la manga y miró por encima de la almohada al chico que estaba contra la pared. Le había dado la espalda a Sara para hablar con otro de los jefes de mantenimiento, y ella supo que era su única oportunidad.

Salió sigilosamente de la cama y se puso al lado de otro chico, que bostezaba y se frotaba los ojos camino a su puesto. Imaginó los ojos del jefe de mantenimiento clavados en su espalda, imaginó que la miraba fijamente, imaginó que podía ver a través de la manga de su camisa hasta el puñal allí oculto.

Justo antes de que ella y el chico somnoliento atravesaran las puertas de la sala de comidas, se arriesgó a echar un vistazo por encima del hombro. La puerta se cerró cuando ella vio al jefe de mantenimiento de pie en medio del pasillo, con la cadena en la mano, mirándola fijamente.

Apenas si pudo contener un grito. No había jefes de mantenimiento en el comedor, ni Mobrik, así que corrió hacia las puertas de la fábrica. Si el chico daba la alarma, Borley no tendría tiempo de hacer lo que había que hacer, pero tenía que intentarlo.

Justo cuando llegaba a la puerta de la fábrica, sintió un fuerte apretón en el codo. Giró sobre sí misma y se encontró cara a cara con el jefe de mantenimiento. Estaba sin aliento de tanto perseguirla y tenía los labios curvados hacia atrás para mostrar el diente que le faltaba.

—¡Lo sabía! —exhaló.

—No sé de qué estás hablando —gritó Sara.

—¿Qué estás tramando?

La daga resbaló de su manga y tintineó contra el suelo.

43

Amordazados y atados

Janner vio un borrón de arcos, espadas y lanzas, todos ellos apuntando a Kalmar, todos en manos de vallerinos sedientos de sangre. Algunos de los hombres llevaban los uniformes negros de la Patrulla Durgan, y otros eran granjeros que habían perdido ganado. Kalmar enseñaba los dientes y giraba en todas direcciones, su cola batiendo un círculo en la nieve.

En cuestión de segundos, todos estarían sobre Kalmar, y si luchaba, utilizarían sus armas con gusto.

—Por favor, Kal, no luches —dijo Janner, y se lanzó sobre su hermano. No creía que los vallerinos hicieran daño a un chico normal, y esperaba que Kalmar tampoco se lo hiciera a él, pero aunque así fuera, Janner ya había sobrevivido a los dientes y las garras de Kal; podía vivir con más cicatrices si eso salvaba la vida de su hermano.

El pequeño Colmillo Gris se retorció en los brazos de Janner. Las manos de la turba cayeron sobre los chicos e intentaron separarlos. Kalmar luchaba por soltarse y defenderse, mientras Janner se esforzaba por sujetarlo con fuerza y protegerlo, aunque en cierto modo no era solo a Kalmar a quien intentaba proteger: la turba vallerina corría el peligro de las garras de Kalmar y del hendido que tal vez intentaría ayudarlo.

Uno de los hombres le puso un bozal sobre el hocico y lo apretó con fuerza. Cuando los brazos y las piernas de Kalmar estuvieron atados, Janner oyó el sonido de espadas y dagas que volvían a meterse en las vainas y vio decepción en varios rostros, y supo que acababa de salvarle la vida a su hermano.

Kalmar yacía en la nieve, resoplando y retorciéndose contra sus ataduras. Alguien levantó a Janner de un tirón y le ató los brazos a la espalda. Janner escrutó a la multitud en busca de Danniby, o del profesor Clout, o incluso de Rudric, pero, por supuesto, Rudric se había ido. Había partido hacia los Valles exteriores y se había llevado consigo a sus mejores hombres. No habría ayuda entre la multitud enfurecida.

—Así que aquí es donde el Colmillo Gris ha hecho su guarida, ¿no? —dijo una voz que Janner reconoció. Nibbick Bunge, el padre de Grigory, se adelantó y se echó la capa al hombro. Janner no se había dado cuenta de que el padre de Grigory era un patrullero Durgan—. ¡Grigory! Agáchate y dinos lo que ves.

Con una sonrisa cruel hacia Janner, Grigory se arrastró hacia la cueva.

—¡No! —dijo Janner—. No entres en la cuev… —alguien le dio un puñetazo en el estómago, sacándole el aire de los pulmones.

—¡Silencio, tú! —espetó el padre de Grigory—. En lo que a mí respecta, eres tan culpable como ese chucho de tu hermano.

A Janner no le caía bien Grigory Bunge, pero eso no significaba que quisiera que el chico muriera a manos del hendido. Intentó recobrar el aliento para poder advertirle, pero antes de que pudiera formar una palabra, Grigory se escurrió fuera de la cueva, con arcadas y agitando una mano delante de la cara.

—¡Apesta ahí dentro! —dijo, farfullando.

—¿Qué viste, muchacho? —preguntó Nibbick Bunge.

—Huesos, papá. Huesos por todas partes.

—Tenías razón, Nibbick —dijo otro de los Durgan—, siempre fue el chico perro. Y Rudric no quería creerte.

—Oy, Sackby —dijo Nibbick Bunge—. Y es una lástima que el muy tonto no esté aquí para ver cómo se demuestra que tengo razón. Llévense al chico… a esa *cosa*… a la Fortaleza. Avisa a los jefes. Es hora de reunir al consejo.

Janner quería contárselo todo, pero una mirada a su hermano lo hizo callar. Los ojos del lobito suplicaban a Janner que no dijera nada. Y aunque Janner hubiera querido, perdió la oportunidad cuando Nibbick Bunge sacó una correa de cuero de su bolsillo y lo amordazó.

El hombre más grande se echó a Kalmar al hombro, y empujaron a Janner de vuelta a la colina, más allá del viejo granero y la cabaña de Freva, y directamente a la Colina de la Chimenea. Cuando llegaron, uno de los hombres se acercó tímidamente a la puerta principal.

—Vamos, pues —ladró Bunge—. ¡No tenemos todo el día!

Sackby golpeó la puerta principal y esperó. El sol se había asomado por el horizonte y Janner sabía que Nia estaría despierta y preparando el desayuno con Freva. No podía imaginarse lo que haría o diría cuando abriera la puerta. Pensó que sus hijos dormían en sus camas. Probablemente se había despertado contenta, con planes de boda en la cabeza.

La puerta se abrió de golpe y allí estaba Podo Helmer, entrecerrando los ojos a la luz del sol y con una galleta en una mano. Se protegió los ojos del sol con una mano y dijo:

—Buenos días, Sackby. ¿Qué los trae por aquí tan temprano?

—Estamos aquí por… eh… por su alteza —Sackby se aclaró la garganta—. La reina Nia Wingfeather está detenida. *Turalay*, Podo. Lo siento.

Podo miró a la turba más allá de Sackby, y luego a sus nietos. Levantó las cejas y rugió:

—¿Qué creen que están haciendo, muchachos? SI NO LOS DESATAN, PEDAZO DE COBARDES, ¡LOS MATO A PALOS!

Sackby volvió corriendo a la protección de la turba mientras Podo cojeaba hacia la nieve, sacudiendo el hueso de su pierna.

Nia apareció en la puerta.

—¡Atrápenla! —dijo Nibbick Bunge. Dos hombres salieron de la turba y la agarraron.

Nia miró a Janner con confusión mientras le ataban las muñecas y la conducían escaleras abajo.

—¡Papá, suelta ese hueso! Ha habido algún malentendido —Podo dio un último golpe con el hueso de la pierna y tembló de rabia mientras Nia bajaba la escalinata y miraba a la multitud reunida—. ¿Quién está a cargo?

—Nibbick Bunge, a su servicio —el hombre hizo una reverencia burlona—. Creo que conoce a mi hijo, Grigory. Una de las víctimas de su hijo, ¿recuerda?

—Eres un tonto, Nibbick. En cuanto vuelva Rudric, esto se arreglará. Ya lo sabes. Entonces vio la mancha de sangre seca en la frente de Janner y a Kalmar a su lado, amordazado y gimoteando, y la duda le demudó el rostro.

—Soy yo quien está arreglando las cosas —dijo Nibbick Bunge—. Atrapamos al Colmillo Gris *in fraganti*. Lo rastreamos hasta su guarida de huesos. Parece que prefiere la cabra cruda a tu comida.

Se rio, y Podo saltó hacia delante y lo empujó con tanta fuerza que cayó de espaldas sobre la nieve. La turba cayó sobre Podo y lo ató también.

—Por nuestra protección —dijo Nibbick, sacudiéndose mientras apretaban las cuerdas de Podo. Luego se volvió hacia la multitud—. ¡Llévenlos a la Fortaleza!

Leeli apareció en la puerta.

—¿Qué sucede? ¡Mamá! Abuelo! —su perro, Baxter, estaba a su lado.

—Todo va a estar bien, cariño —le dijo Nia. —¿Dónde está Freva?

—Preparando el desayuno. Bonnie sigue durmiendo.

—Ve a despertar a Oskar. Dile lo que ha pasado. Estaremos en la Fortaleza.

—Voy contigo —dijo Leeli.

—No —dijo Nia—. Quédate aquí y despierta a Oskar.

—Pero me vas a necesitar —dijo Leeli en tono serio mientras se ponía las botas.

Bunge se encogió de hombros.

—Trae a la que cojea. Qué más da.

Leeli tomó la cara de Baxter entre las manos. Le susurró algo en canidio, tomó la muleta y se reunió con su familia. Baxter no la siguió. Ladró una vez y luego saltó por la esquina de la casa.

Mientras Bunge y su turba hacían marchar a los Wingfeather colina abajo, Janner vio las huellas que Kal y él habían dejado la noche anterior. Las cosas que había visto y los secretos que había descubierto en las últimas horas lo hicieron sentirse viejo y enfermo del corazón. Deseó no haberse despertado por la noche. Deseó no haber salido por la ventana y haber seguido a Kalmar hasta el gallinero. Pero si no lo hubiera hecho, era muy probable que su hermano ya hubiera muerto, masacrado como una bestia cazada. Janner no habría estado allí para protegerlo de Nibbick Bunge y la sanguinaria banda; nadie les habría impedido acabar rápidamente con el monstruo que tenían entre manos.

Aún era temprano, así que poca gente estaba en las calles de Ban Rona para ver la procesión. Pero aquellos pocos se detuvieron y miraron, y luego corrieron la voz de que el Colmillo Gris había sido amordazado y atado.

Cuando los Wingfeather llegaron a la Fortaleza, pasaron a la gran sala donde se alzaba el antiguo árbol, desnudo de hojas o frutos. Bunge los condujo a través de otro conjunto de puertas y bajó a la mazmorra. Se parecía a todas las mazmorras sobre las que Janner había leído: barrotes de hierro, techos chorreantes, grilletes colgando de las paredes.

Bunge sostenía una antorcha en la mano y les sonrió.

—Reuniremos a los siete jefes y celebraremos el consejo al atardecer. Mientras tanto, podrán pasar el día en nuestros mejores aposentos.

Nibbick Bunge los condujo por un pasillo de piedra y se detuvo ante una puerta baja de hierro. Sackby sacó de su abrigo un anillo de llaves oxidadas y, con mucho traqueteo y tirones, consiguió abrirla. La puerta crujió sobre sus oxidadas bisagras cuando Bunge la abrió con el hombro. Empujó a Kalmar hacia el interior.

—Déjalo atado —dijo Bunge—. Esto no es una posada.

Janner se sintió aliviado porque por fin estaría a solas con su familia. Con algo de tiempo para hablar, quizás pudieran idear un plan, o tal vez algún viejo amigo de Nia los sacaría de allí. Al menos estarían juntos.

Pero Janner se equivocaba. Sackby cerró de golpe la puerta tras Kalmar, echó el cerrojo y se dirigió a una puerta idéntica que había al lado. Ahí metieron a Podo, a pesar de la certera andanada de insultos del viejo pirata. Pero la puerta era gruesa; en cuanto se cerró de golpe, se cortó el sonido de la voz de Podo. Nia fue la siguiente, luego Leeli y, por último, Janner. Le quitaron la mordaza y lo empujaron hacia dentro. Nibbick Bunge le sonrió, cerró la puerta y, con un sonoro clic, lo encerró.

La celda era monótona y estaba oscura. Una tenue luz se filtraba por una rejilla cerca del techo. Janner no husmeó más de un minuto antes de saber que no había esperanza ni de comunicarse con su familia ni de escapar, así que se sentó en el húmedo suelo y esperó. Se le caían los ojos y sintió que el cansancio de la larga noche le calaba hasta los huesos. Con los brazos aún atados a la espalda, se acurrucó en el suelo y se durmió, pensando, por alguna razón, en su padre, Esben, y en la foto de él en un velero, guapo y joven con la cara al viento.

44

El caso contra Kalmar

Cuando se despertó horas después, le dolía el cuello, tenía el brazo dormido y tenía hambre. No había forma de saber qué hora era, pero parecía haber menos luz que antes. Su mente estaba llena de telarañas, tan apagada y mohosa como la propia celda. Sentía que debería estar preocupado, pero estaba demasiado atontado.

Por fin oyó la llave en la cerradura y la puerta se abrió. La luz de las antorchas le hizo doler los ojos y fue sacado de un tirón nada menos que por Grigory Bunge, que parecía satisfecho de que su padre lo hubiera puesto al mando.

—Oy, tu hermano el perrito sí que está en problemas —Grigory escupió al suelo—. Saquemos al chucho asesino de su jaula. Los guardias parecían tan enfadados como para explotar cuando Grigory abrió la puerta de Kalmar.

¿Asesino? Había una gran diferencia entre robar cerdos y asesinar a alguien.

Los guardias prepararon sus armas y asintieron con la cabeza. Grigory abrió la puerta de un empujón y se apartó mientras los hombres entraban a toda prisa. Janner oyó golpes que hacían crujir los huesos y los gritos amordazados de Kalmar.

—¡Basta! —gritó Janner, y se abalanzó hacia la puerta.

Grigory Bunge lo inmovilizó contra la pared.

—Ahora no puedes ayudarlo. Y no puedo imaginar por qué querrías hacerlo.

Los guardias salieron con Kalmar. Janner se dio cuenta de que estaba inconsciente por la forma en que la cabeza se le caía hacia atrás.

—¿Por qué hacen esto? —gritó Janner—. ¡No le va a hacer daño a nadie!

—No lo sabes, ¿verdad? —dijo Grigory.

—¿Saber qué? —gritó Janner.

Grigory se rio.

—Pronto lo sabrás. Vamos.

Los guardias reunieron al resto de la familia Wingfeather y los hicieron subir las escaleras hasta el gran salón. Janner intentó hablar con Nia y Podo, pero los guardias los acallaron con miradas sombrías.

Había caído la noche. Varios fuegos rugían en el salón. Las antorchas iluminaban las paredes. Parecía que todas las almas de Ban Rona estaban hacinadas en la Fortaleza. Mientras los Wingfeather se dirigían hacia el montículo situado en la raíz del gran árbol, la multitud murmuraba entre sí. Janner los oyó murmurar cosas como «Lo sabía desde el principio», «No veo la hora de librarme del Colmillo» y «Espero que se ocupen del lobo cuanto antes».

Ah, cómo deseaba que Rudric estuviera aquí. Si alguien podía hacer entrar en razón a los vallerinos, ese era Rudric. Pero en su primer día en los Valles Verdes, ni siquiera Rudric había podido impedir la detención de Kalmar. Y en el consejo, carecía de autoridad para liberar a Kalmar sin la aprobación de los jefes. Si los vallerinos querían que Kalmar pagara, ni siquiera la presencia del custodio bastaría para detenerlos.

Grigory Bunge condujo a los Wingfeather hasta el árbol bajo la mirada de Nibbick y, dando un empujón denigrante a Janner, les ordenó que se sentaran. Los guardias que llevaban a Kalmar lo zarandearon hasta que despertó y lo sentaron junto a Nia. Ella le susurró y apoyó la mejilla en su cabeza.

Las ramas del gran árbol ya no iluminaban la sala con hojas y frutos colgantes: estaban desnudas, y la habitación era fría y gris. Incluso con la gran sala abarrotada de gente y los fuegos encendidos en los cuatro hogares, un escalofrío hechizaba el lugar. El único color parecía ser la mancha seca y oxidada de la huella de la mano de Nia en el árbol.

Nibbick Bunge destinó a cuatro hombres a vigilar a los Wingfeather y se reunió con Sackby y otros habitantes del pueblo en un rincón de la sala. Leeli le dijo a Kalmar que se diera vuelta y empezó a desabrocharle el bozal. Cuando uno de los guardias la detuvo, ella giró la cabeza y le dirigió una mirada para derretir la piedra.

—No podemos permitirlo, muchacha. Es demasiado peligroso.

—¡*No* lo es! —gruñó Leeli y continuó aflojando las correas.

—Me temo que sí lo es —dijo el guardia. Agarró a Leeli por el brazo y la sentó. Podo lo fulminó con la mirada y curvó el labio.

—Aparta las manos de mi nieta, Galvin.

—Lo siento, Podo. Puedes fruncir esas cejas todo lo que quieras, pero el lobo será juzgado hoy. El Colmillo Gris es culpable. Ya conoces la ley.

Podo estaba demasiado enfadado para hablar, y su cara se puso roja como una baya de fuego.

Bunge se acercó al montículo y levantó las manos.

—¡Vallerinos! —clamó. La multitud se calló y se sentó en el suelo—. Convoco al consejo —Grigory se puso a su lado con los brazos cruzados—. Que se acerquen los embajadores de Ban Hynh, Ban Rugan, Ban Yorna, Ban Finnick, Ban Verda y los Valles exteriores.

—¡Te has olvidado de Ban Soran! —gritó alguien mientras los jefes se acercaban.

—¡Oy! Ban Soran también —Bunge se aclaró la garganta—. El custodio está ausente y puede que se ausente durante semanas, pero la situación exige actuar ahora, no más tarde.

—¿Y qué situación es esa? —dijo una voz desde el fondo. Olumphia Groundwich se abrió paso entre la multitud hacia el frente.

—¡Ah! Directora Groundwich —dijo Nibbick con una sonrisa.

—Nibbick Bunge, será mejor que pienses largo y tendido en lo que estás haciendo —dijo Olumphia—. Lo que le ocurra al chico le ocurrirá a la reina de Anniera. Y eso recae sobre *tu* cabeza.

Bunge puso los ojos en blanco.

—Anniera no existe. Da igual que sea la reina de mi chimenea. Siéntate, Olumphia, y no vuelvas a interrumpir el consejo —extendió los brazos—. Todos saben que hemos estado perdiendo animales. La mayoría ha perdido parte de su preciado ganado. Pues bien, les complacerá saber que hemos descubierto al monstruo en los Valles Verdes.

—¡Oy! —gritaron varias personas a la vez, y muchos fruncieron el ceño mirando a Kalmar.

—¿Me estás diciendo que este muchacho es responsable de la muerte de *cientos* de animales? —Olumphia daba vueltas en su lugar, con los bigotes erizados. Tenía las manos en las caderas y sus ojos recorrían la sala, igual que hacía cuando los estudiantes se ponían demasiado alborotados en la Sala de las Cofradías.

—Eso es exactamente lo que te estamos diciendo —afirmó Bunge—. Madigan Olliver, ¿estás aquí?

—¡Oy!

—Cuéntale al consejo lo que encontraste esta mañana en tu gallinero.

—Encontré un montón de plumas y dos gallinas desaparecidas. Sangre por todas partes.

La multitud soltó un grito ahogado.

—Eso no es todo —continuó Madigan Olliver—. Encontré huellas. Huellas en la nieve que salían de mi callejón y subían por el camino.

—¿Y qué hiciste? —preguntó Bunge.

—Corrí directamente a la oficina de la Patrulla Durgan. Le conté a Sackby lo que había pasado.

—Así es —dijo Sackby—. Yo le avisé a Bunge y seguimos el rastro. Traje a varios más, por si acaso.

Bunge se paseaba por el montículo.

—¿Y adónde conducía el rastro?

—Llevaba a la Colina de la Chimenea.

—*Más allá* de la Colina de la Chimenea —dijo Bunge—. Pasado el alojamiento de los sirvientes, ¿correcto?

—Oy. Directo a las praderas.

—Diles lo que hemos encontrado —dijo Bunge.

—Encontramos a los chicos Wingfeather en una cueva.

—¡Corrección! —gritó Bunge—. Encontraste a *un* chico Wingfeather —señaló a Kalmar—. ¡Y a un Colmillo Gris!

—¡Diles sobre los huesos, papá! —dijo Grigory.

—¡Oy! —dijo Nibbick—. ¡La cueva estaba llena de huesos!

La multitud prorrumpió en gritos.

Olumphia agitó las manos pidiendo orden.

—¡He tenido a este joven en la Sala de las Cofradías durante meses, y no he visto ni un solo caso de mala conducta! Los tres Wingfeather han sido cofrades ejemplares, ¡mejores que la mayoría de sus hijos!

—¡Estoy de acuerdo con Olumphia! —el profesor Clout se dirigió a la parte delantera de la sala y se colocó junto a Olumphia, quien se sonrojó y tiró de las mangas sobre sus larguiruchas muñecas—. Ese muchacho al que llamas Colmillo Gris ha superado a todos los alumnos de mi cofradía. Es el mejor cofrade Durgan que existe —el profesor Clout le sonrió a Kalmar—. Hace solo unos días, realizó una de las mejores movidas de sigilo que he visto jamás.

—*Exacto* —dijo Bunge con una carcajada triunfal—. Solo tu mejor fisgón podría robar tantos animales sin dejar rastro.

—Entonces, ¿qué hay de las huellas del sabueso chasqueante? —preguntó Olumphia—. ¡Las seguiste hasta los valles boscosos!

—Un señuelo —dijo Sackby.

—Imposible —acotó Clout—. Los valles boscosos están a veinticinco kilómetros.[1]

—¿Y quién es el mejor corredor de la Sala de las Cofradías? ¿Quién de tus cofrades puede correr durante horas sin problemas? —preguntó Nibbick Bunge.

Clout y Olumphia intercambiaron una mirada preocupada.

—¡Por favor! Díganselo al consejo.

—Kalmar Wingfeather —murmuró Clout.

—Gracias, directora y profesor. Nos han dejado con pocas dudas —Bunge se volvió hacia la multitud—. El infractor es obviamente el Colmillo Gris.

—¡Mentira! —bramó Podo—. ¡Estos chicos estaban dormidos en sus camas!

—¿Lo estaban? —Bunge miró a Podo y sonrió—. No te fíes de mi palabra, Helmer. ¿Por qué no les preguntas?

Podo parpadeó. Parecía inseguro de querer saber la respuesta.

—Janner, ¿es cierto lo que dicen?

—Janner —dijo Leeli—, ¡díselos! Diles que Kal no se llevó todos esos animales. Él nunca haría algo así —Leeli miró a Kalmar—. No lo harías, ¿verdad?

La respuesta de Kalmar fue un pesado suspiro. Miró a Janner, suplicándole con los ojos, y Janner supo que le estaba pidiendo que no les hablara del hendido. ¿Por qué estaba dispuesto a arriesgar tanto por el monstruo? ¿Por qué renunciaría a su libertad —y a la de su madre— por la cosa retorcida de la cueva?

Pero Janner conocía la respuesta. *Vi algo que me dio mucho miedo,* le había dicho Kal. *Me vi a mí mismo.* Kalmar era la única persona en todos los Valles que le mostraría piedad a un hendido, porque solo él sabía cómo se sentía un hendido: hambriento, marginado y solo.

—Tiene que haber alguna explicación —dijo Nia.

Aunque Janner les dijera que Kalmar lo había hecho todo por un hendido, eso no cambiaría nada. Igualmente meterían a Kalmar y a Nia en la mazmorra, y luego darían caza al hendido y lo matarían. Los vallerinos habían estado buscando una razón para librarse del Colmillo Gris, y ahora la tenían. El hendido no importaba.

---

1. [Nota de la traductora]: el equivalente a 15 millas.

—Janner —dijo Nia en voz baja—, ¿es verdad?

—Sí, señora. Janner no podía mirarla a los ojos—. Kalmar se llevó a los animales. A todos.

—¡Se llevó mis cabritos! —gritó alguien.

—¡Y mis flonejos!

—¡Y mis siete, o posiblemente cuatro, cerditos! —dijo Paddy Thistlefoot.

—Sí —dijo Janner—. Se llevo a todos.

Se hizo el silencio en la gran sala.

—Pero eso no es todo —dijo Bunge. Sus ojos recorrieron a la multitud durante un momento, y luego hizo un gesto a un guardia que estaba cerca de la puerta lateral—. ¡Que entre la sirvienta!

Las puertas se abrieron y Freva entró, gimiendo en el pecho de uno de los guardias. Cuando vio a Kalmar, se soltó de los brazos del guardia y corrió hacia él por la sala, gritando:

—¿Qué has hecho? *¿Qué has hecho?*

Cayó sobre Kal y le golpeó salvajemente hasta que Janner, Podo y Nia consiguieron interponerse entre ellos. Uno de los guardias apartó a Freva y la llevó junto a Bunge.

—¿Se lo digo yo a la asamblea? —dijo Bunge con voz enfermizamente suave—, ¿o quieres hacerlo tú, querida?

—Oy, yo se lo diré —Freva respiró hondo, temblorosa, y alzó la voz—: ¡Mi hija no está! ¡Está muerta! ¡Se la comió el Colmillo!

45

El plan

Sara cerró los ojos. Todo había terminado. La daga estaba medio en el suelo y medio en la punta de su zapato. El jefe de mantenimiento soltó el brazo de Sara y ella esperó el dolor de su cadena o de su puño o el sonido de su voz cuando gritara llamando a sus compañeros. Pensó en Borley y en los demás que la habían seguido, en todas las precauciones que les había dicho que tomaran, y en la amarga ironía de que fuera ella quien lo había echado todo a perder.

El jefe de mantenimiento levantó la daga del suelo.

—¿Qué es esto?

Sara se encogió de hombros, repentinamente cansada por el trabajo de la noche.

—Es una daga. ¿Qué parece?

—Eres Sara, ¿verdad? —dijo el chico.

Sara levantó la cabeza de un tirón.

—¿Cómo lo sabes?

—He estado escuchando. Prestando atención. Crees que estás siendo muy sigilosa, pero no ha sido difícil darme cuenta de que estás planeando una fuga —las mejillas de Sara se encendieron—. ¿Qué piensas hacer con esta daga?

—¿Por qué debería decírtelo? —dijo Sara, apartando la mirada.

—Porque —dijo el chico en voz baja— quiero ayudar.

—¿Qué?

—Me llamo Wallis. Estoy harto de este lugar. Estoy harto del supervisor. Y quiero irme. Varios de nosotros hemos estado hablando y esperando el momento adecuado para hacer… algo. Pero no sabíamos qué podíamos hacer tan pocos. Sin embargo, ustedes son muchos, ¿verdad?

Sara asintió, aún sin saber qué pensar del chico desdentado.

—¿Cuál es el plan? —preguntó Wallis.

Antes de que Sara pudiera contestar, oyó gritos en la planta de la fábrica. El chico abrió la puerta de una patada y tiró de Sara tras él.

Vio al pequeño Borley de pie junto a la máquina con su vientre de hierro, que traqueteaba y rugía pidiendo más carbón. Dos jefes de mantenimiento lo sujetaban por los brazos mientras otro le gritaba.

—¿Crees que puedes tirarme un trozo de carbón y salirte con la tuya, herramienta? —gritó el chico mayor.

Borley parecía asustado. Pero cuando vio que Sara lo observaba desde la puerta, se armó de valor. Sonrió al jefe de mantenimiento y asintió con la cabeza.

Otra amiga de Sara, una chica llamada Trilliane, de un pueblo de los Bosques de Linnard, se acercó tranquilamente a un montón de carbón, tomó un trozo y se lo lanzó al mismo jefe de mantenimiento.

—¡Ay! —dijo él, frotándose la cabeza—. ¡Que alguien la agarre a ella también!

Otros cuatro jefes de mantenimiento se descolgaron de unas cadenas y la arrastraron hasta donde estaban Borley y los demás.

—¿Qué está pasando aquí? —preguntó el encargado.

Borley y Trilliane se encogieron de hombros. El jefe de mantenimiento respondió desenrollando su cadena y golpeándola contra el suelo. Saltaron chispas y los dos niños se sobresaltaron.

Entonces, Grettalyn lanzó también un trozo de carbón. Un momento después, la arrastraron junto con los demás, y Sara contó diecisiete jefes de mantenimiento a su alrededor, atraídos por la conmoción. Mientras tanto, el resto de los esclavos de la fábrica seguían trabajando como si no pasara nada.

—*Ese* es el plan —dijo Sara—. Ponerlos a todos en un mismo lugar. Rodearlos. Esperar a que aparezca el supervisor.

—¿Y luego qué? —preguntó Wallis.

—Luego, atacamos.

—¿Y si hay Colmillos?

—He estado rogando al Hacedor para que no los haya. Hace tiempo que no vienen por aquí, así que pensé que ahora era tan buen momento como cualquier otro.

Las puertas dobles de la parte superior de la escalera se abrieron con un golpe. Aparecieron Mobrik y el supervisor, pero no estaban solos. Tres Colmillos de Dang se deslizaron a través de la puerta, moviendo las lenguas y enseñando los dientes. Sara pensó por un momento que los Colmillos parecían extrañamente asustados; había algo nervioso en la forma en que se movían.

Borley, Trilliane y Grettalyn miraron a Sara con los ojos muy abiertos. La mano de Borley se deslizó por la manga, donde sabía que tenía escondida la daga.

Sara negó con la cabeza y pronunció las palabras: «Todavía no».

—¿Qué está pasando aquí, herramientas? —gritó el supervisor. Hizo un gesto a los Colmillos y estos los siguieron a él y a Mobrik escaleras abajo.

Había pensado que sería posible superar a los jefes de mantenimiento e incluso a Mobrik y al supervisor. Pero ¿tres Colmillos? Nerviosos o no, suponían un peligro demasiado grande. Un mordisco y los niños a su cargo morirían.

—Se acabó —dijo Sara—. Tengo que impedir que los niños actúen.

—No lo hagas —dijo Wallis—. Esto es lo más cerca que he estado en tres años de salir de este lugar. Deja que yo me preocupe de los Colmillos. Saltó sobre un barril, se colgó de una cadena y desapareció en el laberinto de vigas.

El supervisor se acercó a Borley y a los demás, mientras los Colmillos se situaban un poco más allá, gruñendo a los niños más cercanos. Mirara donde mirara, Sara veía que sus amigos la observaban en busca de orientación. Se asomaban por detrás de los mostradores y la miraban mientras hacían rodar los carros. No sabían qué hacer. Pero ella tampoco.

Sara intentó calmarse y pensar. El plan parecía desmoronarse, pero no tenía por qué. Sí, había Colmillos. Ella había esperado que eso no ocurriera. Pero también estaba la aparición sorpresa de un chico llamado Wallis y sus amigos. No estaba segura de si ambos acontecimientos se equilibraban mutuamente, pero no importaba. Sara y su ejército seguían teniendo la ventaja de la sorpresa. El supervisor no tenía ni idea de que la planta de la fábrica estaba llena de niños armados; no solo armados, sino armados y dispuestos a atacar. Si daba la señal de abortar la misión, los pobres Borley, Grettalyn y Trilliane recibirían un severo castigo. El supervisor también descubriría sus armas ocultas, lo que probablemente llevaría a descubrir toda la insurrección.

Sara pensó en Janner Igiby, cabalgando hacia la noche en el carruaje del supervisor. Quería eso para los niños. Quizás no llegaran lejos en Dugtown antes de que los Colmillos los atraparan, pero estaba segura de que al menos *algunos* escaparían. Y el resto conocería unos momentos de libertad. Si la huida de Janner había encendido su esperanza, tal vez lo que estaba a punto de hacer encendería aún más la del resto de los esclavos, y finalmente el supervisor y su desdichada fábrica dejarían de existir.

Sara respiró hondo, empuñó la daga con ambas manos y gritó: «¡Ahora!».

46

La acusación de Freva

Ante el pronunciamiento de Freva, todas las almas de la sala jadearon. Clamaron justicia y sangre de Colmillo. La sala se estremeció con la indignación de los vallerinos. Kalmar gimoteó y se escondió detrás de Nia. Incluso Clout y Olumphia lo miraron asombrados.

—Kal, ¿de qué están hablando? —gritó Janner por encima del estruendo.

Kalmar sacudió la cabeza, presa del pánico. Intentó hablar, pero el bozal hacía que sus palabras fueran ininteligibles.

—Esto se nos va a ir de las manos, y rápido —dijo Podo en voz baja. Se levantó y bramó—: ¿Qué pruebas tienen? ¡QUE HABLE LA MUJER!

Bunge hizo sonar un cuerno y calmó a la multitud. La gente se calmó, pero hervía al borde de la ebullición.

—Freva, ¿tienes fuerzas para hablar? —Bunge la rodeó con el brazo y le palmeó el hombro. Freva enterró la cara en su pecho y sacudió la cabeza—. No pasa nada, muchacha. Muchos de ustedes saben que Freva ha estado empleada en la Colina de la Chimenea estos últimos meses, viviendo en sus habitaciones de servicio y criando a su hija... en las cercanías del Colmillo —la multitud volvió a enfurecerse—. ¡Esta misma mañana, menos de una hora después de que detuviéramos al perro y a su hermano, encontró la cama de su hija vacía y huellas en la nieve! La hemos rastreado desde el gallinero de Olliver hasta la guarida del monstruo. Solo podemos suponer que entre los huesos de la cueva estaban los restos —la voz de Bunge se quebró— de su hija.

Janner se puso en pie con dificultad.

—¡Eso es mentira! ¡Él nunca haría eso! Lo seguí hasta el gallinero y directamente a la cueva. ¡Nunca pusimos un pie dentro de la casa de Freva!

—Entonces, ¿te escabulliste con el Colmillo? —preguntó Bunge.

—Sí. Bueno, no, no exactamente —tartamudeó Janner—. Seguí sus huellas hasta el gallinero de Olliver.

—¿Y esas huellas llevaban más allá de los aposentos de Freva?

—Sí, pero…

—Entonces, ¿cómo sabes que el Colmillo no se coló dentro y robó antes a la niña? ¿Te fijaste si ya había estado en la cueva aquella noche?

Janner no tenía respuesta. *No* había prestado atención a las huellas de camino a la cueva; su mente había estado en otra parte. Estaba seguro de que Kal no se había llevado a Bonnie, pero estaba demasiado nervioso para aclararlo, sobre todo con todos los ojos observándolo. Lo único que podía hacer era mirar a Kalmar.

—Siéntate, muchacho —dijo Bunge con un gesto de la mano—. El consejo ya ha tenido en cuenta estas pruebas. Hemos decidido que, dada la naturaleza brutal de los crímenes del Colmillo, será tratado como cualquier otro Colmillo que haya cruzado nuestras fronteras para matar y destruir a nuestro pueblo.

—¡Ejecútalo! —gritó alguien, y el resto de los vallerinos se hizo eco del mismo clamor.

—¡Ejecútalo! ¡Ejecútalo!

Freva se limpió la nariz y se unió a ellos:

—¡Ejecútalo!

—Janner, ¿de qué están hablando? —preguntó Nia.

—No fue él, lo sé. Nos están tendiendo una trampa o algo. ¡Kalmar, díselo! No fuiste tú.

Kalmar se encogió ante las voces que le gritaban con odio. La multitud estaba en pie, coreando: «¡Ejecútalo! ¡Ejecútalo!». Los que tenían armas las agitaban en el aire.

Los guardias apostados frente a los Wingfeather lanzaban miradas nerviosas de Bunge a la multitud y de unos a otros. Si no ocurría algo pronto, los vallerinos se amotinarían y ejecutarían ellos mismos la sentencia.

47

El guante sin dedos

Cuando Sara Cobbler dio la señal, 122 niños sacaron las armas y gritaron. Cargaron contra el centro de la fábrica, donde los jefes de mantenimiento, el supervisor, Mobrik y tres Colmillos de Dang permanecían de pie, confundidos.

Wallis y otros cuatro niños cayeron del techo sobre los Colmillos. Wallis giró su cadena alrededor del cuello de uno de los Colmillos y tiró con todas sus fuerzas, mientras los otros cuatro muchachos atacaban con tubos y puños.

Los jefes de mantenimiento que habían apresado a Borley, Grettalyn y Trilliane levantaron las manos y retrocedieron ante las numerosas puntas afiladas de acero que les apuntaban. Los niños que no sabían nada de Sara Cobbler y su ejército vieron lo que ocurría, tomaron tenedores y espadas de sus puestos de trabajo y se unieron a la revuelta.

El supervisor hizo restallar su látigo y gritó órdenes a sus jefes de mantenimiento. Los ojos de Mobrik se disparaban en todas direcciones, buscando una salida, pero el ejército de Sara avanzaba demasiado deprisa. En cuestión de segundos, Mobrik y el supervisor desaparecieron bajo una pila de sus propios esclavos.

Sara se precipitó hacia los jefes de mantenimiento que quedaban y gritó:

—¡Suelten las cadenas! ¡Suéltenlas o los atacaremos!

Uno de los matones se mofó y avanzó hacia Sara, pero Borley apareció y se interpuso entre ellos con la daga en alto. El jefe se rio y apartó de un empujón al chiquillo, pero otros cinco niños pusieron las puntas de sus armas contra el cuello del encargado.

Sara sonrió.

—Se los advertí.

El jefe de mantenimiento soltó su cadena y levantó las manos justo cuando el último de los Colmillos caía con un delgado grito. Wallis tenía los brazos arañados y sangrantes, pero él y sus amigos se dieron palmadas en la espalda y rieron asombrados de seguir vivos. Mobrik y el supervisor lucharon contra la multitud que los rodeaba hasta que Sara vio el látigo en el suelo y ordenó a los niños que ataran con él al supervisor.

—Aten también al correcumbres —dijo, y luego se volvió hacia los jefes de mantenimiento—. ¿Están con nosotros o tenemos que encontrar otro uso para sus cadenas?

La mayoría de ellos apoyaron a Wallis y sus amigos. Los pocos que no lo hicieron fueron envueltos en sus propias cadenas y colocados en el suelo con Mobrik y el supervisor.

Todo había terminado.

Sara pasó junto a los Colmillos putrefactos y subió las escaleras hasta la plataforma donde el supervisor había estado tantas veces para ver a sus esclavos cumplir sus órdenes. Contempló el suelo de la fábrica, ahora extrañamente quieto y vacío de sus cautivos.

Borley tomó la mano de Sara.

—Ha funcionado, Sara Cobbler.

Sara le sonrió.

—Sí, Borley, funcionó.

—¿Ya puedo irme a casa? —preguntó Borley.

La sonrisa de Sara se desvaneció. La verdad era que dudaba de que Borley siguiera teniendo un hogar. Sara ni siquiera sabía si *ella* tenía un hogar. ¿Quién sabía lo que había ocurrido afuera todos estos meses? Podía haber un ejército de Colmillos al otro lado de la puerta esperando para atraparlos.

—No lo sé —le acarició el pelo—. Pero sé que saldremos de este lugar. Vamos.

Sara condujo a los niños por el largo pasillo y se detuvo ante las puertas dobles que daban a la sala principal, donde el carruaje del supervisor había descargado a cada uno de ellos a lo largo de los años. No había visto la sala desde la noche en que había ayudado a Janner a escapar. Hizo un gesto a la multitud de niños que atascaban el pasillo detrás de ella para que se callaran y pudiera escuchar. Cuando estuvo segura de que no había peligro, atravesó las puertas y sacó a los niños de la oscuridad y los condujo a la luz.

Gruesos rayos de sol entraban por las altas ventanas e iluminaban el suelo. Los niños levantaron las manos hacia la luz como si fuera la primera vez que la veían. Sin embargo, el momento de asombro se vio rápidamente interrumpido por chillidos de alegría y celebración. Los niños de la Fábrica Tenedor bailaban, corrían y daban volteretas por el suelo. Encontraron agua en un abrevadero contra la pared y se la echaron en la cara, frotándose el hollín y conociéndose unos a otros, en cierto modo, por primera vez.

Sara se apoyó en la pared junto a las puertas y sonrió. Le producía un gran placer observarlos a cierta distancia y ver su alegría, y se contentaba con ser lo último en lo que pensaban.

Entonces, la puerta del pasillo se abrió de golpe y una mano que llevaba un guante sin dedos se deslizó y tiró de ella hacia el interior. El júbilo de los otros niños era tan fuerte que ninguno oyó gritar a Sara.

48

La Enmienda de Chumply

Mientras los vallerinos entonaban cánticos pidiendo la muerte de Kalmar y su familia se apiñaba a su alrededor, se produjo una conmoción en el fondo de la sala. La multitud se separó y alguien empujó hacia delante, interrumpiendo lo suficiente el cántico como para que se viniera abajo y fuera sustituido por gritos de fastidio. Janner divisó un sombrero de copa y tras él una brillante cabeza calva.

Bonifer Squoon y Oskar N. Reteep se abrieron paso entre la multitud y se acercaron a Nibbick Bunge. Bonifer llevaba su traje de chaqueta con largo frac y pajarita. Oskar iba vestido con una bufanda y un abrigo de piel y llevaba una gruesa cartera de cuero sobre un hombro.

—¿Qué significa todo esto? —gritó Nibbick Bunge—. A los forasteros no se les permite tener voz en el consejo.

—Por cierto —dijo Bonifer—, pero tengo tanto derecho a hablar como tú, Bunge. Nací aquí. Puede que mi acento sea de Anniera, pero mi sangre es tan vallerina como la tuya.

Bunge sacudió la cabeza con impaciencia.

—¿Qué tienes que decir?

—Oskar N. Reteep y yo hemos pasado horas en la biblioteca, como ya sabrás. Y queríamos estar seguros de que cumplías el artículo siete de la Enmienda de Chumply.

Bunge parpadeó.

—Eh, ¿qué rayos se supone que significa eso?

—En palabras del propio Chumply —dijo Oskar—: «No puedes ejecutar a la *realeza*, bruto cerdo».

—Podemos ejecutar a quien queramos —gruñó Bunge.

—No es cierto —dijo Bonifer—. Solo puedes desterrarlos. El artículo siete de la Enmienda de Chumply del año 115 de la Segunda Época establece claramente que en casos relacionados con la realeza, incluso en casos de secuestro y asesinato, se los puede desterrar, pero no ejecutar.

—¡Mentira! Nunca había oído hablar de tal cosa.

—Qué sorpresa —dijo Bonifer secamente—. Es una situación tan común, y tus conocimientos de la ley vallerina son *tan* amplios desde que eres el custodio desde hace... ¿cuánto, veinte horas? Perdóname, quise decir custodio *provisorio* hace veinte horas. Cuando Rudric regrese, serás un patrullero Durgan más bajo su mando. Mientras tanto, te convendría obedecer las leyes de los Valles, ¿no es así? Señor Reteep, por favor, muéstrele el documento al custodio *provisorio*.

—Con mucho gusto —Oskar entregó un pergamino arrugado a Bunge, que apenas lo miró. Oskar le guiñó un ojo a Janner. Tenía manchas de tinta en los dedos y una mirada taimada en los ojos.

Bonifer se acercó cojeando a la multitud.

—Puesto que el *verdadero* custodio está ausente *y* puesto que no se ha encontrado a la niña y que las leyes de esta tierra lo prohíben claramente, creo que les conviene suspender esta ejecución en favor del destierro. Entrégame a los Wingfeather, Bunge. Tengo un esquife esperando en el puerto.

Bunge entregó el pergamino a uno de los miembros del consejo. Los siete jefes de los siete distritos lo examinaron y luego se encogieron de hombros ante Bunge. Este suspiró.

—Muy bien. El destierro tendrá que alcanzar.

Bonifer inclinó la cabeza y sonrió. Era viejo, pero había conseguido cambiar el destino de Kalmar con solo unas palabras. Si Janner no hubiera tenido los brazos atados, habría abrazado al hombrecillo.

—¡No! —gritó Freva. Tenía la voz rasgada por el llanto—. ¡Esa cosa mató a mi bebé! ¿A qué hemos llegado, a dejar que un Colmillo Gris entre en nuestras fronteras, que vaya a nuestra escuela, que ande suelto por la ciudad? ¡Y *a ver qué pasa*! —Freva estaba loca de dolor. Toda su tristeza se había convertido en una furia enrojecida—. ¡Ese monstruo se comerá a sus hijos, como hizo con mi Bonnie! ¡Ejecuten a la bestia!

—¡EJECÚTALO! —rugió la multitud, más fuerte que antes.

El rostro de Bonifer palideció.

Nibbick Bunge sonrió a los Wingfeather. Tomó el pergamino del consejo, lo hizo pedazos y arrojó los jirones a la cara de Bonifer.

—¡Levanten la horca! —gritó, y dos hombres que parecían marineros se abrieron paso entre la multitud con rollos de cuerda colgados al hombro.

Bonifer miró a Bunge, luego a las cuerdas, luego a los Wingfeather… entonces, arrebató la mochila a Oskar y echó a correr.

Se movía más rápido de lo que Janner creía que podía moverse un hombre de más de ochenta años. Su sombrero de copa se balanceó entre la multitud mientras corría hacia la salida. Los vallerinos lo ignoraron.

Janner no tuvo tiempo de preguntarse adónde iba el anciano, porque toda su atención se centró en los lazos que los hombres estaban fabricando con las cuerdas, lazos que pronto matarían a Nia y Kalmar.

Mientras observaba, otros hombres desaparecieron por una puerta lateral y volvieron a aparecer con tablones, martillos y estacas. Bunge se sentó en el trono de Rudric y observó con cara de satisfacción mientras los constructores ensamblaban la estructura. La madera estaba polvorienta por el desuso, y los hombres discutían entre sí y giraban las tablas de un lado a otro, intentando recordar cómo encajaban. Por muy sanguinarios que fueran ahora los vallerinos, parecía que una ejecución formal no era algo habitual.

Podo rugió y se tensó contra las cuerdas, y Janner pensó que podría romperlas. Bramó y pateó a los guardias mientras lo sujetaban, hasta que Bunge dio la orden de que lo amordazaran y lo ataran con más cuerdas. Hicieron falta ocho hombres para someterlo. Cuando las fuerzas de Podo se agotaron, se desplomó en su asiento y luchó por respirar. Con el pelo despeinado, la mordaza espumosa de saliva y la túnica empapada de sudor, parecía un loco. Nia se apoyó en él y le besó la mejilla, y Podo lloró.

Oskar se apresuró a acercarse y se arrodilló ante Nia.

—¡Alteza! No sé qué hacer.

—Está bien, Oskar —dijo Nia—. ¿Podrían aflojar el bozal del rey?

Los guardias estaban ocupados manteniendo a raya a la multitud y haciendo sitio para la horca, así que si se dieron cuenta, no dijeron nada. Oskar tiró el bozal a un lado.

—Kalmar —dijo Nia—, no creo que te hayas llevado a la pequeña Bonnie.

—Gracias —dijo él en voz baja.

Nia sonrió.

—No sé qué ha pasado, pero no es el momento de hablar de ello. No nos queda mucho tiempo. Solo quiero que sepas que te amo. Te amo y no me arrepiento de haber respondido por ti. Lo volvería a hacer —Nia lo besó y se volvió hacia Podo, Janner y Leeli—. Papá, hijos, si siguen adelante con esto, por favor, no los culpen. Los vallerinos solo están engañados. La culpa es de Gnag. Su veneno los ha amargado, y hará falta mucha piedad para deshacerlo. Sé que querrán marcharse de aquí, pero quédense. Su presencia recordará al pueblo esta traición y traerá convicción a sus corazones en los años venideros. Deben recordar lo que ocurre hoy aquí, reconocerlo y humillarse. Solo entonces se ablandarán sus corazones. Eso es lo que su padre querría que hagan.

Leeli lloró y rodeó con sus brazos a Nia y Kal. Janner y Nia seguían atados y solo podían apoyarse el uno en el otro mientras la horca tomaba forma.

Los cánticos disminuyeron y, aunque la mayor parte de la ciudad se agolpaba en la gran sala, el lugar permanecía en silencio salvo por el martilleo de estacas y clavijas en la estructura. Cuanto más se acercaba el momento de terminar la plataforma, más pesado se sentía el aire en la sala, y a Janner le pareció que los vallerinos recién ahora estaban considerando que estaban por ejecutar no solo a un Colmillo Gris, sino también a la reina de Anniera. Pero el despertar de la conciencia no bastó para detener lo que se había puesto en marcha. Los vallerinos habían impulsado una sentencia y no estaban dispuestos a retirarla.

Por fin, uno de los guardias subió los desvencijados escalones y levantó la trampilla que se extendía bajo los dos dogales. La plataforma crujía y se tambaleaba, pero era lo bastante fuerte para un lobito y su madre. Nibbick Bunge y los siete jefes se adelantaron con expresión grave y miraron a los vallerinos.

Nibbick habló.

—Ciudadanos de Ban Rona, el consejo ha decidido juzgar al Colmillo Gris ante ustedes. Por los cargos de robo de animales, sacrificio ilegal de animales y —Bunge miró a Freva— asesinato, te condenamos a muerte. Que tu sufrimiento sea grande, Colmillo Gris. Cuando te conviertas en polvo, espero con ansias barrerte de esta sala —Janner sintió que Kalmar temblaba mientras Nibbick hablaba—. Y tú, Nia Igiby Wingfeather, por haber invocado *turalay*, serás ejecutada con él. Era tuyo para protegerlo, y tu fracaso provocó la muerte de la hija de Freva.

Bunge hizo un gesto a los guardias, y estos pusieron en pie a Nia y Kalmar. Podo gimió e intentó levantarse, pero otro guardia lo empujó a su asiento. Janner escrutó a la multitud en busca de Bonifer, esperando que el viejo hubiera vuelto, esperando que hubiera urdido algún nuevo plan para rescatarlos. Pero el sombrero de copa no aparecía por ninguna parte.

El guardia cortó las ataduras que rodeaban los tobillos de Kalmar y le señaló los peldaños de la horca. Janner oyó que Nia susurraba: «Sé fuerte, amor mío».

Llegaron arriba, y uno de los guardias los colocó sobre la trampilla. Colocó un lazo sobre la cabeza de Kalmar, y luego sobre la de Nia. Bunge subió los escalones tras ellos con mirada sombría, y Janner creyó ver un destello de incertidumbre en sus ojos. Tal vez estaba pensando en el regreso de Rudric y en la furia que sin duda se desataría sobre él.

Bunge se interpuso entre los condenados y carraspeó.

—¿Algunas últimas palabras, Colmillo?

—Se llama Kalmar Wingfeather —dijo Nia.

Bunge escupió.

—Se llama asesino. Colmillo, ¿tienes algo que decir?

—Me llevé a los animales —dijo Kalmar en voz baja.

—Si vas a hablar, hijo, habla más alto —dijo Nia.

Kalmar se aclaró la garganta y habló con voz clara.

—Me llevé a los animales. Lo lamento. Pero no me llevé a la niña. Bonnie me parecía maravillosa y nunca le haría daño. Ni a ella ni a nadie. Se la llevó otra persona, y por eso puede que no esté muerta. Espero que cuando acabes conmigo la busques. Lamento lo de los animales.

—¿Y usted tiene algo que decir, alteza? —preguntó Bunge.

—Tus actos te condenan. El Hacedor todo lo ve —la mirada de Nia recorrió la sala y luego asintió a Bunge—. He terminado.

—Entonces, por la autoridad de los siete jefes del consejo, y por los crímenes contra los ciudadanos de los Valles Verdes, los entrego a la ejecución.

Bunge tomó la palanca para liberar las trampillas.

—Por favor, señor —dijo Leeli, subiendo a duras penas los escalones con el arpa silbante en una mano.

Bunge puso los ojos en blanco y balbuceó.

—¿Qué pasa ahora?

—Por favor, señor. Déjeme tocar una canción para ellos.

49

Una visión, una voz y un villano

En el silencio de la gran sala, Leeli tocó. Tenía los ojos cerrados y permanecía de pie junto a su madre, meciéndose con la melodía.

Janner supo en cuanto habló que, si tocaba, la extraña magia se despertaría. Y se alegró, aunque no podía imaginar de qué les serviría, con la mano de Bunge en la palanca que enviaría a Nia y Kal a la muerte. Excepto la vez que había aplacado la ira del dragón marino, la magia nunca les había servido de nada; las palabras y visiones que llenaban la mente de Janner lo dejaban más que nada confuso.

Aun así, las recibía con gratitud. Su corazón estaba ennegrecido por la desesperación, así que la magia del Hacedor era una interrupción bienvenida. Le ayudaba a creer que había un poder que latía tras el velo del mundo visible, que latía como sangre por las venas del mundo, que enviaba vida y luz a través de todo, sorprendiendo y confundiendo a cada paso. Cuando recordó esto, la oscuridad resplandeció de bondad.

Se sorprendió al descubrir que sonreía.

—Toca, Leeli —dijo, y su canción se elevó hacia la sala y se coló entre las ramas, resonó en los antiguos muros y revoloteó entre la multitud. Sembró el suelo de muchos corazones, y solo los más duros la rechazaron y se aferraron a su anhelo asesino. Los demás, sin embargo, se encontraron creyendo, como Janner, que el mundo era más grande y más terriblemente bello de lo que pensaban.

Janner lo esperaba, así que en cuanto el aire se arremolinó ante él, se inclinó hacia él; escuchó a la espera de las palabras que se pronunciarían, las visiones que surgirían. La gran sala se desvaneció en la periferia, y ante él vio muchas cosas: Artham Wingfeather, marchando por las calles mojadas por la lluvia ante un ejército, chillando desafiante a un enemigo invisible para Janner; profundas cavernas de paredes relucientes, y debajo, tan abajo como la tierra de los cielos, un resplandor tan cálido como un sol poniente; una vela brillante bajo la luna llena, iluminada contra el fondo de mil luces de una gran ciudad.

Pero más que la visión, que era borrosa como si mirara a través de unos ojos somnolientos, oyó palabras:

He encontrado a la niña.
Ahora voy por ti.
Te encontraré con mi olfato.
Y cuando lo haga,
te sostendré con fuerza
para siempre.

Las palabras sacudieron la mente de Janner y atravesaron la visión como una flecha a través del humo. ¿Quién? ¿Quién me encontrará? No sabía si funcionaría, pero lanzó sus propias palabras a la visión como piedras a un lago.

¿Quién eres? ¿Qué quieres de nosotros?

Janner sintió que el que preguntaba —fuera lo que fuese— se estremecía de sorpresa, como si no hubiera esperado que le respondieran.

Soy... Soy...

El hablante vaciló y Janner percibió que estaba demasiado conmocionado para formar una frase. Janner no estaba seguro de si la voz era el hendido de la cueva, Gnag el Sin Nombre u otra cosa, pero lanzó más palabras, desesperado por conocer la respuesta.

¿Por qué nos persigues? ¿Qué quieres?

—¡Basta! —gritó Bunge. Dio un paso hacia Leeli y le apartó el arpa silbante de la boca. La visión desapareció, y Kalmar levantó la cabeza y soltó un aullido largo y lastimero. Bunge extendió la mano para tomar la palanca que abriría la trampilla y dejaría caer a Nia y Kalmar.

Pero antes de que pudiera tirar de ella, un poderoso golpe sacudió las gigantescas puertas del fondo de la sala. La multitud se volvió a tiempo de verlas abrirse.

En las sombras de la puerta, se alzaba el hendido. Janner lo reconoció por su silueta encorvada. Como una ola, el olor de la bestia inundó la sala. La gente jadeó y se apartó, cubriéndose la cara y con arcadas.

—¡No! —gritó Kalmar—. ¡Vuelve!

El hendido se acobardó un momento, deteniéndose en la seguridad de las sombras, y luego atravesó las puertas y salió a la luz. La bestia era tan alta como un hombre, pero estaba encorvada. Su pelaje, marrón y enmarañado, se pegaba a él en parches, y donde no había pelaje, su piel era gris y burbujeante, como si sus músculos se hubieran derretido y deslizado para crecer en los lugares equivocados. Tenía cara de animal —pero no de cualquier animal, según Janner se dio cuenta— sino de oso. Tenía la mandíbula baja y de sus labios negros colgaban zarcillos de baba. Sus orejas eran pequeños semicírculos rasgados, y sus ojos estaban hundidos y ocultos en la sombra. Sus miembros eran grotescos y retorcidos, de modo que se movía con un lastimoso bandazo, retorciéndose, balanceándose y gruñendo a cada paso difícil. Sus hombros eran anchos y musculosos, pero uno colgaba más bajo que el otro, de modo que una de sus manos se arrastraba por el suelo. Se detuvo y ladeó la cabeza cuando vio a Nia y Kalmar en la horca.

—¿Mamá? —dijo una vocecita. Janner pensó por un momento que era el hendido quien hablaba, pero entonces se dio cuenta de que sostenía algo en uno de sus brazos—. ¿Mamá? —volvió a decir la voz, y una carita asomó entre el pelaje de la bestia.

—¡Bonnie! —gritó Freva, y se precipitó por el pasillo entre la multitud estupefacta.

El hendido volvió a gruñir y avanzó a trompicones, soltando a la niña lo suficiente para que se subiera a su brazo y todos los presentes pudieran verla.

—¡Tiene a la niña! —gritó uno de los hombres, y se rompió el hechizo de silencio. La sala estalló en gritos de terror y alaridos de ira.

La cosa entregó a Bonnie en brazos de Freva, y su rostro esbozó una horrible sonrisa. Bonnie saltó a los brazos de Freva con un chillido de alegría, y alguien gritó:

—¡Dispárenle!

Las flechas se clavaron en la espalda y los hombros del hendido, que avanzó un paso y cayó sobre una rodilla. Kalmar luchó contra sus ataduras y aulló palabras indescifrables, más preocupado por el hendido que por la cuerda que le rodeaba el cuello. Hombres y mujeres tomaron armas de los muros exteriores y avanzaron hacia la bestia mientras Freva corría con Bonnie hasta un recoveco en las raíces del gran árbol y la sujetaba con fuerza. El hendido cayó hacia delante y quedó inmóvil. Los que llevaban las armas se situaron sobre él, listos para atacar si se movía.

—Nibbick Bunge —dijo Nia—, la niña está viva. Ya no tienes motivos para ejecutar a nadie. Retira la soga del cuello de mi hijo.

Bunge miró a Nia y Kalmar, al consejo y al hendido.

—Quítala *ahora* —ordenó Nia.

Bunge se encogió ante ella y levantó la soga del cuello de Kalmar, y luego del de Nia. Kalmar se desplomó en el suelo, exhausto y sollozando. Janner y Podo subieron a la horca y, aunque tenían los brazos atados, hicieron todo lo posible por abrazar a Nia y Kalmar.

—Debería darte vergüenza, Bunge —gritó Olumphia—. ¡Casi ahorcas a una hija de los Valles por un asesinato que su hijo no cometió! No eres más apto para ser nuestro custodio que ese hendido muerto.

—¡Era el hendido, en todo momento! —dijo el profesor Clout—. Nibbick Bunge es el único aquí que es culpable de intentar matar a alguien.

Varios otros vallerinos gritaron en acuerdo. Bunge, aturdido, cortó las ataduras de Nia. Descendió los peldaños de la horca sin decir palabra, se sentó junto a Grigory en el montículo y ocultó su rostro. Los siete jefes miraban al suelo. El robo del ganado parecía importar poco tras la humillación de Bunge.

Nia se acercó a la parte delantera de la horca y contempló a la asamblea.

—¡Vallerinos! Nos han recibido con recelo y odio desde que pusimos un pie aquí —la gente se retorció como si ella los estuviera mirando a cada uno por separado—. Están tan orgullosos de que los Valles Verdes hayan resistido a Gnag el Sin Nombre todos estos años, pero les digo que los ha conquistado con tanta seguridad como conquistó la Isla Luminosa. Su miedo a él ha envenenado sus corazones al punto de que han perdido la capacidad de ver con otra cosa que no sean los ojos. Puede que sus fronteras estén fortificadas, que sus durganos sean implacables y que sus preciados frutos estén a salvo, pero su miedo los ha dejado tan retorcidos como esa bestia en el suelo. ¡Acudimos a ustedes en busca de refugio! Acudimos a ustedes porque no teníamos otro lugar adonde ir. Y estaban dispuestos a colgarnos del gran árbol sin evidencia, sin demasiada consideración, ¡sin siquiera un día para conocer la verdad! Les digo que hoy han perdido el amor a la verdad y han huido a los brazos del miedo.

—¡Por cierto! —dijo una voz desde el fondo de la sala. Bonifer Squoon entró en la sala cojeando sobre su bastón. Se quitó el sombrero de copa y se secó el sudor de la frente. Tenía las mejillas sonrojadas y le faltaba el aire—. Un buen discurso, alteza.

Me alegra ver que el consejo ha entrado en razón. No sé qué habría hecho si la hubieran ahorcado.

—Gracias, Bonifer —dijo Nia—. Me alegra saber que *alguien* aquí no ha perdido la cabeza.

—¡En absoluto, alteza! En absoluto. ¡Oh! —dijo cuando vio al hendido en el centro del suelo—. ¡Una bestia! Veo que han ocurrido muchas cosas en los pocos minutos que he estado fuera.

—Sí —dijo Nia—. Y la niña desaparecida ha sido devuelta a su madre. Fue el hendido quien se llevó a Bonnie.

Squoon se rio entre dientes.

—¿Ah, sí?

Luego se rio tan fuerte que se dobló sobre el bastón y resolló. Su resuello se convirtió en tos, que a su vez se transformó en más risa. Era el único sonido de la sala. Se puso el sombrero en la cabeza y se secó las comisuras de los ojos. Bonifer se recompuso y se palmeó el estómago con un suspiro, luego cruzó las manos sobre su bastón.

—¿El hendido, dices? —a Bonifer le brillaban los ojos.

—Sí —dijo Nia—. Y si me perdonas, no veo por qué tiene tanta gracia.

—Tiene gracia, alteza, porque el pobre hendido solo encontró a la chica. No se la llevó.

—Entonces, ¿quién lo hizo? —preguntó Janner.

Bonifer se inclinó en reverencia.

—Fui yo, guardián del trono.

50

Retribución y rescate

—Estás tan podrida como ese chico —susurró el supervisor al oído de Sara. Su aliento olía a cebolla y la mano que le tapaba la boca olía a sudor—. Así que voy a dejar que te pudras.

Arrastró a Sara por el oscuro pasillo hasta una puerta lateral. Ella forcejeó, pero el agarre de él era implacable.

—Tienes que esforzarte más para atar a un correcumbres —dijo Mobrik desde algún lugar a su lado mientras el supervisor la arrastraba por unas escaleras de piedra. Tenía la mente en blanco por el terror, y pataleó hasta que le dolieron los pies.

Una cerilla destelló y Mobrik encendió una antorcha en la pared. Sara gritó a través de la mano del supervisor cuando vio las dos largas cajas tendidas sobre losas de piedra. Estaba en la sala de los ataúdes.

—He aprendido algunas cosas a lo largo de los años sobre cómo controlar a las herramientas —gruñó el supervisor mientras la empujaba hacia uno de los ataúdes—. Si te deshaces de los alborotadores, te libras de los problemas. —esbozó su sonrisa de dientes amarillos—. Adentro.

Sara luchó con todas las fuerzas que pudo reunir.

—¡Agárrale las piernas! —le gritó el supervisor a Mobrik.

Sara pataleó como si estuviera corriendo en el aire, y una de las patadas alcanzó a Mobrik en la cara. El correcumbres se estrelló contra la pared, cayó al suelo y se quedó inmóvil.

El supervisor gruñó de fastidio y acercó a Sara al ataúd de un empujón. La soltó con uno de sus brazos y abrió la tapa. Sara pisó con el talón el pie resentido del supervisor, el que Janner había pisado con el carruaje la noche que escapó. El supervisor aulló de dolor. Se agarró el pie y saltó en el sitio. Sara agarró al supervisor por la pierna y lo levantó con todas sus fuerzas. Este cayó de espaldas en el ataúd.

—¡Herramienta! —gritó, y la tapa se cerró. Sara saltó sobre el ataúd y luchó por cerrarlo mientras el supervisor empujaba desde dentro. Sus dedos asomaban y se retorcían como gusanos.

Sara se subió a la tapa rebotando como un caballo a todo galope mientras el supervisor gritaba, hasta que por fin la tapa se cerró lo suficiente para que ella pudiera encajar el pestillo en su sitio y cerrarla bien.

Se arrodilló en cuatro patas encima del ataúd, temblando y sin aliento. El supervisor golpeaba el interior de la caja y gritaba, pero sonaba muy, muy lejos.

Sara se bajó y pasó por encima de Mobrik. Pensó en arrojarlo al otro ataúd, pero cambió de idea. Era tentador encerrarlos a ambos y olvidar que habían existido; sería un castigo apropiado por los años de angustia que habían hecho pasar a los niños.

Pero a Sara no le interesaba el castigo en aquel momento. Estaba demasiado cansada. Solo quería libertad. Para cuando Mobrik se despertara y liberara al supervisor, ella y su ejército de niños ya se habrían ido.

Mientras subía tambaleándose las escaleras, oyó que Borley y Wallis la llamaban por su nombre. La encontraron en el oscuro pasillo y la sacaron al salón principal. La celebración se desvaneció cuando los niños vieron a Sara y oyeron lo que había ocurrido.

—Estoy bien —les dijo Sara—. Solo quiero salir de aquí.

—Pero ¿qué hay ahí afuera? —preguntó Trilliane.

—¿Dónde están mis padres? —preguntó una niña llamada Peasley.

Sara suspiró.

—No lo sé, querida.

Ahora que estaba a punto de ser libre, le daba miedo, y a los demás niños también. ¿De verdad iban a salir de la Fábrica Tenedor y meterse en una ciudad llena de Colmillos y esperar que todo saliera bien? No había pensado mucho en ello. Ojalá tuviera otro plan, pero no lo tenía. Solo tenía una daga y unos cientos de niños asustados.

Entonces, oyó gritos afuera.

La puerta de madera que conducía al rastrillo estaba cerrada, así que no podía ver lo que ocurría. Luego oyó el tintineo de la cadena y el metal mientras el rastrillo era forzado desde afuera. Después de todo lo que ella y los niños habían conseguido, los Colmillos iban a venir a atraparlos de todos modos.

—¡Wallis! —gritó Sara—. ¡Cierra la puerta!

Wallis y algunos de sus amigos corrieron hacia la verja y dejaron caer la viga en los soportes de la puerta. Se oyeron más gritos y luego golpes. Entonces, algo pesado chocó contra la puerta y los niños gritaron.

—¿Qué hacemos? —clamó Borley. La puerta se estremeció con otro golpe.

—Sé valiente, Borley —Sara le apretó el hombro—. Prepara tu daga y sígueme.

Sara se abrió paso entre los niños aterrorizados con Borley a su lado. Mientras ella pasaba, se calmaron. Levantaron sus armas y se dejaron arrastrar por su valentía. Sara se situó al frente de la hueste, frente a la puerta que temblaba sobre sus goznes. Los niños se estremecían con cada golpe, pero se mantendrían firmes mientras Sara Cobbler estuviera junto a ellos.

Con una última ráfaga astilladora, la viga se partió en dos y la puerta se abrió de golpe. Los niños gritaron.

Del polvo surgió un hombre vestido de negro, desde las botas hasta la capa y la máscara. Corrió por el pasillo hacia el interior de la Fábrica Tenedor, blandiendo su espada en el aire mientras Sara y los niños observaban atónitos.

—¡Ajá! —gritó—. ¡Colmillos sucios, quedáis advertidos, porque ha llegado la Espada Florida! —el hombre parpadeó, se apartó el polvo de la cara y dijo, decepcionado—: ¡No más! ¿Ya os habéis ido, viles villanos? ¡Ajá! ¡Solo veo niños en esta visión que contemplo con mis propios ojos!

—¡Gammon! —llamó alguien desde fuera—. No puedo mantener esto abierto para siempre.

—¡Ajá! Lo siento.

El hombre de negro volvió corriendo por el corredor y, tras algunos gruñidos y el tintineo de la cadena, aseguró el rastrillo. Sara se asomó por la puerta y vio a una multitud de hombres que se llevaban un tronco tan grueso como un barril.

—No sé qué pensar de esto —dijo el hombre de negro a alguien a su lado mientras volvía a través de las sombras hacia la cámara—. Niños por todas partes y ni un Colmillo a la vista.

Cuando las dos figuras salieron del pasillo, los niños jadearon. Junto al hombre de negro había una criatura mitad hombre, mitad pájaro. De su espalda surgían unas alas brillantes. Tenía los brazos rojizos y el pelo blanco, y Sara tuvo la extraña sensación, al mirarlo a los ojos, de que lo reconocía.

—¿Vas a hacernos daño? —preguntó Grettalyn.

El hombre pájaro sonrió, y Sara supo que estaban a salvo.

—No, querida. Hemos venido a salvarlos. Ese hombre del ridículo disfraz negro…

—¡No es ridículo, palurdo hombre-paloma!

—… es la Espada Florida. O pueden llamarlo Gammon, como yo. Me llamo Artham Wingfeather, y estamos aquí para ayudar —estudió los rostros de los niños durante un momento antes de que sus ojos se posaran en Sara—. Parece que aquí mandas tú.

—No, señor —dijo Sara—. Solo soy una niña.

—¡Es nuestra reina! —dijo Borley, dando un paso adelante y cruzándose de brazos—. ¡La reina Sara! Ella nos liberó.

El hombre alado alzó las cejas y miró a la Espada Florida, luego se arrodilló ante ella e inclinó la cabeza.

—Reina Sara, te ofrezco mis servicios. Soy el guardián del trono de la Isla Brillante de Anniera —Artham le sonrió un momento—. Eres Sara Cobbler, ¿verdad?

Ella asintió.

—Me enviaron a buscarte —dijo Artham.

—¿Quién? —preguntó Sara.

—El hijo del rey supremo de Anniera.

Sara ladeó la cabeza, confundida.

—Me dijo que le habías salvado la vida.

Sara se quedó sin aliento. Lo único que pudo reunir fue un susurro.

—¿Janner Igiby? —dijo.

Artham asintió.

—¿El hijo de un rey?

Artham volvió a asentir.

Entonces, las piernas de Sara Cobbler dejaron de funcionar. Artham la tomó en brazos y la sacó de la Fábrica Tenedor al aire libre sobre Dugtown.

51

Se pronuncia un nombre

Bonifer Squoon parecía un niño eufórico en la piel de un anciano. Sus ojos recorrían la habitación de rostro en rostro desconcertado mientras sus palabras resonaban en la sala.

—¡Fui yo! —cacareó—. No quería que muriera, por supuesto. De hecho, habría sido cruel de mi parte.

—Bonifer, esto no tiene gracia —dijo Nia—. ¿De qué está hablando?

—¡Me colé en la cabaña de Freva mientras te preparaba el desayuno esta mañana y me llevé a la niña! Cuando te arrestaron, cabalgué hasta la cueva, la até y la arrojé dentro. Por supuesto, les aseguré a los vallerinos que la había registrado *a fondo* y solo había encontrado huesos —el anciano golpeó el suelo con su bastón y se puso a bailar—. ¡Estaban tan enfadados que les costó poco convencerse de que el niño lobo se la había comido! Si hay algo cierto sobre los vallerinos, es que actúan antes de pensar. ¡Todo funcionó tal y como lo había planeado! Hasta que ese idiota de Bunge decidió colgarlos a los dos, claro. Solo pretendía que los desterraran. Subestimé su odio. De hecho, subestimé el odio de *todos* los vallerinos —agitó su bastón hacia la multitud—. Pero eso ya no importa. Lo he resuelto todo.

—Bonifer… —la voz de Nia estaba llena de espanto.

—¿De qué está hablando? —preguntó Oskar—. No es momento para juegos.

—En efecto, no lo es, Oskar N. Reteep —el rostro de Squoon se ensombreció—. No es momento para juegos en absoluto. Ahora es el momento de la acción —golpeó el suelo con su bastón—. ¡General Swifter!

Un Colmillo Gris apareció en la puerta detrás de Squoon. Iba vestido con equipo de combate y empuñaba una espada. El pelaje de la criatura era casi blanco, excepto por una franja negra que llegaba a la punta del hocico.

El hombre lobo sonrió. Ladró una señal, y tras él apareció una hueste de Colmillos Grises. Entraron en la sala entre gruñidos y aullidos de risa. Los vallerinos estaban tan conmocionados que no tuvieron tiempo de prepararse para atacar. Las puertas laterales se abrieron de golpe y aparecieron más Colmillos para bloquear las salidas.

—¡Luchen si quieren! —gruñó el Colmillo al lado de Bonifer—. Hay mil de nosotros fuera de estos muros, deseosos de masacrarlos a todos.

—En efecto, sería una insensatez de su parte levantarse en armas, vallerinos —dijo Bonifer. Se inclinó ante el Colmillo—. General Swifter, como prometí, he entregado a la poderosa mano de Gnag el Sin Nombre los Valles Verdes, las joyas de Anniera y —abrió la solapa de la mochila— el Primer Libro.

El General Swifter tomó la mochila de Bonifer y se la colgó del hombro.

—Bien. El Sin Nombre estará encantado.

—¡Eso no es todo! —dijo Squoon, levantando un dedo en el aire—. Gracias a Oskar N. Reteep, el Primer Libro ha sido traducido a la lengua común, desde la primera página hasta la última. Sus secretos esperan la lectura de su excelencia el Sin Nombre.

El Colmillo Gris asintió.

—Te has redimido, Squoon.

—¡Sin duda! —Bonifer aplaudió.

El General Swifter señaló a los Wingfeather apiñados junto a la horca.

—Atrápenlos. Solo a los niños. No nos sirven los demás.

Una compañía de Colmillos avanzó y apresó a Janner, Kalmar y Leeli. Dos de ellos sujetaron a Nia y Podo mientras los otros llevaban a los niños al otro lado del pasillo. Janner oyó a Nia gritar sus nombres, oyó a Podo y a Oskar forcejear, pero cada vez más Colmillos Grises entraban en la habitación y se interponían entre las joyas de Anniera y quienes más los amaban.

La mente de Janner estaba entumecida. No podía encontrarle sentido a lo que estaba ocurriendo. La repentina visión de Colmillos Grises en los Valles, el oscuro deleite de Bonifer Squoon ante la revelación de su traición, la llegada del hendido con la niña… todo lo llenaba de demasiada rabia y demasiadas preguntas. No podía hacer otra cosa que poner un pie delante del otro e intentar mantener la calma.

Cuando pasaron junto al corpulento cuerpo del hendido, Janner oyó un débil resoplido. La cosa seguía viva. Vislumbró los ojos de la bestia, escondidos en la sombra de la frente como joyas, y el corazón le dio un vuelco. Allí vio algo que hizo un nudo en la garganta de Janner, algún destello de significado oculto en la locura que lo detuvo en seco.

Un Colmillo lo empujó, y Janner se tiró al suelo. Algún instinto profundo le obligó a mirar a los ojos de la criatura. Janner se tumbó a su lado en el suelo resbaladizo de sangre, sabiendo que solo le quedaban unos instantes antes de que el Colmillo volviera a ponerlo en pie de un tirón. Vio la terrible cara de oso de aquella cosa, con manchas de sangre en los labios y charcos de sangre alrededor de la cabeza. Su nariz negra —igual que la de Kal, pensó Janner— se agitaba mientras luchaba por respirar.

Entonces, habló. O eso pareció. Gruñó, pero el gruñido tenía forma, como si intentara decir una palabra. Janner sintió que las zarpas del Colmillo tiraban de él, pero se zafó de su agarre. No sabía por qué, pero tenía que saber qué decía aquella cosa, tenía que volver a vislumbrar la luz de sus ojos. La cosa volvió a resoplar e intentó levantarse del suelo. Le fallaron las fuerzas y ladeó la cabeza. No estaba muerta, pero se estaba muriendo.

—¿Qué pasa? ¿Qué intentas decir? —suplicó Janner.

Los ojos del monstruo se clavaron en los de Janner. Brillaban en las profundidades sombrías de su frente como un círculo de cielo al final de un túnel. Eran azules, salpicados de oro y profundos como el mar. El hendido exhaló otro suspiro estremecedor. Volvió a hablar con voz desgarrada, una palabra exhalada más que respirada.

—Janner —dijo.

Entonces, el Colmillo arrastró a Janner. Cuando perdió de vista los ojos del hendido, Janner sintió un dolor punzante en el pecho, como si le hubieran arrancado una cuerda invisible del corazón.

Y entonces, lo supo. Lo supo por la voz que había oído, por el brillo de los ojos del hendido y por las palabras que había pronunciado: *Te encontraré. Y cuando lo haga, te sostendré con fuerza. Para siempre.*

Janner gritó y mordió al Colmillo, azotando la cabeza de un lado a otro y haciendo fuerza contra sus ataduras. Estaba loco de desesperación. El general Swifter gritaba, los vallerinos gritaban y, en algún lugar al otro lado del pasillo, demasiado lejos para que Janner pudiera verlos, Podo y Nia gritaban. En medio del clamor, el Colmillo arrastró a Janner lejos del hendido, y una sola palabra salió de la garganta de Janner.

—¡Papá!

Su voz se perdió en el caos, pero al menos hubo alguien que lo oyó.

El hendido rodó hacia un lado, arrancándose las flechas que tenía clavadas en la carne. Gruñó y, aunque el sonido era confuso y débil, Janner volvió a oírlo: su nombre. Pronunció su nombre.

—Janner.

—Papá —lloró Janner—. Soy yo.

Kalmar miró a Janner y luego al hendido, asombrado. Luego gruñó y aulló, luchando con renovada furia para liberarse del Colmillo Gris que lo sujetaba.

—Uno de ustedes mate a la bestia —ladró el general Swifter, mirando a los estruendosos vallerinos—. ¡Traigan a los niños!

Un Colmillo se adelantó, con la espada en alto. El hendido levantó uno de sus deformes brazos para protegerse del golpe. Leeli se separó del Colmillo que la sujetaba y se lanzó sobre el hendido. El Colmillo se paró en seco, gruñó de fastidio y apartó a Leeli de un manotazo. Su muleta cayó al suelo.

Entonces, los vallerinos se armaron de valor. Blandieron sus armas y se acercaron a los Colmillos más cercanos, profiriendo burlas y maldiciones. Los ojos furtivos de Bonifer Squoon escrutaban la sala en busca de una salida mientras la tensión aumentaba en el gran salón.

Fue entonces cuando llegó el perro de Leeli. Baxter se escurrió entre las patas de los Colmillos agrupados en la puerta, ladró y lamió la cara de Leeli. La sala quedó extrañamente silenciosa.

Leeli abrazó a Baxter y miró esperanzada por la habitación.

—¿Lo encontraste? —preguntó riendo entre lágrimas—. ¿Dónde está? ¿Lo encontraste?

Baxter movió la cola y levantó la vista.

—Oy, Leeli —dijo Rudric. Se agachó entre las ramas del gran árbol con una flecha en la cuerda—. Me encontró.

Rudric soltó la flecha. Voló por el aire y se enterró profundamente en el pecho del general Swifter.

52

«Mi amor ha cruzado el mar»

El árbol rebosaba de durganos. Más se colaron entre las ramas desde las ventanas superiores.

Janner divisó a Danniby colgando por las piernas de una estrecha rama, con una daga entre los dientes y un arco tensado en las manos. Dejó volar la flecha y mató a otro Colmillo Gris antes de que el general Swifter cayera al suelo. Entonces Danniby se dejó caer, giró en el aire y aterrizó en cuatro patas junto al hendido, tan grácil como un gato. En el latido de silencio que precedió al estallido del caos, le guiñó un ojo a Janner.

Entonces, los Colmillos aullaron pidiendo batalla, y los vallerinos corrieron a su encuentro. Rudric y el resto de la Patrulla Durgan se escabulleron entre los árboles, disparando contra el caos hasta que sus flechas se agotaron, y luego cayeron uno a uno y se unieron a la refriega.

Janner, Kalmar y Leeli se reunieron junto al hendido moribundo, sin prestar atención a la batalla que clamaba a su alrededor. Danniby y otros durganos crearon un perímetro de protección, pero Janner sabía que no les quedaba mucho tiempo.

—¿Es él? —preguntó Leeli. Se acercó a Janner y se inclinó para mirar a la bestia a los ojos. Pero el hendido había agotado sus fuerzas. Tenía los ojos cerrados y respiraba entrecortadamente. Un matorral de flechas brotaba de su espalda y hombros.

—Dijo mi nombre —respondió Janner—. Y vi sus ojos.

Kalmar se tumbó sobre el hendido con la cabeza apoyada en su hombro, susurrándole mientras Leeli trabajaba para desatar las muñecas de Kal.

—Kal, ¿lo sabías? —preguntó Janner.

—Lo único que sabía era que estaba hambriento y herido. Y solo.

Leeli liberó los brazos del lobito, y Kalmar levantó la cabeza del hendido y la apoyó en su regazo mientras ella liberaba a Janner. Janner apoyó la frente en el hombro del monstruo y cerró los ojos.

Si era cierto, si realmente era su padre el que se ocultaba en algún lugar oscuro del corazón del monstruo, Janner necesitaba que viviera. Le rogó al Hacedor con un gemido desesperado. Sabía que no tenía sentido pedir que el hendido se transformara en medio de un torbellino de luz en Esben Wingfeather, joven, guapo y entero. Esas cosas solo ocurrían en los cuentos. Así que Janner suplicó simplemente por cada latido del corazón de la bestia. *Por favor, por favor, por favor,* suplicó, y el corazón latía y latía y latía. Pero con cada latido, la sangre goteaba de todas las heridas.

—Leeli, canta —dijo Kalmar.

Ella se limpió las mejillas.

—¿Qué canto?

—No importa —dijo Kal—. Solo deja que te oiga antes de que muera.

En medio del choque de espadas y los gritos de batalla, Leeli Wingfeather apoyó la cabeza en el hombro gris de lo que quedaba de su padre y cantó.

Mi amor ha cruzado el mar
Para un país lejano y hermoso hallar
Navegó hacia el dorado oriente
Y mi corazón nunca descansará lo suficiente
Hasta que mi amor vuelva a mí
O yo parta a buscarlo allí.

¡Ven a casa, ven a casa! No dejo de cantar
Amor, ven a casa y tu cabeza deja descansar
Velaré por ti todo el invierno
Y entonaré un canto veraniego eterno
Y si no puedes volver a mí
Entonces yo navegaré hacia ti

A través de olas inmensas y el fuerte vendaval
Dirigiré mi nave hacia el oeste, siempre igual
Y la guiaré por la cuerda que mi corazón ha atado

Al tuyo, hasta que por fin seas hallado
Y si encuentras mi cuerpo silencioso
Y naufragado sobre el esquisto limoso
Alégrate, amor mío, y llámame bienaventurado
En la muerte, mi amor, más aún te he amado.

El hendido levantó un brazo y lo bajó alrededor de Leeli y Janner. Los apretó contra sí y la voz volvió a hablar en la mente de Janner, suave y rica. *Los encontré*, dijo. *Y ahora que los encontré, los sostendré con fuerza.*

Janner no entendía nada de aquello, y no le importaba. No entendía por qué su padre era un hendido, ni cómo había acabado con la niña de Freva. Solo estaba agradecido de que su padre siguiera vivo, y aunque estuviera deformado y apestara, aunque estuvieran sentados en el suelo del gran salón en medio de una batalla, y aunque supiera que aquel momento acabaría demasiado pronto, Janner estaba radiante de alegría. Sintió que una magia profunda se arremolinaba en torno a ellos. Miró los ojos azules de su padre y escuchó las palabras que resonaban una y otra vez en su mente: *Te encontré, te encontré, te encontré.*

—¡Atrápenlos! —gritó Bonifer. Sus ojos estaban desorbitados y giraban para todas partes mientras se agachaba bajo las espadas oscilantes con una velocidad antinatural para su avejentado cuerpo. Danniby y los durganos habían perdido su posición en el caos de la batalla, y el círculo de seguridad que rodeaba a los Wingfeather se rompió.

Squoon agarró a Leeli y la empujó hacia un Colmillo, mientras otros dos agarraban a Janner y Kalmar. Forcejearon, pero los Colmillos se fortalecían en la fiebre de la batalla. Aunque los niños gritaron y quisieron aferrarse a su padre, fueron arrastrados lejos de él.

—¡Papá, socorro! —gritó Leeli.

Esben gimió y se levantó unos centímetros del suelo, pero luego volvió a desplomarse y quedó inmóvil.

Los tres Colmillos salieron corriendo de la Fortaleza con los niños al hombro. Bonifer se escabulló detrás de ellos tan rápido como le permitieron sus viejos huesos.

—¡Al carruaje, tontos! —gritó Bonifer. Los Colmillos arrojaron a los niños a bordo y subieron mientras los caballos galopaban hacia el puerto.

53

La liberación de Dugtown

Sara se aferró al cuello del extraño hombre mientras sobrevolaba Dugtown. Vio casas ardiendo y grupos de hombres y mujeres arrojando armaduras de Colmillo en montones. El sol brillaba en el aire gélido, pero estaba apagado por el humo y un extraño polvo mohoso que flotaba en el viento. La mayoría de las calles estaban desiertas, pero en unos pocos patios abiertos y a lo largo del río había multitudes de soldados en formación, marchando por las calles o montados en aves ensilladas tan grandes como caballos. La gente del pueblo se agolpaba en las aceras, e incluso desde su altura, Sara oía sus vítores.

—¿Se han ido? —preguntó Sara—. Los Colmillos, quiero decir.

—Todavía no —dijo Artham—. Pero los hemos expulsado de Dugtown. Es solo el principio, pero es una victoria. Mira.

Inclinó un ala y giraron hacia el sureste, hacia el poderoso río Blapp. Lejos, al otro lado del agua fangosa, estaba Torrboro y su castillo felino. Solía ser el vecino más limpio y rico de Dugtown; de hecho, Sara y sus padres habían vivido en una casa en el extremo sureste de la ciudad antes de que los Colmillos se la llevaran. Ahora estaba lleno de Colmillos. Se agrupaban y se deslizaban por la orilla del río de una forma que a Sara le hacía pensar en gusanos en la basura.

—Conseguir que los Colmillos abandonaran Dugtown fue la parte fácil —dijo Artham—. Torrboro es donde se encuentra la fortaleza, y Colmillos de todo Skree se están reuniendo allí. Va a ser una lucha difícil.

—¿Y qué hay de la gente de allí? —preguntó Sara.

—No hay más nadie. Han huido o los han matado.

Durante su estancia en la Fábrica Tenedor, Sara había llegado a creer que sus padres se habían ido para siempre. Pero ver su ciudad invadida de hombres serpiente hizo que sintiera como si alguien acabara de meterle una pesada piedra en el estómago. Se estremeció de dolor.

—Lo siento, querida —dijo Artham.

—¿Adónde me llevas? —preguntó ella al cabo de un momento.

—A un lugar seguro.

—¿Y los otros niños? Borley y Grettalyn…

—No te preocupes. Están en buenas manos. Te llevaré a verlos cuando te hayas bañado y comido bien. Después de todo, eres su reina.

Sara sonrió. Un baño sonaba de maravilla.

Artham voló más bajo, sobre una colina del lado norte de Dugtown donde se alzaba una hermosa casa. Dos caballos estaban atados a una valla en la parte delantera. Cuando Artham aterrizó, la puerta principal se abrió y una niña de la edad de Sara salió al porche. Iba vestida como un niño y llevaba una pata de gallina a medio comer en una mano.

Eructó, se limpió la boca con la manga y preguntó:

—¿Es ella?

—Sí. Esta es Sara Cobbler —dijo Artham riendo, mientras dejaba a Sara sobre la hierba.

—¿Quieres jugar al tacklebol? —preguntó la niña.

—¿Qué… qué es el tacklebol? —Sara dio un paso indeciso hacia delante.

—Maraly —dijo Artham—, ya habrá tiempo para eso más tarde. ¿Por qué no le buscas otro trozo de carne de gallina y quizá un poco de sopa?

Maraly se encogió de hombros y entró.

—Gracias, señor Artham —dijo Sara.

Cuando Artham no respondió, se volvió y lo encontró retorciéndose en el suelo, agarrándose los lados de la cabeza. Tenía los ojos cerrados y las alas dobladas y torcidas.

—Señor Artham, ¿qué ocurre?

Artham soltó un chillido ensordecedor.

—¡Socorro! —gritó Sara—. ¡Que alguien lo ayude!

54

Traición

—¿Por qué haces esto? —gritó Janner. Se debatía en el agarre del Colmillo mientras el carruaje salía del patio con estrépito.

—Por cierto, ¿por qué alguien hace una locura? —Bonifer arqueó una ceja hacia Janner—. Por amor, muchacho. No lo entenderías.

—¡Secuestraste a Bonnie! —gritó Leeli.

Bonifer puso los ojos en blanco.

—Oh, cálmate un poco. Alguien la habría encontrado tarde o temprano. Y alguien —o *algo*— la encontró. Lo organicé todo a mi antojo. Difundí el rumor de Colmillos en los Valles exteriores para librarme de Rudric. Se suponía que Bunge debía desterrarlos, y luego yo iba a navegar con ustedes más allá del Aguacalle y a entregarlos sanos y salvos a una de las naves de los Colmillos que esperaban en la oscuridad frente a la puerta. Cuando bajaran la cadena, los Colmillos iban a invadir —Squoon miró hacia la Fortaleza en la distancia y señaló con el pulgar—. Pero ese tonto de Bunge intentó ahorcarte a ti y a tu madre, incluso después de que lo amenazara con el artículo siete de la Enmienda de Chumply —Squoon se rio entre dientes—. Fue una buena treta, ¿eh? Pero el viejo Bonifer lo resolvió todo. Solo tuve que cabalgar hasta la garita del Aguacalle, matar al guardia y bajar la verja para dejar entrar a las naves de los Colmillos.

—¿Mataste a un guardia? —dijo Janner. No podía imaginarse a Bonifer Squoon haciendo mucho más que leer y arrastrar los pies.

—Había que hacerlo, muchacho. Como no los habían desterrado, no podía zarpar del puerto con ustedes. Y si no zarpaba con ustedes, los guardias no iban a bajar la cadena. Tenía que dejar entrar a los Colmillos en Ban Rona o Kalmar habría sido ahorcado. Gnag el Sin Nombre se habría disgustado mucho conmigo. De hecho, ahora que lo pienso, esta noche no ha sido tan diferente de cuando abrí el rastrillo del Castillo Rysen hace nueve años.

—¿Fuiste tú? —dijo Janner, atónito—. ¿Tú condujiste a los Colmillos hasta nuestro castillo?

—Claro.

—Pero ¿por qué?

—Ya te lo dije —Bonifer miró a la luna—. Por amor.

—¡Eso no tiene ningún sentido! —dijo Leeli.

—Claro que no lo tiene. Solo tienes nueve años.

—Que es lo bastante joven para saber cuándo algo es malvado —dijo ella.

—Sin duda. Supongo que yo creía lo mismo cuando tenía nueve años —Bonifer dirigió el carruaje hacia otra esquina e inició el descenso hacia el puerto. Su voz se tornó amarga—. Pero a medida que crezcas, descubrirás que incluso tu amigo más querido puede traicionarte. Si eres débil, te robará lo que más quieres.

—Que es lo que estás haciendo ahora mismo —dijo Kalmar.

Janner no tenía ni idea de lo que Bonifer Squoon estaba hablando. Tampoco le importaba ya. El viejo estaba loco. Janner quería saltar del carruaje y correr de vuelta con su padre. Quería asegurarse de que Nia y Podo estaban bien.

—Confiábamos en ti —dijo Janner.

—¡Sin duda! —se rio Bonifer—. Igual que tu familia desde hace tres generaciones.

—¡Pero nuestra familia te trató bien! —dijo Leeli.

Bonifer la rodeó y la agarró por la muñeca. Tenía la cara roja y le temblaban las carnes.

—Tu familia me *arruinó*. ¿Y sabes qué es lo peor de todo? Ninguno de ustedes tiene ni idea —Bonifer respiró hondo y soltó a Leeli. Se ajustó el sombrero de copa y se volvió hacia el camino.

Conozco a Gnag desde que nació. Quería mucho a su madre, y por eso he hecho todo lo posible por ayudarlo como he podido.

Janner se quedó boquiabierto. ¿Bonifer Squoon amaba a la madre de Gnag el Sin Nombre? Janner no había sabido hasta ese momento si Gnag era un trol, un Colmillo o un dragón. Pero ¿un humano? ¿Y Bonifer Squoon lo conocía? Janner quería empujar a Bonifer por un precipicio, y al mismo tiempo quería hacerle mil preguntas.

—Pero destruyó a Anniera —dijo Janner—. Ha matado a miles de personas.

—Ah, pero también ha *creado* a muchos miles. ¿De dónde crees que proceden los Colmillos? ¿Del Hacedor? No, Gnag ha introducido mejoras en el diseño original, ¿no les parece, soldados? —los Colmillos se rieron—. ¡Espera a que descubra cómo fusionarnos con buitres punzantes! ¡Con trols! Espera a que me fusione con un *dragón*. Eso *sí* que será algo digno de ver —Bonifer suspiró—. Las posibilidades son infinitas, niños. Pero solo con más holoré y holoél. Solo con las piedras de los lugares profundos.

—¿Los lugares profundos? —preguntó Leeli.

—Cavernas donde las paredes y los techos brillan con la luz de las piedras creadoras. Si Gnag el Sin Nombre puede crear un ejército de Colmillos con solo dos de las piedras, ¡piensa en lo que podría hacer con una ciudad de ellas! ¿Y saben cómo llegar ahí? —Bonifer enarcó las cejas mirando a los niños—. ¿No? Yo se los diré. *El Castillo Rysen.* Así es. Su padre lo sabía. Acababa de empezar a descifrar el Primer Libro, y me habló de un pasadizo olvidado hace mucho tiempo bajo el castillo. Una cámara que conduce a los lugares profundos, donde el Hacedor caminó con los primeros ciudadanos. El río que alimenta Kistamos corre por allí, entre montañas pavimentadas con holoél —Squoon se encogió de hombros—. O al menos eso es lo que me contó su padre. Podría estar todo inventado. Pero Gnag no lo cree. El holoél y el holoré tenían que venir de algún sitio, ¿no?

—Entonces, ¿por qué nos quiere a nosotros? —preguntó Kalmar—. Ya destruyó Anniera. ¿Qué le impide desenterrar las piedras y hacer lo que quiera con ellas?

—Porque tu padre aprendió lo suficiente del Primer Libro para saber que hacen falta dones especiales para abrir la cámara.

—¿Qué dones? —preguntó Leeli.

—La Palabra, la Forma y la Canción.

—Los T.H.A.G.S. —dijo Janner.

—Sin duda. Pero no cualquiera puede abrir la cámara. Solo funciona con ustedes tres, nacidos del rey supremo de Anniera. Ningún fuego, excavación o martilleo ha sido capaz de abrirla en nueve años. Gnag los necesita, niños. Y yo los necesito a ustedes —la voz de Squoon bajó hasta casi un susurro—. Va a convertirme en algo hermoso, fuerte y joven de nuevo. Creo que quiero ser una araña —meneó los dedos hacia Leeli y ella se encogió—. ¡Pero no podía presentarme en el Castillo Throg si les había permitido escapar de Anniera con el Primer Libro! El Sin Nombre estaba enfadado conmigo, y yo lo sabía. Me he estado escondiendo aquí desde entonces. ¡Le aseguro que apenas podía creer mi buena suerte cuando llegaron a los Valles Verdes y vinieron a vivir a la misma casa que yo! Era perfecto. Podía vigilar y planear. Sabía que te escapabas, Kalmar. Te sorprendería lo ligero que duerme un anciano. Al principio pensé que tus escapadas frustrarían mis planes, pero luego me di cuenta de que encajarían perfectamente en ellos. Iba a sacarlos a los tres del puerto con la bendición de los vallerinos. Solo tenía que esperar a que ese gordo imbécil terminara de traducir el Primer Libro.

Bonifer detuvo los caballos en el puerto. A la luz de la luna, Janner vio al menos diez barcos de Colmillos. Más Colmillos marchaban hacia el muelle con arcos y espadas en las zarpas, camino de unirse a la batalla. Bonifer hizo una reverencia cuando pasaron trotando.

—Átenlos —dijo Bonifer a los Colmillos—. Y, ya que estamos, amordácenlos. No quiero que hagan ruidos innecesarios.

Los Colmillos ataron las muñecas de los niños, los amordazaron con tiras de tela y luego les pusieron unos sacos sobre cada una de sus cabezas.

Los aullidos resonaron por las calles de Ban Rona.

55

Artham y las Profundidades de Throg

Cuando Leeli cantó encima del hendido, su canción surgió de las profundidades de su corazón y envió una ráfaga de cuerdas brillantes a la materia del mundo. Brotaron de ella en un millón de hebras, como una telaraña de relámpagos. Se dispararon a través de Janner y Kalmar y Esben, despertando algo brillante en sus huesos, y cada uno de ellos lo sintió de forma diferente. El poder de la música era invisible para todos los que la rodeaban, incluso para Nia; para ella y los demás solo era una bonita canción en medio del clamor de la guerra. Pero para las joyas de Anniera, que llevaban la sangre de sus antepasados, la música llegaba a lugares secretos y hacía cosas maravillosas. Janner oía voces, Kalmar veía imágenes, y el tierno corazón de Leeli fluía con los ríos de emoción que se arremolinaban en aquellos que estaban cerca de ella, abriéndola a los profundos e indecibles misterios de sus almas.

Esben, perdido en una vasta oscuridad, vio una luz dorada.

La hebra de la canción ardía a través del lecho rocoso de los Valles Verdes, a través de mil kilómetros de piedra fundida y roca estratificada colocada por el Hacedor cuando el mundo había sido creado por su palabra, más allá de las negras profundidades del Mar Oscuro, recorriendo inadvertidamente la sangre y la médula de seres macilentos y sin ojos dormidos en el fondo del océano, hasta que la cuerda se debilitó por la distancia en un tembloroso susurro de células que se elevaba invisiblemente desde el suelo donde Artham Wingfeather se encontraba con Sara Cobbler. Se extendió débilmente más y más arriba, a través de su carne y hasta el pozo de su corazón, y bebió profundamente de sus aguas. La hebra revivió, se espesó y volvió a crepitar a través de la tierra hasta donde yacía moribundo Esben el Hendido.

Artham sintió que su vieja vergüenza despertaba. Le gritaba. Al instante, pudo ver en su mente a Janner, Kalmar y Leeli, acurrucados sobre una cosa rota, un hendido, y supo que era Esben. Su hermano, a quien había nacido para proteger.

Su hermano, a quien había abandonado.

Su mente se encogió y no pudo formar pensamientos, solo recuerdos. Se agitó a los pies de Sara Cobbler al recordar cuando él y Esben habían sido capturados en Anniera y arrojados al oscuro y húmedo horror de las mazmorras de Gnag en las Profundidades de Throg. Había intentado olvidar la perversa y dulce voz de la guardiana de la piedra, la mujer que cada día los engatusaba para que cantaran por el poder y su propia libertad, los engatusaba para que renegaran de su patria y juraran lealtad a Gnag el Sin Nombre.

Artham había sido muy fuerte. Incluso encadenado a una pared y hambriento en la negrura, escupía a la guardiana de la piedra y desafiaba sus tentaciones y sus torturas. Se había resistido a las voces que parecían provenir de afuera de él pero que, no obstante, chillaban en su mente. Había luchado por ignorar la canción que siempre sonaba, siempre sonaba, siempre sonaba, y había cerrado los ojos a los fragmentos de piedra resplandecientes y el halcón de la jaula que tenía a su lado.

Cada noche, durante mil días, había rechazado a Gnag, a la guardiana de la piedra y a las voces. Y entonces, un día, ya no pudo distinguir cuál de las voces de su cabeza era la suya. No podía separarlas. Y no podía acallarlas. Aumentaban en volumen e ira y lo convencieron de que era mejor cantar la canción del poder que morir solo.

Pero ¡Esben! —había gritado—. *¡No puedo dejarlo!*

Y las voces se rieron.

Entonces, un día, desde la celda donde estaba encadenado, Artham vio a Esben. La cabeza del rey colgaba entre sus brazos extendidos, y estaba encadenado junto a un viejo oso corpulento y desdichado. De los hombros de Esben brotaban parches de pelaje, y Artham lo supo.

Su hermano había perdido su combate contra la guardiana de la piedra. Ella había ganado. El cambio estaba ocurriendo. Esben se había quebrado. Y eso significaba una cosa: Artham Wingfeather, guardián del trono, primogénito de la Isla Brillante, le había fallado al rey supremo de Anniera.

Las voces lo acosaban, le decían que era mejor dejar de luchar. *Tan solo canta la canción*, le decían. Le decían que era demasiado tarde. *Tan solo canta la canción. Serás tan poderoso. Podrás volar lejos de aquí.*

Y una noche oscura, entre lágrimas, mientras su deforme hermano ladeaba su gran cabeza osuna y observaba y la guardiana de la piedra susurraba, Artham empezó a cantar. Sintió un cosquilleo en los brazos mientras el halcón se agitaba en su jaula cercana. Las puntas de sus dedos ardían y se contorsionaron en garras, y se alegró de que por fin hubiera terminado la lucha.

Entonces, levantó la vista para ver el rostro de Esben, demacrado y estirado, barbudo y con el pelo revuelto. Miraba a Artham con una tristeza, una súplica y una decepción insoportables.

Artham cerró los ojos y dejó de cantar. El dolor de sus manos disminuyó y, en una explosión de fuerza, rompió sus oxidados grilletes. La guardiana de la piedra huyó, chillando por los pasillos de la mazmorra.

¡Huye! —gritaban las voces—. *¡Sálvate!*

Artham vio la puerta de la celda abierta y echó a correr. Las voces de su mente reían estridentemente. Se tapó los oídos con sus manos deformes mientras gritaba por los pasillos que surcaban las profundidades de la Cordillera de la Muerte, y las garras le cortaron las mejillas y las orejas y se burlaron de su cobardía. Pasó corriendo cámara tras cámara de prisioneros que murmuraban, enloquecidos por la música y la noche interminable.

Durante horas corrió, hasta que olvidó su nombre, a su hermano y su reino. Se arrastró por túneles donde anidaban insectos y se deslizó por charcas poco profundas, y nadó por estanques de lodo vivo, intentando escapar de la canción y las voces y el recuerdo de aquel a quien había abandonado.

Entonces, de repente, emergió de las Profundidades de Throg en un bosque al pie de las montañas. Permaneció largo tiempo tumbado en la boca de la cueva, mirando a través de los altísimos árboles la luz del sol que se filtraba tenuemente hacia abajo.

Vagó durante semanas, comiendo hojas y frutos y cosas que se arrastraban. Y un día, tropezó con un claro donde unos pilares de piedra, cubiertos de enredadera y moho, se alzaban como huesos de gigantes. En el centro del anillo de pilares había un estanque de agua quieta como el cristal. Los árboles cuyas raíces bebían de su agua eran espesos como casas, y Artham oyó cosas enormes que retumbaban en las estribaciones, behemots que se llamaban entre sí en una lengua tan antigua como el mundo. Aquella noche se despertó junto al estanque y vio las formas de seres antiguos y hermosos, no vistos por los hombres desde épocas ya olvidadas, lamiendo sus aguas.

En algún lugar lejano de su mente, supo que había encontrado el primer pozo, aunque no tenía palabras para designarlo. Se preguntó si el agua lo sanaría, si eliminaría las terribles garras rojas, si incluso acallaría las voces. Encontró en el suelo del bosque una cáscara marrón vacía tan grande como un cuenco —la cáscara de una semilla caída de los altísimos árboles— y recogió un poco de agua.

Se la llevó a los labios, deseando probar su poder, deseando tanto que matara las voces de su mente. Pero no podía beber. Recordó a su hermano en las Profundidades de Throg, aún encadenado a la pared. ¿Cómo podía estar entero el guardián del trono cuando el rey supremo estaba destrozado?

Así que Artham Wingfeather vagó por el viejo bosque durante días, buscando el camino de vuelta a las profundidades donde languidecía su hermano, llevando consigo el agua para sanar a Esben. Donde se derramaba, el suelo estallaba en flores y cosas verdes, y Artham ansiaba beber. Pero no se lo permitió.

Muchos días, buscó la cueva. Acunaba el agua a medida que pasaban las estaciones, y esta nunca se evaporaba y apenas disminuía, porque él tenía mucho cuidado de no derramarla.

Artham se encontró con monstruos en los bosques, y supo que eran como él: bestias a medio hacer, cosas dobladas, errores abandonados de Gnag el Sin Nombre, que habían escapado de las profundidades o habían sido expulsados. Olfateaban, hozaban y se arrastraban por el bosque, y algunos que podían hablar le suplicaban a Artham que les diera a probar el agua. Artham se negaba, y descubrió que apenas si podía articular una palabra cuerda. Les decía con sus palabras incoherentes que era para el rey supremo de Anniera, y ellos se reían. Algunos lo atacaron, tan locos estaban por el respiro y la sanidad, pero él siempre la mantuvo a salvo para Esben, para Esben, siempre para Esben.

Pero la cueva, la entrada a las Profundidades de Throg, lo eludía.

Tras muchas lunas engordadas y menguadas, parpadeando en el cielo nocturno como el ojo que todo lo ve del Hacedor, Artham emergió del Bosque Negro. Encontró un vial en una granja abandonada, vació en él lo que quedaba de agua y juró, con lo que le quedaba de cordura, encontrar a los hijos de su hermano y velar por ellos en lugar de Esben. Los buscó durante mucho tiempo, escuchando a través de las voces oscuras una única voz brillante que sabía que decía la verdad.

Cruza el Mar Oscuro, le susurró la voz brillante y tranquila, y supo que era verdad porque las otras voces le dijeron que no lo hiciera. Viajó de polizón en un barco de Colmillos, estuvo a punto de morir de hambre en la bodega, pero por fin pisó las costas de Skree. Encontró Glipwood, la ciudad de la que procedía Podo Helmer, y un feliz día vio a tres niños que se parecían, de distintas maneras, a Esben Wingfeather. Artham vigilaba a las joyas de Anniera desde lejos, siempre dispuesto a custodiarlas y protegerlas, ya que su padre, el rey supremo, se había perdido.

¿O no?, gritaban las voces en la noche mientras Artham daba vueltas en su casa del árbol.

Y cuanto más se lo preguntaba, más fuertes se hacían las voces.

Mientras se retorcía en la hierba, mientras Sara Cobbler y Maraly Weaver se arrodillaban junto a él, gritando su nombre, lo supo.

Esben está vivo.

Su corazón se partió en dos. Había empezado a creer —incluso a esperar— que Esben había muerto. Que ya no sufría. Que Gnag el Sin Nombre no había conseguido quebrar su espíritu y convertirlo en un monstruo. Nueve años era demasiado tiempo para colgar de la pared de una mazmorra con aquella música incesante chirriando en su mente. Pero ahora veía a su hermano, abultado y encorvado, una cosa perdida. Y era culpa de Artham. Él había huido cuando debería haber luchado.

¡Oh, Esben!, se lamentó Artham en su mente. *Lo lamento tanto.*

Sus palabras pulsaron a través de la tierra, transportadas por la cuerda de la canción de Leeli, y hablaron a la mente de Esben. Mientras Artham se retorcía en Dugtown, vio a los Colmillos Grises en la Fortaleza vallerina, vio a los niños acurrucados sobre el hendido y las flechas en su espalda. Vio la batalla y supo que las joyas corrían un grave peligro.

Canta la canción, dijo Artham en la caverna de la mente de su hermano hendido. *Cántala por ellos. Cántala para salvar, no para ser salvado. Cántala por amor, no por poder.*

¿Artham?, dijo la voz de Esben.

—¡Esben! —dijo Artham en voz alta entre dientes apretados.

Sara y Maraly, arrodilladas junto a él, se miraron con impotencia.

—¿Qué le sucede? —gritó Sara.

—Sí, soy yo, hermanito —Artham lloraba—. Por favor, escúchame. ¡Canta la canción de las piedras antiguas! ¡Debes recordarla! Pero hazlo por ellos. ¡No por la guardiana de la piedra! ¡No puedes dejar que Gnag llegue hasta ellos! *¡Despierta, Esben!*

Artham se aferró a la conexión que los unía, deseando que sus palabras se abrieran paso hasta lo más profundo, hasta lo más hondo del cuerpo hendido donde aún latía el corazón de Esben. Artham le suplicó, pero su mente parecía muy lejana.

¡Canta!, le dijo a su hermano mientras veía a Bonifer Squoon corriendo entre los Colmillos y los vallerinos para atrapar a los niños.

Entonces, se rompió la conexión. La visión se desvaneció. Artham Wingfeather se acurrucó en la hierba y lloró, incapaz, una vez más, de ayudar al rey.

Sara Cobbler y Maraly Weaver lo ayudaron a entrar y atendieron su dolor, aunque lo único que él podía pronunciar eran palabras incoherentes.

56

La reina y el hendido

Nia oyó gritar a Janner: «¡Papá!». Pero no entendió por qué.

Un Colmillo Gris estaba detrás de ella con un brazo alrededor de su cuello y el otro presionando la punta de una daga contra sus costillas. Podo estaba a su lado, sujeto por tres Colmillos. Vio caer a Janner, lo vio mirar a la cara del hendido, y luego sintió un crujido en el aire, como un relámpago silencioso en una nube lejana. No sabía qué significaba, pero hizo que Leeli corriera al lado del monstruo para bloquear la espada del Colmillo. El Colmillo apartó a Leeli de un tirón justo cuando su perro, Baxter, entraba a toda prisa en la sala. Nia levantó la vista para ver a Rudric, el hombre al que amaba, encaramado a una rama alta, justo en el momento en que disparaba al líder de los Colmillos Grises y encendía la batalla.

Rudric y su Patrulla Durgan pulularon por las ramas del árbol con arcos y flechas, derribando Colmillo tras Colmillo desconcertado. Los hombres lobo que la sujetaban a ella y a Podo se tensaron y los arrastraron hacia las raíces del gran árbol. Nia vislumbró a Oskar N. Reteep consolando a Freva y Bonnie detrás del árbol, pero por mucho que lo intentaba, ya no podía ver a sus hijos en medio del caos.

Colmillos Grises, durganos y vallerinos rugían, gruñían y daban hachazos en el salvajismo de la guerra, y en algún lugar entre ellos estaban Janner, Kalmar y Leeli… y el hendido. ¿Por qué Janner había estado hablando con él? ¿Y por qué tenía el hendido a la hija de Freva? ¿Y por qué, oh por qué, Bonifer Squoon, el consejero más cercano a su marido, había llevado a los Colmillos de Dang a los Valles Verdes?

Los pensamientos de Nia se vieron interrumpidos por el débil pero inconfundible sonido de la voz de su hija, que cantaba desde algún lugar del caos. Leeli, al menos, estaba viva. La melodía que cantaba se develó en la mente de Nia; era una vieja melodía marinera de Anniera llamada «Mi amor ha cruzado el mar», una canción que Leeli había aprendido hacía años en Glipwood.

La canción se interrumpió y, por un momento, la batalla se separó lo suficiente como para que Nia viera a tres Colmillos y a Bonifer Squoon saliendo a toda prisa de la Fortaleza con los niños.

Instantes después de que se marcharan, oyó otro sonido entre el clamor: otra melodía. Era extraña y confusa. Al principio, pensó que se trataba de algún hijo de los Valles en la agonía de la muerte, tan triste e inquietante era su música.

Entonces, el aire brilló como con el calor de un fuego, y una luz centelleó en la habitación. Los Colmillos se estremecieron y los vallerinos dejaron escapar un grito ahogado. Solo duró un instante, y luego la batalla continuó. Pero desde el centro de la sala, comenzó una nueva conmoción, y Nia oyó un feroz gruñido mientras los Colmillos Grises intensificaban su ataque.

El Colmillo que estaba detrás de ella se agitó y dijo a uno de los hombres lobo que sujetaban a Podo:

—¿Qué piensas, Gergin? —Nia sintió su aliento en la oreja.

—Creo que el general Swifter ha muerto —dijo el otro. Nia y Podo intercambiaron una mirada preocupada—. Y parece que a nuestros compañeros les vendría bien nuestra ayuda.

—Sí. Las joyas se fueron. Vi cómo Feral y los demás se las llevaban.

—Entonces, ¿qué hacemos con estos dos?

—Supongo que ya no los necesitamos, ¿verdad?

Nia sintió que los músculos del brazo peludo se tensaban alrededor de su cuello. Podo se retorció, pero con las manos atadas y bajo el agarre de los Colmillos, poco podía hacer.

Nia clavó las uñas en el antebrazo del Colmillo y sintió cómo la espada presionaba su costado. Gritó el nombre de Rudric una y otra vez, pero su voz se perdió en el choque y el bramido de la lucha. Alcanzó a verlo en el lado opuesto de la sala, con un martillo de guerra en un puño gigante y una espada en el otro, enfrentado a siete Colmillos Grises a la vez. Rudric vio a Nia y rugió, pero no podía hacer nada. Estaba demasiado lejos. Todos los luchadores vallerinos que veía Nia estaban muertos en el suelo o trabados en combate.

Miró a su izquierda a tiempo de ver cómo Oskar N. Reteep se abalanzaba sobre uno de los Colmillos que sujetaban a Podo. Pero a pesar de lo grande que era Reteep, el Colmillo mantuvo sujeto el cuello de Podo y apartó a Oskar de una patada tan fuerte que este se estrelló torpemente contra un recoveco de la raíz y quedó inmóvil, con las gafas agrietadas y colgando de una oreja.

—Basta ya con estos dos —dijo el Colmillo llamado Gergin—. Voy a luchar.

—¡Rudric! —Nia volvió a gritar, pero era inútil. Si iba a morir, desde luego no iba a quedarse quieta y dejar que el Colmillo la atravesara. Luchó contra el Colmillo y sintió cómo la hoja le cortaba el vestido y le atravesaba la piel.

Entonces, desde el centro de la confrontación, oyó una voz tan profunda como un trueno. Era un rugido, pero era más que eso: más fuerte y más pesado, y contenía una palabra. Su nombre.

—Nia.

Del centro del caos surgió la cabeza peluda de un oso. Su cuerpo cubierto de pelaje dorado tenía forma de hombre, pero un hombre tan fuerte que incluso Rudric parecía pequeño en comparación.

Lanzó sus enormes brazos hacia afuera y Colmillos volaron por los aires, chocaron contra las paredes y rompieron las ramas del gran árbol. El oso se agachó, apuntando con el hombro al montón de Colmillos que cargaba hacia él. Los Colmillos quedaron aplanados bajo la criatura osuna como la hierba en una tormenta.

La piel gris moteada había desaparecido. Ya no estaban los miembros retorcidos y el andar tambaleante. La cosa se dirigió hacia Nia con tal fuerza y velocidad que los propios muros de la Fortaleza no habrían resistido ante ella.

Los Colmillos que sujetaban a Podo y Nia gimieron como cachorros, los soltaron y se alejaron corriendo, pero el oso los agarró a cada uno y los lanzó por el pasillo hacia los Colmillos congregados en la puerta principal.

Nia no podía respirar. Se quedó rígida de terror, mirando a la bestia. Sintió a Podo a su izquierda, levantándose del suelo.

—Tranquilo —le dijo a la bestia, interponiéndose entre ellos.

El oso olfateó. Nia lo miró a la cara, intentando ver sus ojos, pero estaban demasiado ocultos en la sombra. Su pelaje era del color de la corteza de cedro y olía a caballo, a perro o a tierra recién removida. Mientras la batalla hervía a sus espaldas, el mundo entre Nia y el oso se quedó quieto.

La bestia levantó uno de sus brazos y abrió el puño —un puño tan grande como una calabaza— y puso la mano sobre la cabeza de Podo. Quizás por primera vez en su vida, Podo tuvo demasiado miedo para moverse. Nia sabía que el oso podía reventarle la cabeza como a una baya si quisiera, pero solo dio dos palmadas al viejo pirata y lo apartó suavemente.

El oso se arrodilló ante Nia, que por fin pudo ver su rostro a la luz de las antorchas. Sus cejas temblaban y se alzaron lo suficiente para revelar dos ojos azules que Nia había mirado mil veces. Nia tocó la cara del oso con una mano temblorosa.

—¿Esben?

Cuando sus dedos le rozaron el hocico, suspiró, cerró los ojos y apoyó la mejilla en la palma de la mano. Nia se estremeció con un sollozo, y luego se perdió en los cálidos pliegues del abrazo del oso. Cerró los ojos y oyó un gemido feliz en lo más profundo del pecho de su marido, y se sintió joven y segura y santificada con amor.

—Esben —murmuró—. Oh, esposo mío.

—Nia —dijo el oso. Ella sintió cómo la palabra vibraba en el cálido pecho del oso—. Mi amor —Nia levantó la vista y vio los ojos de Esben mirándola.

Su húmeda nariz negra le acarició la mejilla—. Nia —dijo—. Lo siento, siento no haber sido más fuerte.

—Shh —dijo Nia, contenta de volver a sentir su corazón entrelazado con el de su marido. No sabía cómo había cambiado ni cómo había llegado hasta allí, y no le importaba. Podo se arrodilló cerca, observando a Nia y al oso con una sonrisa infantil.

—Estaba perdido… en las Profundidades —dijo Esben—. Intentó cambiarme y, durante años, traté de ser fuerte. Pero me quebraron.

—No pasa nada, Esben —susurró Nia—. Ahora estás aquí y estás vivo.

—Salí, pero estuve solo en el Bosque Negro durante mucho tiempo —la voz de Esben se suavizó con lo que parecía asombro—. Y un día, sentí a los niños. Los vi en mi mente, como si estuvieran delante de mí. Y oí música dulce. Supe que estaban en Ban Rona, y vine. Kalmar… me cuidó. Me dijo que volviera, pero no pude. Encontré a la chica en la cueva y supe que tenía que ayudarla. Entonces, ¡volví a oír la música! Oh, Nia. Te encontré —la voz de Esben estaba llena de lágrimas—. ¡Leeli es tan preciosa! Y los chicos son tan fuertes y guapos… incluso Kalmar. Pero ¿qué le han hecho, Nia? ¡Mi niño!

Nia se puso rígida. Los niños. Se los habían llevado, y quizás no tuvieran mucho tiempo.

—Esben, escucha. ¡Tenemos que buscarlos! Bonifer…

—Bonifer —retumbó Esben. Se enderezó y sostuvo a Nia ante él—. ¿Está aquí?

—Sí —le dijo Nia—. Y se ha llevado a los niños. No sé por qué, pero nos traicionó.

—Ha hecho más que eso —gruñó Esben—. Traicionó a Anniera. Traicionó al mismísimo Hacedor.

—¿Cómo lo sabes? ¿Qué quieres decir?

—Gnag me lo dijo —Esben levantó a Nia en brazos y dijo—: Vamos, amor mío. Los niños nos necesitan.

Esben el Oso se volvió y bajó un paso del estrado justo cuando Podo gritó:

—¡Rudric, no!

Rudric estaba ante ellos, con la cara y la barba sucias por el rocío y el sudor de la batalla, los dientes enseñados y los ojos fieros.

Esben se detuvo bruscamente, y Nia miró hacia abajo para ver la espada de Rudric enterrada hasta la empuñadura en el estómago de Esben.

57

Un oso en Ban Rona

—¡Suéltala, hendido! —Rudric hundió más la espada.

Nia estaba demasiado aturdida para emitir sonido alguno. Un hilo de sangre salió de los pliegues del pelaje de Esben, bajó por la empuñadura y cubrió el guante negro de Rudric. Esben se balanceó y gruñó, y una de sus grandes manos se fue al estómago.

Al final, Nia soltó un sollozo y sacudió la cabeza hacia Rudric, con los ojos llenos de dolor, confusión y negación. Cuando Rudric vio aquellos ojos, su mueca se desvaneció en un ceño fruncido de confusión, y luego, lentamente, en el horror del reproche cuando empezó a comprender lo que había hecho.

—Rudric —dijo Podo en voz baja—. Es Esben.

Rudric soltó la empuñadura de la espada como si estuviera al rojo vivo y retrocedió dando tumbos desde los escalones. Tropezó con un Colmillo muerto y cayó de espaldas, sacudiendo lentamente la cabeza.

—Lo siento… lo siento, creí que…

Esben sacudió su gran cabeza peluda y tosió.

—No es… culpa tuya —miró alrededor de la gran sala, vacía ahora salvo por los cuerpos de los vallerinos muertos y las armaduras vacías de los Colmillos, cubiertas de polvo—. ¿Dónde están mis hijos?

—Los Colmillos se retiraron —dijo Rudric—. Vuelven a sus naves.

Esben respiró hondo y sacó la espada. Esta repiqueteó contra el suelo cuando el gran oso, con Nia aún en brazos, bajó la cabeza y echó a correr. Salió saltando de la Fortaleza y se adentró en las calles de Ban Rona.

Nia cerró los ojos y apoyó la cabeza en su cálido cuello. Sintió su gran fuerza, sus poderosos brazos que la sujetaban, y el ritmo de su zancada mientras se precipitaba por la calle nevada, atronando como un caballo de guerra hacia la batalla. Su cabeza se balanceaba a cada paso. El viento le quitaba la piel de la cara y revelaba sus desesperados ojos azules. Miró detrás de ellos y vio que

Rudric y Podo corrían detrás, incapaces de seguirles el ritmo, y un rastro carmesí de sangre se extendía como una cinta en la nieve.

—Agárrate bien —susurró Esben.

Nia se volvió para verlos acercarse a la retaguardia de la retirada de los Colmillos. Los vallerinos los persiguieron hasta la orilla, lanzando lanzas, espadas y dagas, y los Colmillos ensuciaron las calles, convirtiéndose en polvo. Biggin O'Sally y sus muchachos lideraban una jauría de perros acorazados que mordían a los Colmillos mientras corrían. Mechones de pelaje gris y blanco ensuciaban el aire como un polen asqueroso.

Esben se abrió paso entre los vallerinos y los Colmillos en retirada, empuñando el brazo libre como un martillo gigante. Los Colmillos Grises se estrellaban contra las ventanas o eran pisoteados. Chillaban como cerdos y huían del Rey Oso de Anniera y su reina.

Esben irrumpió entre el nudo de Colmillos y corrió hacia el puerto. Cuando dobló la última esquina del camino que llevaba a los muelles, un muro de arqueros Colmillos esperaba, alineados en el muelle, con los arcos tensados. El comandante Colmillo gritó: «¡Ahora!».

Esben torció el cuerpo mientras corría y acunó a Nia mientras más flechas se clavaban en su ancha espalda. Rugió de dolor, se tropezó y cayó de costado. La cabeza de Nia chocó contra el hueso de su hombro y su visión se nubló. Sintió que Esben rodaba hacia delante y se lanzaba a través del muro de arqueros hacia los muelles.

—¿Estás bien? —jadeó Esben—. Puedo esconderte aquí hasta que sea seguro.

Nia apretó el agarre y sintió su fuerza a su alrededor. Sacudió la cabeza. Estaba aturdida, pero se negaba a pasar otro latido separada de él.

—Bien —dijo él, y saltó a la nave más cercana y se desplomó sobre la cubierta vacía.

El corazón de Nia se hundió cuando vio la flota de naves Colmillo, enlazadas y oscuras en el puerto.

—Podrían estar en cualquier parte.

—Puedo olerlos —dijo Esben mientras corría. Saltó a la siguiente nave y levantó la cabeza para olfatear el aire—. Están cerca.

Desde detrás de un barril cercano, un Colmillo Gris gruñó y se abalanzó sobre Esben. Sin volverse, Esben arrojó al Colmillo al agua y saltó al siguiente barco, luego al siguiente, hasta llegar al último de la fila. Finalmente, Esben se detuvo y se encorvó, luchando por respirar. Nia oyó un traqueteo en su garganta.

Esben volvió a olfatear el aire, escudriñó en las sombras y dijo:

—Squoon.

58

Escape

Nia no veía a nadie. El barco crujió al mecerse con la marea y golpeó la embarcación que tenía al lado. No estaban lejos del muelle, donde luchaban los vallerinos y los Colmillos Grises, pero la batalla parecía extrañamente distante. Esben depositó a Nia sobre la cubierta y le hizo un gesto para que se apartara.

—Squoon, sé que estás aquí —carraspeó Esben. Olfateó el aire y avanzó cojeando. Un dolor profundo lo sacudió, se estremeció y se desplomó en el suelo, intentando apoyarse en los codos.

Nia corrió a su lado y oyó un golpe seco contra el casco, seguido de un débil chapoteo. Corrió hacia la borda y vio un pequeño bote en el agua. Aún no había desplegado las velas, pero tres Colmillos Grises tiraban de los remos. Vio tres formas, atadas e inmóviles en el fondo de la pequeña barca, y supo que eran sus hijos. Bonifer Squoon estaba sentado en la proa con su sombrero de copa y su bastón y saludó a Nia mientras el barco se alejaba flotando.

Se quitó el sombrero e inclinó la cabeza.

—¡Ah, Nia! ¡Hasta pronto! Le enviaré a Gnag tus saludos.

—¡No! —gritó ella, y oyó las voces amordazadas de sus hijos.

Bonifer los golpeó con su bastón y dijo:

—¡Silencio!

Detrás de ella, los codos de Esben resbalaron. Se quedó tendido en la cubierta, luchando por levantar la cabeza. Intentó rugir, pero en su debilidad, solo le salió un gemido.

Nia se volvió hacia el agua, dividida entre su marido moribundo y sus hijos robados. Lo único que había entre Bonifer y el Aguacalle eran aguas abiertas. Nia tenía que detenerlos, pero no se le ocurría cómo. Aunque pudiera nadar tan lejos y tan rápido en el agua helada, los Colmillos la matarían en cuanto se acercara al barco.

Nia miró a su alrededor en busca de alguien que la ayudara, pero lo único que vio fueron los barcos de los Colmillos que se extendían hasta el muelle y el fragor de la batalla más allá. Buscó otro barco, o un arco y una flecha, o algo... *cualquier cosa.* Pero no podía hacer nada.

Quería gritar. Estaba lleno de barcos y no había forma de evitar que un pequeño bote escapara. Aunque le aterrorizaban los dragones marinos, rogó que surgieran del agua. Rogó por otra de las repentinas y gallardas llegadas de Artham, pero sabía que estaba al otro lado del Mar Oscuro.

La desesperación de Nia se convirtió en desolación. Tomó entre sus manos la cabeza cansada de Esben y lo miró a los ojos. A la luz de la luna, vio que estaban vidriosos, pero aún brillaba algo de vida en ellos.

—No hay nadie más, amor mío. Necesito que te levantes. Nuestros hijos se perderán si no lo haces. ¿Puedes oírme?

Esben gruñó.

—¡Levántate! —gritó Nia. Pasó por debajo de uno de sus brazos, diminuta bajo su circunferencia, y se esforzó con todo su ser. Apretó los dientes, empujó y dijo—: ¡Levántate!

Cuando empezaron a fallarle las fuerzas, sintió que los brazos y las piernas de Esben se movían un poco. Los músculos de sus piernas y espalda pedían a gritos un descanso, pero ella los obligó a seguir empujando mientras Esben luchaba por levantarse.

Los pies de Esben resbalaron en el charco de sangre que se había acumulado bajo él, pero consiguió enderezarse. Se apartó tambaleándose de la barandilla y miró a Nia con una sonrisa cansada. Incluso a la luz de la luna, Nia vio que le goteaba sangre de la nariz y el labio inferior.

—Nuestros hijos te necesitan, mi rey —le dijo.

Esben exhaló un suspiro largo y áspero. Se impulsó hacia delante, se tambaleó un instante y luego, con un rugido furioso, saltó por encima de la barandilla.

Nia lo vio volar sobre el agua, más lejos de lo que hubiera creído posible. Vio desvanecerse la sonrisa de Bonifer Squoon e imaginó cómo sería ver aquella forma corpulenta sobre su cabeza, oscureciendo las estrellas, bordeada por la luz de la luna. Justo antes de que Esben cayera al agua entre el barco y el esquife, Nia oyó a Bonifer chillar de terror.

El choque con el agua fría pareció despertar un nuevo pozo de fuerza en Esben. Nadó tras el esquife con brazadas rápidas y gráciles, surcando el agua como un pez. Las flechas clavadas en su espalda se balanceaban de un lado a otro a medida que se acercaba, y los Colmillos Grises abandonaron los remos y desenvainaron sus espadas. Cuando llegó a la barca, ellos arremetieron y sus espadas golpearon sus brazos, pero sirvió de poco para detenerlo. Con una calma triste y extraña, Esben agarró a los Colmillos de uno en uno, los arrastró fuera de la barca y los mantuvo bajo el agua.

Solo quedaba Bonifer Squoon. Nia lo vio agarrado a las barandillas, temblando en su asiento, mirando con cara blanca de terror a la bestia que se introducía en la barca.

—Bonifer —dijo Esben.

—Co-conozco tu voz —balbuceó Bonifer.

—Y conocías la voz de mi padre, y la de su padre.

—¡Esben! —gimoteó Bonifer—. Pero ¿cómo?

No esperó respuesta. Squoon echó un vistazo frenético a su alrededor, luego se arrojó al agua y se alejó nadando, dejando atrás su bastón y la mochila que contenía el Primer Libro.

Nia estaba segura de que Esben lo perseguiría, pero cuando miró hacia el esquife, el oso estaba acurrucado sobre los niños, aflojando sus ataduras. Cuando miró hacia atrás, Bonifer había desaparecido. Su sombrero de copa se balanceaba en el agua.

No importaba si se había ahogado o si había muerto conmocionado por el agua helada y por ver a Esben Wingfeather después de tantos años. El monstruo en los Valles Verdes había desaparecido.

59

Bajo cielos brillantes iluminados por la luna

Janner sintió que la barca se balanceaba, inclinándose tanto hacia un lado que temió que volcara. Luego, con un chapoteo y un chorro de agua, la barca se enderezó y sintió que los dedos de su padre tiraban de las cuerdas que le rodeaban las muñecas. Cuando tuvo las manos libres, Janner se arrancó el saco de la cabeza y se quitó la mordaza. La luna estaba justo encima, tan brillante que sus ojos tardaron un momento en adaptarse.

Jadeó cuando vio a su padre, cubierto de pelaje pero sin los miembros retorcidos ni los grumos de carne gris y resbaladiza. Sabía que era el hendido por las flechas que sobresalían de su espalda, pero todo lo demás había cambiado. Aunque Esben estaba mojado y herido y su rostro se hundía por el cansancio, parecía brillar con una fuerza regia. Sus brazos y hombros eran lisos y musculosos… ¡y su voz! Aunque temblaba de dolor, su voz era cálida y resonante, como si hubiera hablado en un salón real con eco. Había desaparecido el chillido gorgoteante del hendido, y había quedado sustituido por la voz de un rey.

Janner desató las ataduras de Kalmar mientras Esben soltaba a Leeli.

—¡Papá! —gritó ella, y en cuanto sus brazos estuvieron libres los envolvió alrededor del cuello de Esben. Cuando los tres niños estuvieron desatados, Esben se desplomó contra el casco, chasqueando las flechas como ramitas, con el rostro y el torso resplandecientes a la luz de la luna.

—¡Niños! ¿Están bien? —exclamó Nia. Se asomaba desde la cubierta del barco de los Colmillos. El esquife había retrocedido y chocaba contra su casco, donde colgaba una escalera de cuerda.

—Sí, mamá. Pero… —Janner no se atrevió a decirlo. Veía la mancha oscura que se extendía desde las heridas de su padre. Oía la debilidad de su respiración.

Kalmar se arrastró hasta él y dijo:

—¿Papá?

Nia bajó y se dejó caer en el esquife. Leeli, Janner y Kal se reunieron alrededor de su padre y le susurraron su amor mientras se apoyaban sobre él y le acariciaban el pelaje. Nia se colocó bajo uno de sus brazos y apoyó la cabeza en su inmenso pecho. Janner quería hablar, pero no podía. Tenía un nudo en la garganta y se negaba a emitir sonido alguno mientras las lágrimas brotaban de sus ojos. Podía oír los latidos del corazón de Esben y el traqueteo de su respiración.

Te encontré, dijo la voz en su mente. Janner se secó las mejillas y levantó la vista para encontrarse con los ojos de Esben clavados en él. *Hijo mío.* Entonces, los labios de Esben se movieron. Se lamió el paladar, tragó una vez y habló con una voz tan frágil como rica.

—Kalmar, acércate para que pueda verte.

Kalmar se enjugó los ojos y se incorporó. Janner observó con asombro cómo se miraban: el gran oso y el pequeño lobo; el rey supremo y su heredero; el padre perdido y su hijo marginado.

—¿Te han hecho lo que me hicieron a mí? —preguntó Esben.

Kalmar asintió.

—Lo siento, papá. No fui lo suficientemente fuerte.

—Ninguno de nosotros lo es, muchacho. Yo menos que nadie —Esben sonrió y tomó aire con dificultad—. Pero es la debilidad lo que el Hacedor convierte en fuerza. Tu pelaje es la razón por la cual solo tú amaste a un hendido moribundo. Solo tú en todo el mundo conocías mi necesidad y curaste mis heridas —Esben acercó a Kalmar y lo besó en la cabeza—. Y, en mi debilidad, solo yo conozco *tu* necesidad. Escúchame, hijo. Te amé cuando naciste. Te amé cuando lloraba en las Profundidades de Throg. Te amé incluso cuando cantabas la canción que te rompió. Y te amo ahora en la gloria de tu humildad. Eres más apto para ser rey que yo. ¿Lo entiendes?

Kalmar negó con la cabeza.

Esben sonrió y se estremeció de dolor.

—Una buena respuesta, muchacho. Entonces, ¿crees que te amo?

—Sí, señor. Te creo —Kalmar enterró el rostro en el pelaje de su padre.

—Recuérdalo en los días venideros. Nia, Janner, Leeli... ayúdenlo a recordarlo —Esben tosió y señaló el mástil—. Janner, iza la vela, ¿quieres? Es esa cuerda de ahí. Vamos —Janner apartó las lágrimas y se acercó para desenrollar el cabo de la cornamusa—. Kalmar, rema un poco hacia afuera. Ponnos contra el viento.

Esben guio a los chicos mientras Leeli y Nia se apoyaban en él y lloraban. Le dijo a Janner cuándo tensar la cuerda y recoger la botavara, y ayudó a Kalmar a dirigir el timón.

—Apúntanos al sur —le susurró Esben a Kalmar—. Hacia Anniera.

Pocos minutos después, estaban bien lejos de los barcos de los Colmillos y del muelle, cortando las olas hacia el centro del puerto y el Aguacalle.

A petición de Esben, Leeli tocó su arpa silbante. Nia abrazó a su marido mientras los niños se apoyaban en él y miraban el cielo iluminado por la luna que se desplegaba sobre la vela blanca y llena.

La magia del Hacedor se arremolinaba a su alrededor mientras avanzaban, hilos brillantes que conectaban los corazones de los niños con su padre, y a su padre con su afligido hermano al otro lado del Mar Oscuro de las Tinieblas. El dolor del corazón de Leeli abrió una puerta a una alegría mayor que la que ninguno de ellos había conocido antes. Sentía el afecto de su padre en su corazón secreto, y a través de su canto, comulgaba con él allí. La mente de Kalmar se arremolinó con imágenes y sonidos resplandecientes: La risa profunda de Esben en una habitación iluminada por el fuego; Esben levantando a un pequeño Kalmar por encima de su cabeza y mirándolo con deleite y orgullo y asombro. Janner oyó el amor de su padre cantado sobre él con palabras tiernas, antiguas y fuertes: «Hijo mío, en ti tengo complacencia».

El corazón del oso latía cada vez más despacio, y Nia y los niños supieron que los dejaba. Esben miró a Nia.

—Te amo, querida Nia. Dale las gracias a Artham de mi parte. Por la canción —le puso una de sus grandes y temblorosas manos en la mejilla.

Luego, se volvió hacia los niños.

—En la muerte, mi amor, más aún te he amado —dijo, y bajo una luna tranquila en un viento sur constante, envuelto en los brazos de su esposa y sus hijos, Esben Wingfeather, rey supremo de Anniera, murió.

En los días siguientes, la gente que observaba desde el muelle aquella noche afirmó que oyó una música dulce y vio un remolino de bruma resplandeciente que rodeaba el pequeño barco. Dijeron que brillaba como un espíritu y que un zarcillo de ella se retorcía hacia arriba y hacia arriba, claro hasta la luna. Afirmaron que era el propio aliento del Creador, que suspiraba sobre los Wingfeather desde más allá del velo.

60

El guardián y el rey supremo

Sin mediar palabra entre ellos, Janner y Kalmar dieron la vuelta al barco y navegaron de vuelta al puerto. Cuando llegaron al muelle, una multitud de vallerinos cansados de la batalla y heridos les dieron la bienvenida en respetuoso silencio. Contemplaron el cuerpo del Rey Oso —no deshecho en polvo, sino majestuoso y pacífico en la cuna del barco— y murmuraron plegarias de dolor y contrición.

La batalla estaba ganada, y no había sobrevivido ni un Colmillo Gris. Las armaduras y armas de los Colmillos estaban esparcidas por la calle y el muelle, y detrás de la muchedumbre ardían las casas.

Rudric estaba al frente de la multitud. Nibbick Bunge no aparecía por ninguna parte, pero Janner vio a Danniby, Olumphia, el profesor Clout, Joe Bill, Morsha y otros rostros amistosos, junto con los O'Sally y sus valientes perros. Todos estaban sucios de hollín, barro, sudor y sangre. Tenían la ropa rota y los hombros caídos por la fatiga. Podo y Oskar se abrieron paso entre la multitud y se detuvieron en seco al ver el cuerpo de Esben.

Podo ayudó a Nia a salir de la barca, y ella se quedó en el muelle mirando a la multitud. Dondequiera que mirara, los vallerinos apartaban la vista. Rudric se adelantó y amarró el esquife al muelle. Cuando pasó junto a Nia, su rostro se contorsionó de dolor, pero se lo tragó rápidamente y se volvió hacia la multitud.

—Algunos dirán que fueron los Wingfeather quienes trajeron esta batalla a nuestras costas. Algunos dirán que fue Bonifer Squoon y su traición. Otros dirán que fue Gnag el Sin Nombre. Pero yo digo que no fue ninguno de ellos. —Rudric los fulminó con la mirada y luego se golpeó el pecho—. Nosotros cargamos con la culpa, vallerinos. Somos nosotros los que nos hemos escondido tras el Aguacalle durante estos nueve años, mientras Gnag el Sin Nombre asolaba todo Kistamos. Somos nosotros los que dejamos que el miedo hablara más alto que el valor —Rudric se subió a un cajón para poder ver a toda la multitud.

Su rostro era feroz a la luz del fuego—. Hemos abandonado a la Isla Luminosa. Hemos traicionado a su rey y abandonado una larga alianza. Nuestra cobardía en este asunto es aún más vergonzosa por nuestra gran fuerza. Se acabó —Rudric bajó de un salto del cajón y se arrodilló ante el esquife, tan bajo que su barba tocaba el muelle.

Nia no tuvo que decir ni una palabra a Kalmar. Este bajó de la barca y se mantuvo erguido y seguro ante Rudric, con la capa ondeando en la brisa del puerto. El custodio de los Valles sacó el martillo de guerra ensangrentado de su cinturón y lo puso a los pies de Kalmar.

—Rey supremo Kalmar —dijo Rudric, lo suficientemente alto como para que todos pudieran oírlo—, como custodio de los Valles, te ofrezco nuestra lealtad. Y te pedimos perdón.

Janner esperaba que Kalmar buscara orientación en Nia o Podo. Esperaba que buscara las palabras y tartamudeara. Pero, en cambio, Kalmar puso una mano en el hombro de Rudric y dijo en voz alta:

—Levántate, custodio —Rudric se levantó y miró al lobito de la capa durgana—. Acepto tu lealtad. Y con mucho gusto te concedo el pequeño perdón que te debo.

Rudric asintió, luego se volvió hacia su gente y montó de nuevo en el cajón.

—¡Compatriotas! Si hay mal en el mundo, llegará a los Valles Verdes, por muy vigilantes que seamos. Si hay mal en el mundo, ¿no deberían enfrentarse a él los guerreros de los Valles Verdes?

Mientras Janner escuchaba, Rudric cambió los Valles Verdes para siempre.

Las historias de la Tercera Época cuentan que aquella noche, en el puerto de Ban Rona, Rudric ban Yorna y el Rey Lobo de Anniera reunieron a los vallerinos para la guerra. Se corrió la voz por toda la tierra de que los durganos se preparaban para la batalla. Los perros llevaron mensajes a los Valles exteriores y a las

ciudades de las colinas y a todas las aldeas intermedias, llamando a las armas y a cualquiera lo bastante valiente para empuñarlas contra Gnag el Sin Nombre y los Colmillos de Dang.

Al caer el invierno, se forjaron armas, se cosechó madera, se construyeron barcos y se almacenaron alimentos. Entre los campos y las colinas de los Valles Verdes, un ejército se preparaba para la batalla. Reunieron sus fuerzas y esperaron. Cuando llegara el momento, cuando el invierno se desvaneciera y la primavera trajera el deshielo, el pueblo libre de Kistamos iría a la guerra.

Y las joyas de Anniera lo guiarían.

Apéndices

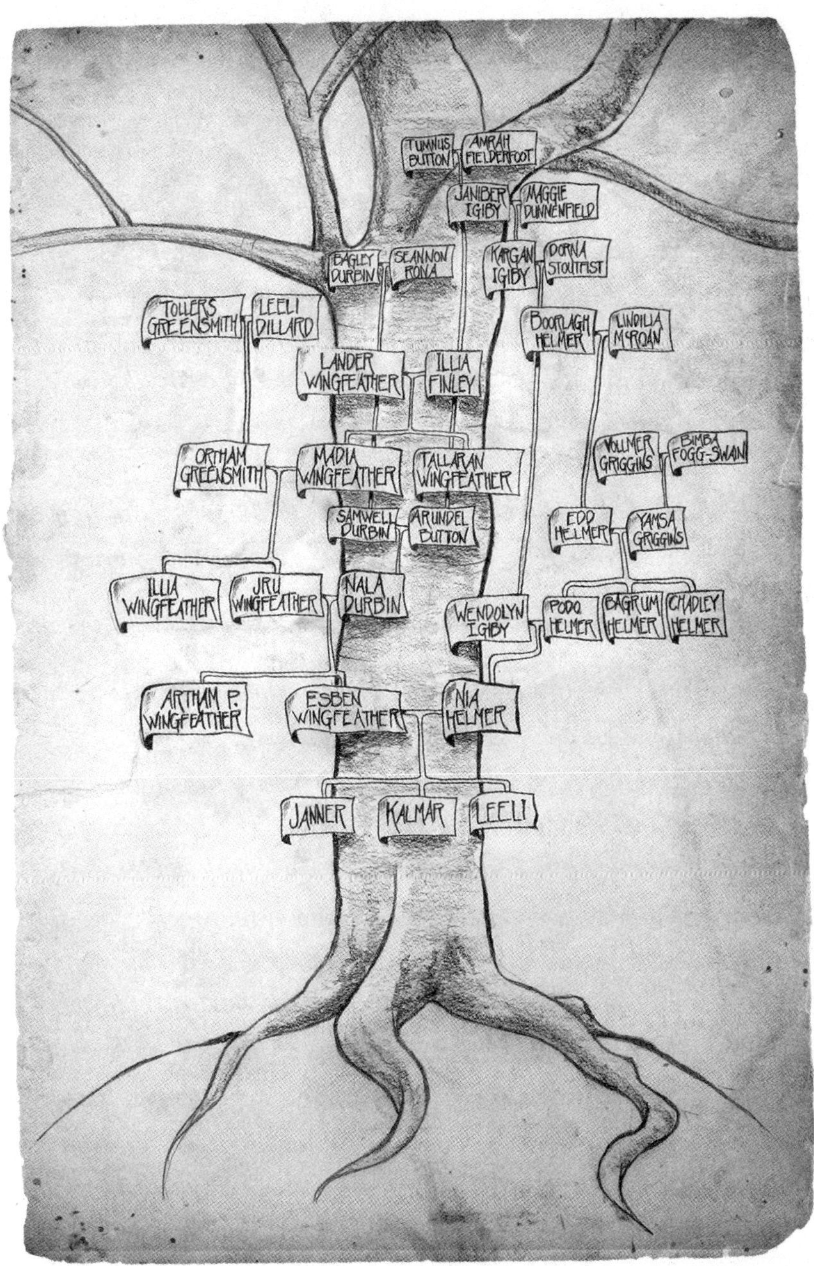

—Tomado de *Un linaje de reyes*, 6ª edición, revisada por don Oskar N. Reteep, para la editorial Gulpswallow & Snode, 4/12.

Omer, segundo hijo, escúchame.

Temo a tu hermano, quebrantado por las sombras del mundo. No busca la luz, sino el poder de la luz, y así ha llegado a amar la oscuridad. Cuando camino por las calles, veo en mi pueblo un miedo que no pueden nombrar, una presencia nueva y perversa en el mundo que les roba la alegría. Temen a la oscuridad hambrienta. Temen el hecho mismo de la naturaleza mancillada y asolada del mundo ahora que Will ha elegido desafiarnos a mí y al Hacedor. Ha desechado el yugo de la sabiduría y ahora busca el dominio.

Pero no puede caminar por el Templo de Fuego. ¡No debe hacerlo! Omer, hijo mío, tu hermano está furioso y sus ejércitos asaltan mis puertas. Te ruego que mantengas a salvo el camino hacia el Corazón del Mundo. Allí corre ancho el río y el oro con bondad resplandece en las murallas. Si encuentra el camino bajo Anyara, el mundo naufragará para siempre. El Hacedor se reúne allí conmigo, y así me lo ha dicho. Preguntas si el Hacedor es impotente ante él, y en efecto, yo pregunté lo mismo. Pero confía en esto: en su presencia, un rey sabe lo poco que sabe un rey. El Hacedor no teme a las acciones de Will. Teje y entreteje la historia del mundo, y vigila sus finales. Él me ha ordenado resistir con valor. Él ha apaciguado mi miedo durante mucho tiempo. Incluso cuando me advierte de la ambición de mi hijo rebelde, incluso cuando sus ojos brillantes están teñidos de pena en la alegría, siento, hijo mío, un poderoso amor por mí y por cada uno de nosotros, sus hijos, y me inclino a confiar en su voz. Quiere que sus súbditos sean misericordiosos y sabios; el dolor y la lucha traen ambas cosas. Creceremos, me dice, al sufrir, viviremos al morir, amaremos al perder. El corazón mismo es el campo de batalla y el jardín verde.

Lo profundo del mundo te espera a ti y a tu progenie. El camino está cerrado para todos excepto para los herederos, los que portan el fuego sagrado. La descripción habla, las formas brillan, la melodía es luz en el tiempo, y entonces se abre el portal para que el rey pueda subir la escalera hacia el Templo Ardiente, la ciudad dorada donde permanece el sagrado corazón ardiente de la esperanza. Debemos proteger el camino. Que nadie…

Y estas son las últimas palabras escritas por Dwayne, el primer ciudadano. Su hijo, Ouster Will, lo mató, mató al rey, a mi padre. Él, el hijo mayor, ansiaba el poder y el dominio, y no se conformaba con su suerte. Cuando los dragones hundieron las montañas y se le cerró el camino hacia el Templo, volcó su ingenio a la destrucción de Anyara y la indagación de sus secretos. Buscaré la ayuda de Yurgen, el rey dragón. Le pediré que abra una zanja en el mar y separe a Anyara del seno de la tierra. Los reyes, los guardianes, las doncellas musicales y los herederos de la tradición protegerán la recién creada Isla de Anyara de las asechanzas de Ouster Will, para que el Templo de Fuego mantenga siempre vivo el mundo con luz.

Ahora voy a Yurgen, aunque temo que mi muerte sea segura. Que el Creador me ayude.

Omer, hijo de Dwayne,
Segundo hijo y rey de Anyara

—Tomado de las últimas páginas del Primer Libro, traducidas por Oskar N. Reteep en la biblioteca de Ban Rona, con la desafortunada ayuda de Bonifer el Traidor.

Sobre el autor

Andrew Peterson es un artista discográfico y compositor aclamado por la crítica, así como el autor de la galardonada Saga Wingfeather. También es el fundador de The Rabbit Room, una organización que fomenta la comunidad a través de la historia, el arte y la música. Él y su esposa, Jamie, viven en Nashville.

Visita www.andrew-peterson.com para obtener más información sobre Andrew o www.wingfeathersaga.com para obtener más información sobre Kistamos y sus criaturas lamentablemente peligrosas.